***ACCESO GRATIS** a la Lectura en la Nube*

Para visualizar el libro electrónico en la nube de lectura envíe junto a su nombre y apellidos una fotografía del código de barras situado en la contraportada del libro y otra del ticket de compra a la dirección:

ebooktirant@tirant.com

En un máximo de 72 horas laborales le enviaremos el código de acceso con sus instrucciones.

TRABAJO SOCIAL CON EL SISTEMA INDIVIDUAL:
METODOLOGÍA DE INTERVENCIÓN

Procedimiento de selección de originales, ver página web:
www.tirant.net/index.php/editorial/procedimiento-de-seleccion-de-originales

TRABAJO SOCIAL CON EL SISTEMA INDIVIDUAL: METODOLOGÍA DE INTERVENCIÓN

ANTONIA SÁNCHEZ URIOS
FÁTIMA CENTENERO DE ARCE
Mª CARMEN CARBONELL CUTILLAS

tirant lo blanch
Valencia, 2024

En caso de erratas y actualizaciones, la Editorial Tirant lo Blanch publicará la pertinente corrección en la página web www.tirant.com.

EDITA: TIRANT LO BLANCH
C/ Artes Gráficas, 14 - 46010 - Valencia
TELFS.: 96/361 00 48 - 50
FAX: 96/369 41 51
Email: tlb@tirant.com
www.tirant.com
Librería virtual: www.tirant.es
DEPÓSITO LEGAL: V-2323-2024
ISBN: 978-84-1355-719-9

Si tiene alguna queja o sugerencia, envíenos un mail a: *atencioncliente@tirant.com*. En caso de no ser atendida su sugerencia, por favor, lea en *www.tirant.net/index.php/empresa/politicas-de-empresa* nuestro procedimiento de quejas.

Responsabilidad Social Corporativa: http://www.tirant.net/Docs/RSCTirant.pdf

Índice

Capítulo 3
EL SISTEMA INDIVIDUAL INTEGRADO

Capítulo 4
TÉCNICAS E INSTRUMENTOS PROFESIONALES PARA LA INTERVENCIÓN EN TRABAJO SOCIAL CON EL SISTEMA INDIVIDUAL

Capitulo 5

LA INTERVENCIÓN EN TRABAJO SOCIAL CON EL SISTEMA INDIVIDUAL: FASE INICIAL

Capítulo 6

LA INTERVENCIÓN CON EL SISTEMA INDIVIDUAL EN TRABAJO SOCIAL: FASE MEDIA

Capítulo 7

LA INTERVENCIÓN EN TRABAJO SOCIAL CON EL SISTEMA INDIVIDUAL: ESTRATEGIAS DE INTERVENCIÓN

Capítulo 8
LA INTERVENCIÓN CON EL SISTEMA INDIVIDUAL EN TRABAJO SOCIAL: FASE FINAL

Prólogo

Este libro, titulado "Trabajo Social con el Sistema Individual: metodología de intervención", es una obra completa y actualizada que se adentra en la importancia fundamental de comprender y analizar los problemas individuales desde la perspectiva científica y profesional del Trabajo social, además de ofrecer las pautas que rigen la intervención social en este ámbito de actuación. A lo largo de sus páginas, se detallan los diversos enfoques teóricos y prácticos que los trabajadores sociales utilizan para comprender y apoyar a las personas en sus múltiples dimensiones. Se trata pues, del manual que contiene los temas específicos abordados en la asignatura de Trabajo Social con el Sistema Individual en el Grado de Trabajo Social de la Universidad de Murcia. Sin embargo, su público objetivo no se limita únicamente al alumnado del Grado de Trabajo Social de la Universidad de Murcia, sino que la obra ofrece un recurso valioso tanto para estudiantes de otras universidades del citado Grado y de algunos Másteres (por ejemplo para el Máster en Mediación y para el Máster en Atención a la Dependencia, ambos ofrecidos en la Universidad de Murcia), egresados del Trabajo Social, opositores, y para cualquier persona interesada en comprender y fortalecer el papel de las personas en nuestra sociedad. Hay que tener en cuenta que el Trabajo Social con individuos es un pilar fundamental en la formación y práctica profesional, ya que proporciona a los trabajadores sociales una base sólida de conocimientos que sirven como guías prácticas en el abordaje de diversas situaciones personales.

La composición y estructura de la obra tiene importantes ventajas y posibilidades, pues cada capítulo teórico va acompañado de ejemplos de resolución de supuestos prácticos del proceso metodológico de Trabajo social. También incorpora casos prácticos para realizar en el aula, pretende ser una guía para realizar una resolución profesional, completa y justificada, a diferentes situaciones problema en las distintas fases de intervención. Se trata pues, de una obra innovadora y de interés actual, que brinda una visión global e integral de la intervención profesional desde la óptica del Trabajo social aplicado, se dirige a un público compuesto tanto por profesionales egresados, alumnado universitario de la disciplina y población en general que esté interesada en este campo de actuación.

Por consiguiente, a través de la combinación de teoría y práctica, esperamos inspirar y empoderar a quienes se sumerjan en estas páginas, brindando una base sólida para la construcción de personas sanas y funcionales.

Capítulo 1

LA INTERVENCIÓN EN TRABAJO SOCIAL: DIFERENTES PERSPECTIVAS

1.1. EL CONCEPTO DE INTERVENCIÓN EN TRABAJO SOCIAL

> *"El Trabajo Social es una profesión basada en la práctica y la disciplina académica que promueve el cambio y el desarrollo social, la cohesión social, y el fortalecimiento y la liberación de las personas. Los principios de justicia social, los derechos humanos, la responsabilidad colectiva y el respeto de las diversidades son fundamentales para el Trabajo Social. Respaldado por las teorías del trabajo social, ciencias sociales, humanidades y los conocimientos indígenas, el trabajo social involucra a las personas y las estructuras para abordar los desafíos de la vida y mejorar el bienestar".* Federación Internacional de Trabajo Social y Asamblea General de la IASSW (Asociación Internacional de Escuelas de Trabajo Social). Julio-2014

Esta definición del Trabajo Social nos aproxima a su finalidad, que es la investigación de las condiciones sociales de personas, familias, grupos, colectivos y contextos que en interacción con su medio presentan dificultades en su desarrollo global, y es, a través de la intervención, como se pretende promover cambios que resuelvan los problemas sociales planteados.

Una particularidad del Trabajo Social es el *concepto de intervención*. El conocimiento e investigación de su objeto tiene una nota diferencial respecto a la investigación de otras disciplinas sociales, siendo esta cuestión la respuesta al interrogante de para qué se investiga. El objetivo de dicha investigación supone, en definitiva, el hacer posible la intervención en su acepción metodológica. De esta manera, la investigación en Trabajo Social no es un objetivo en sí misma, la prioridad de la investigación es la intervención, cuyo objetivo será, a su vez, promover un cambio o modificación de las condiciones existentes. "La investigación funda a la práctica de intervención. Sin la investigación la intervención es indiscriminada: sabemos que es intervención, pero no sabemos si es hecha desde el campo religioso, ideológico, político o científico." (Aquín, 1996:69)

Su carácter pragmático, de filosofía práctica, ha conducido a que muchas veces se haya puesto más énfasis en los fines operativos, en detrimento de finalidades más conceptuales, así como el hecho que en España los estudios de Trabajo

Social se encontraban encuadrados dentro de los estudios de Diplomatura antes del proceso de adaptación al Espacio Europeo de Educación Superior, sin permitir el acceso en la misma rama de conocimiento a los estudios de Licenciatura y Doctorado. Ello ha producido que existiese históricamente en nuestro país una separación entre la elaboración y reflexión teórica y la práctica profesional de la realidad que se abordaba, así como una diferenciación entre los ámbitos académico y profesional del Trabajo Social.

Para Johnson la intervención profesional es una acción específica del trabajador social realizada por aquél en relación con los sistemas humanos y los procesos mediante los cuales se producen cambios. Consiste en la percepción y comprensión de los acontecimientos, de las necesidades y de la situación del cliente, de las vías de solución de los problemas y de los recursos específicos, incluyéndose a sí mismo como profesional, para afrontar dichas necesidades y resolver los problemas (Johnson, 1992: 67).

Otras conceptualizaciones destacan la Intervención en Trabajo Social como "proceso de ayuda". En esta línea, Escartín plantea "la intervención en Trabajo Social como el proceso de ayuda, realizado por un profesional colocado en el contexto de un sistema organizado de servicios dirigidos a individuos, grupos o sujetos colectivos, tendente a activar un cambio tanto en el modo de situarse ante los problemas como en la relación con los demás" (Escartín, Palomar y Suárez, 1997: 34)

Todas las definiciones sobre la Intervención en Trabajo Social coinciden en destacar el cambio, la modificación y la transformación de la situación de partida. Así, señala Grassi que "lo que define al Trabajo Social es que su objeto es primero, objeto de intervención, en el sentido de que su práctica está explícitamente dirigida a producir algún cambio en la situación problemática puntual en relación con la cual es llamado a actuar. Y su objeto de intervención inmediato o empírico son aquellas situaciones puntuales en las que están involucrados actores diversos y que se enmarcan en lo que, en un plano más abstracto, una sociedad define como problemas sociales" (Grassi, 1994: 49)

Es importante considerar los distintos tipos de cambios que pueden ser realizados mediante la intervención en Trabajo Social son:

- *Cognitivos.* Se relacionan con los cambios de conocimientos y percepciones que realizan los clientes o usuarios sobre un tema determinado.
- *Afectivos.* Se refieren a aquellos cambios que realizan los clientes en relación con el afecto, el cariño o el amor que deben sentir hacia otra persona.
- *Conductuales.* En este tipo de cambio los clientes modifican los comportamientos, adoptando otros nuevos que promuevan el bienestar.

- *Sociales*. Los cambios se encuentran relacionados con las modificaciones de las situaciones sociales de los clientes, una mejora de las vidas de los clientes.

En esta línea Davies afirma que tanto en la literatura profesional como en el ámbito académico se ha idealizado sobre el *concepto de cambio* en Trabajo Social. Conviene que recordemos que en Trabajo Social el profesional es un agente de cambio, o del cambio en una parte, pero también del "mantenimiento" de los roles del cliente/usuario. Las personas no son tan "manejables", ni sus circunstancias sociales tan flexibles al cambio para ser radicalmente reformadas por la mera relación profesional con el trabajador social, además de un modo parecido se mantienen relaciones con otras personas y otros sistemas al mismo tiempo. Muchos cambios en el Trabajo Social pueden ser considerados como contribuciones al "mantenimiento" del cliente/usuario en la sociedad, entendiendo por "mantenimiento" el tener el sistema vivo, involucrándolo en continuar su evolución. El cambio en Trabajo Social no es milagroso, instantáneo, ni mágico, pues cada vez se resalta más en las teorías la importancia y la influencia de las interacciones entre los diferentes sistemas en los que se desenvuelve la vida de los clientes; el trabajador social debe ser capaz de influenciar a los clientes/usuarios para mantener relaciones con otros sistemas y grupos sociales, y en sus intrínsecas interacciones (Davies, 1994: 75-76).

Para Robert Castel la exclusión va más allá de la pobreza material y viene provocada por la ruptura de dos mecanismos: por una parte, los mecanismos de acceso, la incorporación a la actividad económica y social por parte de sectores dependientes, el acceso al mercado de trabajo, la estabilidad en los ingresos y en la protección, el acceso a la vivienda, la educación y la salud; por otra, existen mecanismos de arraigo que se relacionan con la existencia de los vínculos sociales, como la solidaridad, que garantiza el bienestar al conjunto social, las redes comunitarias en las que los individuos se encuentran integrados, y los vínculos familiares (Castel, 1997). Para que la intervención social sea inclusiva necesita equilibrar ambas dimensiones —el acceso y el arraigo— de manera dialógica. Desde cada una de ellas se construyen dos universos que, simultáneamente, se desarrollan de manera antagónica, complementaria y concurrente, enmarcando dos formas de asumir las intervenciones, la primera se soporta en la lógica de la administración del bienestar y la segunda se encuentra más próxima a algunos planteamientos de ciudadanía activa.

Desde nuestro punto de vista el concepto de intervención es un concepto amplio que permite integrar a los sujetos de la misma, a la actividad específica en qué consiste, a su finalidad para qué sirve, y, a su vez, puede comprender diversas perspectivas; los sujetos son tanto los agentes como los clientes, el individuo como la comunidad, los comportamientos como los contextos; implica tanto la teoría como la práctica, la investigación de las causas como la modificación; las funciones de intervención deben integrar también tanto la recuperación como la optimización, tanto la ayuda heteronóma como el control autónomo, tanto la adaptación como el cambio.

En Trabajo Social se asimilaron las teorías procedentes de otras disciplinas acríticamente. Ello condujo a un proceso inacabado en el nivel de experiencias de intervención sin la elaboración y sistematización de dichas experiencias para la construcción de sus propias teorías sobre la realidad que abordaba, produciéndose un divorcio entre las teorías como interpretación de la realidad y la práctica profesional de los trabajadores sociales. Es necesario, como señala Grassi, que el proceso de intervención se convierta en "objeto de conocimiento", que construye y transforma la realidad a partir de la intervención profesional, pues de "esta capacidad de construir/transformar el objeto depende la autonomía como campo profesional" (Grassi, op. cit: 49)

Para que la intervención en Trabajo Social llegue a ser objeto de conocimiento que a partir de la práctica profesional construye y transforma la realidad, es decir, una disciplina científica, es necesario "sistematizar la práctica, intentar la superación epistemológica del conocer para actuar y del actuar para conocer e integrar el proceso de actuar-conociendo y del conocer-actuando" (Red Vega, 1993: 147).

En este proceso consideramos que la intervención en Trabajo Social debe tener en cuenta una serie de consideraciones, entre las que destacamos las siguientes (Sánchez Urios, 2015):

- Formular la investigación de las situaciones en las que se interviene para que puedan ser analizadas las variables que inciden y afectan a dichas situaciones de forma multidimensional, estableciendo relaciones entre ellas.
- Plantear la intervención en Trabajo Social teniendo en cuenta los diversos factores que influyen en las situaciones microsociales, sin perder la perspectiva de las cuestiones macrosociales que les afectan; o bien, formular la intervención de las cuestiones macrosociales teniendo en cuenta los aspectos más personales o familiares que influyen en dichas situaciones
- Definir la intervención en Trabajo Social considerando las variadas transacciones entre los diversos sistemas y sus entornos, de forma que pueda ser planteada en varios sistemas complementariamente y de manera integral desde varios servicios, en los que se trabaja coordinadamente en: la investigación y la valoración de situaciones, el establecimiento del Plan de Acción y los objetivos de las Programaciones de Intervención, la colaboración en la ejecución de actividades/ tareas, así como en la evaluación conjunta.
- Abordar las intervenciones en Trabajo Social fundamentadas en los modelos teóricos que mejor se adecuen a cada situación, contemplando la diversidad de estrategias de intervención que pueden ser utilizadas.

- Reflexionar sobre la intervención profesional en grupos de supervisión. La supervisión contribuye a crear un marco de reflexión sobre la acción profesional que es, una vez formalizada esa reflexión, un material para la producción del conocimiento.
- Utilizar los recursos que nos ofrecen las nuevas tecnologías de la información para el procesamiento de programas e intervenciones comunes en un área geográfica sobre los procesos desarrollados, que permitan evaluar la calidad de las intervenciones.
- Evaluar las intervenciones a través de la utilización de variables e indicadores con el fin de medir la eficacia de las intervenciones directas y el grado de satisfacción de los sistemas sobre los que se actúa, es decir, que se determinen criterios de calidad en las intervenciones, entre las que se destacan las siguientes valoraciones: determinación de las necesidades, información proporcionada al cliente, contexto habitual, redes sociales, coordinación con otros servicios, contactos interpersonales, oportunidad del servicio, participación del cliente.
- Incluir en la intervención el derecho de los clientes/usuarios a ser tratados como ciudadanos iguales en lugar de receptores pasivos, lo que debe implicar a participar plenamente en las decisiones sobre el servicio que reciben. Para ello es necesario incluir en los servicios un proceso de participación con los clientes/usuarios a través de consultas, de información sobre la actuación y calidad de los servicios, así como de negociación en la que se les incluya en la toma de decisiones sobre sus problemas y necesidades.
- Promover la "perspectiva institucional" del Trabajo Social destacando la inclusión, o la preferencia, por las acciones de prevención y de promoción, así como cuando sean necesarias las actuaciones más clínicas y de rehabilitación.
- Reflexionar y analizar la realidad que se interviene, elaborando teorías propias de Trabajo Social sobre los hechos comprobados, que sirvan para interpretar la realidad y predecir comportamientos.
- Realizar el proceso de intervención en Trabajo Social de forma sistemática que permita extraer conclusiones que puedan ser refutadas o comprobadas, siendo de esta forma enriquecidas con las nuevas aportaciones de este proceso.
- Difundir los conocimientos extraídos para que puedan ser utilizados por otros profesionales y que contribuyan a incrementar el acervo de conocimientos del Trabajo Social.

Consideramos que es necesario no sólo articular la reflexión y la elaboración teórica con la práctica profesional, sino también investigar sobre el propio proceso de intervención, realizando formulaciones ante determinadas categorías de problemas, situaciones homologables, tipologías de clientes, etc. La consideración del proceso de intervención de Trabajo Social como objeto de conocimiento no intenta reducir la complejidad que dicho proceso supone; por el contrario, pretende analizarlo e investigar sobre él, partiendo de la realidad que aborda, construyendo proposiciones conceptuales ante determinadas situaciones-problemas, que pueden ser experimentadas y verificadas para establecer el impacto cualitativo y cuantitativo en los sujetos con quienes se trabaja, y pueda ser nuevamente construido, pues sólo de esta forma es posible constituir una intervención más coherente, integrada y científica del Trabajo Social.

1.2. DIFERENTES PERSPECTIVAS DE INTERVENCIÓN EN TRABAJO SOCIAL

La intervención en Trabajo Social no es un término unilateral, sino que tiene carácter multidimensional y multivariable, estando orientada al cambio y modificación de una parte de la situación, o bien al mantenimiento del cliente en la sociedad. De esta forma, como señala Johnson (1992), la intervención en Trabajo Social puede ser analizada desde varias perspectivas, todas ellas complementarias entre sí:

1. La Intervención como respuesta a los conflictos de necesidades.
2. La Intervención como un proceso para resolver problemas.
3. La Intervención como participación en las relaciones transaccionales.

1.2.1. La Intervención en Trabajo Social como una Respuesta a los Conflictos de Necesidades

Esta perspectiva supone que la intervención en Trabajo Social se plantea como respuesta a las situaciones de conflicto surgido en individuos, grupos y comunidades, causadas por la insatisfacción de las necesidades básicas humanas. Desde este prisma conviene señalar que el concepto de necesidad social ha sido inherente al Trabajo Social en su tradición y en su historia, tratando de dar respuesta a las necesidades no cubiertas por la sociedad (Colomer, 1993, Kisnerman, 1990). Se ha ocupado, pues, del bienestar y las necesidades de las personas, o de los grupos más vulnerables, o bien, de aquellas personas, grupos y colectivos que sufren desigualdades o desventajas. La intervención en Trabajo Social desde esta perspectiva identifica las necesidades no satisfechas.

Siguiendo a Maslow (1982) las necesidades humanas básicas pueden ser agrupadas en cinco categorías establecidas de forma jerárquica: *Necesidades fisiológicas, Necesidades de seguridad, Necesidades sociales, Necesidades de estima, Necesidades de autorrealización* y se supone que las necesidades inferiores deben satisfacerse antes de que puedan surgir y ser satisfechas las necesidades de niveles superiores, aunque en ocasiones la satisfacción no siempre sigue una progresión lineal.

Bachmann y Simonin (1982) establecen una clasificación sobre las necesidades humanas elementales: *Necesidades de Seguridad, Necesidades de Bienestar, Necesidades de Libertad, Necesidades de Identidad.*

El concepto de necesidad debe ser entendido desde una perspectiva cultural, antropológica e histórica; es, por tanto, cambiante y configura nuevos horizontes de expectativas en los grupos humanos. Quizá el consenso es mayor en las necesidades situadas en la base de la pirámide de Maslow, pero conforme ascendemos en ella y más se detalla cada una de las áreas de necesidad más se reduce el consenso (López y Chacón, 1997) y se liga más a las circunstancias sociales e históricas de los grupos humanos.

Ligado al concepto de "necesidad" se encuentra el de "problema social", pues ambos pertenecen al mismo campo semántico. Sin embargo, mientras que el primero aparece más en la literatura psicosocial relacionado con la evaluación y formas de cubrir las necesidades, el segundo tiene más presencia en la literatura de carácter sociológico en relación con la dinámica de los mismos (López y Chacón, op. cit.). Diferentes corrientes sociológicas han definido, según sus orientaciones teóricas sobre la sociedad, la conceptualización de lo que puede ser considerado como problema social. Sin detenernos en dichas conceptualizaciones, siguiendo el Diccionario de Ciencias Sociales los problemas sociales, a nivel general, son definidos como "aquellas situaciones que un gran número de observadores competentes considera necesitados de atención, mediante la acción colectiva" (Enciclopedia Internacional de las Ciencias Sociales, 1974: 484).

El Trabajo Social se inscribe dentro del ámbito de actuación de lo que ha sido denominado dentro de la literatura jurídico-política como *"derechos sociales"*, los derechos humanos de segunda generación, que suponen el reconocimiento de unas condiciones materiales de la existencia con el fin de permitir el desarrollo integral de las personas. Pueden ser definidos como "aquellos instrumentos de la Política Social de los que disponen tanto la sociedad como los poderes públicos para dar una respuesta válida a las necesidades de los individuos, grupos y comunidades" (Alemán, 1991: 198). La finalidad de la Política Social es el bienestar social (finalidad material) y la justicia social (finalidad formal); sus medios son la reivindicación (medio en sentido material) y el derecho social (medio en sentido formal). Sus presupuestos son la dialéctica entre pobreza y riqueza (presupuesto sociológico) y la cuestión social (presupuesto histórico) (Molina, 2004). Esto exige una política activa de los poderes públicos para garantizar su ejercicio, a través de un sistema de prestaciones y servicios sociales.

A partir del reconocimiento de los derechos sociales surge una nueva *"concepción de la ciudadanía"*, que supone la consideración como individuo a aquella persona a la que en una comunidad se le reconocen los derechos humanos, tanto los de primera como de segunda generación; los derechos civiles y políticos, así como los derechos sociales y económicos. Según esta concepción sólo sería ciudadano la persona que en una comunidad se le reconocen ambos tipos de derechos, surgiendo así el concepto de "ciudadanía social", donde la desigualdad del sistema de clases sería aceptable siempre que se reconociera la igualdad de ciudadanía (Marshall, 1992). El concepto de ciudadanía, como el conjunto de derechos y obligaciones para aquellos que están incluidos en la lista de sus miembros, se encuentra, pues, interrelacionado con el de los derechos sociales.

El avance tecnológico y cultural que ha producido en nuestras sociedades transformaciones considerables en los últimos años, hizo surgir una tercera generación de Derechos Humanos, derivada de "la transición de la sociedad de información a la sociedad del conocimiento" (Bustamante, 2001:3), con el fin de determinar el desgaste que sufren los derechos fundamentales ante determinados usos de las nuevas tecnologías. Esta nueva generación incluiría derechos como: el derecho a la paz, a la libertad informática, a la calidad de vida, a las garantías frente a la manipulación genética, el derecho a morir con dignidad, el derecho al disfrute del patrimonio histórico y cultural de la humanidad, el derecho al desarrollo de los pueblos, etc. (Pérez, 1991).

Algunos autores incluyen una cuarta generación de derechos humanos, debido al rápido alcance de las innovaciones tecnológicas ya tenidas en cuenta en los derechos de tercera generación, pero redefinidas por las nuevas condiciones sociales y la globalización de estas tecnologías, que no podemos separar del desarrollo de las sociedades y sus individuos. Así, se refieren a derechos encaminados a la protección de las generaciones futuras con la protección y preservación del medio ambiente generando un desarrollo sostenible y el derecho a la paz y la resolución pacífica de conflictos, derechos relacionados con las nuevas tecnologías biomédicas y derechos derivados de las nuevas tecnologías de la comunicación y la información. (Bailón, 2009)

Además, en el marco de la Cooperación al Desarrollo y de las políticas del Programa de Naciones Unidas para el Desarrollo (PNUD) de la ONU y de la UNESCO se desarrolla un concepto distinto: el de *desarrollo social* o *desarrollo humano.* El desarrollo humano no se refiere solamente a la satisfacción de las necesidades básicas, sino que comprende muchos enfoques, que permiten captar mejor la complejidad de la vida humana y las numerosas diferencias culturales, económicas, sociales y políticas en las vidas de los pueblos de todo el mundo (Heras, 2000).

Así mismo en la literatura de las Ciencias Sociales surge, a raíz de los años sesenta, un concepto nuevo: *la calidad de vida*, en contraposición al bienestar social que trataba de valorar a través de mediciones objetivas y materiales las situaciones observables para la detección de necesidades sociales. Desde esta perspectiva Barranco (2004) destaca que la intervención en el Trabajo Social es entendida como la acción organizada y desarrollada por los trabajadores sociales con las personas, grupos y comunidades. Sus objetivos están orientados a superar los obstáculos que impiden avanzar en el desarrollo humano y en la mejora de la calidad de vida de la ciudadanía.

El concepto de calidad de vida es de difícil definición ya que puede adaptar múltiples orientaciones (Setién, 1993):

- La calidad de vida es un concepto abstracto cuyo contenido se escapa, no es fácilmente evidente y requiere ser explicado. Para comprender este tipo de términos suelen emplearse sinónimos relacionados como los de bienestar o felicidad.
- La calidad de vida es multidimensional y multifacética, requiriendo para su evaluación la valoración de una diversidad de aspectos, como son las siguientes áreas: Salud, Trabajo, Vivienda, Renta, Educación, Ocio, Seguridad, Familia, Entorno físico-social, Religión y Política.
- Las medidas que se emplean para analizar la calidad de vida se denominan indicadores de vida; se trata de un tipo de indicadores sociales, ya que permiten caracterizar el bienestar de grupos de personas, intentando superar la polémica entre las medidas objetivas y las subjetivas para determinar la calidad de vida.
- La calidad de vida valora el interés de la comunidad y la solidaridad; es mayor cuanto más integrados están los individuos en la sociedad "cuánto más fuerte y cohesionado sea el orden social global".

El concepto de *desarrollo humano* comparte con el de calidad de vida la crítica a las evaluaciones tradicionales del bienestar sustentadas en medidas puramente materiales y/o económicas, pero al emplearse para comprobar las desigualdades entre países, concede menos importancia a los elementos subjetivos e incide más en los factores culturales y diferenciales entre los diferentes países (López y Chacón, op. cit).

Desde nuestro punto de vista, consideramos que es necesario el reconocimiento explícito del "derecho de ciudadanía" con todo lo que esto implica de participación en la vida cultural, económica y social. En esta línea, el Trabajo Social no debe tener un carácter residual, la intervención debe contemplar el concepto de necesidad en sentido amplio y no identificado, exclusivamente, con las carencias de tipo económico o material, dependiendo de cada contexto o país. La calidad de vida y el desarrollo humano es más alto en aquellas sociedades en las que van adquiriendo mayor importancia los factores subjetivos ligados al bienestar, ascendiendo de esta forma las necesidades en la pirámide de Maslow, por lo que deben ser consideradas otras necesidades no cubiertas: psicosociales, de estima, de autorrealización.

El Trabajo Social se ha hecho más sensible a las necesidades que van surgiendo, asumiendo diversas funciones: orientación familiar, la lucha por el medio ambiente y contra la contaminación, la defensa de los consumidores, el auxilio y la rehabilitación de toxicómanos, la ayuda en la prevención del sida, etc., además de ampliar las antiguas necesidades, para satisfacer exigencias de una era caracterizada por el cambio (Moix, 1991).

El Trabajo Social "acompaña" a las personas apoyándolas en su propio espacio vital y también promueve el cambio de aquellas situaciones que supongan un obstáculo para el desarrollo humano, es decir, no sólo actúa profesionalmente en su ambiente más próximo, sino también interviene en aquellos contextos que limitan sus posibilidades de desarrollo (Martínez, 2003).

La defensa de los Derechos Humanos y la Justicia Social han sido desde la creación de la profesión, referentes constitutivos de los principios y de la ética del Trabajo Social, como se puede observar en la nueva definición de la Federación Internacional de Trabajadores Sociales que recoge como marco de referencia los principios de los Derechos Humanos y la Justicia Social (F.I.T.S., 2000). De tal forma, que el día 10 de Diciembre, fecha de la celebración de la Declaración Universal de los Derechos Humanos, ha sido tomada como referencia para la celebración del propio día del Trabajo Social hasta el año 2010, en el que la UNESCO declaró el tercer martes del marzo como la fiesta propia de la profesión de trabajador social.

La implicación planetaria de la vida humana generadora de nuevas necesidades, que concretadas en los derechos de tercera generación fundamentan como valor referencial la *solidaridad,* como la *libertad* fue guía de los derechos de primera generación, así como la *igualdad* lo fue para los de segunda generación o derechos sociales (Pérez, 1991). De esta forma, consideramos que el Trabajo Social debe contribuir en su compromiso no sólo a la consolidación de los derechos sociales, sino también al desarrollo y difusión de los derechos de tercera y cuarta generación, como el derecho: a la paz, al medio ambiente, a la calidad de vida, derechos relacionados con las nuevas tecnologías biomédicas y derechos derivados de las nuevas tecnologías de la comunicación y la información etc., por lo que suponen de la puesta en práctica de los principios de la solidaridad y justicia social.

1.2.2. La Intervención en Trabajo Social como un Proceso para Resolver Problemas

El objetivo general del Trabajo Social se sitúa en un "proceso" que, desde el respeto y la promoción de la autonomía y teniendo en cuenta los recursos personales, del contexto e institucionales, se orienta hacia la facilitación del acceso a los recursos de los individuos, grupos o comunidades, que plantean carencias o demandas de responsabilidad pública (Red Vega, 1993).

Problema es una cuestión o una situación que plantea incertidumbre, perplejidad o dificultad. El término problema es utilizado en Trabajo Social para referirse a una situación en el funcionamiento social de una persona que bloquea el significado potencial de su existencia y que necesita de la ayuda de otros sistemas, pues no puede salir por sí misma sin ayuda (Johnson, 1992).

El término proceso se refiere al diseño recurrente o a la secuencia de cambio en el tiempo y en una particular dirección (Johnson, op. cit.). Se trata, pues, de un proceso de cambio a nivel racional-emotivo, que implica una redefinición y percepción distinta, así como el desarrollo de la capacidad de actuación en dicho proceso para la resolución de su propio problema y para la toma de decisiones que sean necesarias.

Desde esta perspectiva, se trata de un proceso de ayuda, a través de la cual se desarrolla la relación profesional, que tiene como objetivo apoyar a la persona en el esfuerzo por entender mejor su propia situación, de forma que adquiera la capacidad de resolver del modo más adecuado sus propios problemas a través de las capacidades de: *competencia, eficacia, autonomía* y *responsabilidad* (Pra Ponticelli, 1994).

Es, pues, un proceso ordenado según una serie de fases para lograr el cambio planeado. Las distintas fases del proceso metodológico no se suceden siempre unas a otras según un orden lógico, sino que, a menudo, se interfieren unas con otras, se superponen de alguna manera. Esto es así, porque para ayudar al cliente/usuario a sentirse mejor y, por ende, mejorar su situación personal y social, el trabajador social, a la vez que escucha lo que éste demanda, debe hacer una valoración inicial de la situación-problema, y, simultáneamente, debe intervenir para que el cliente se sienta comprendido, respetado y aceptado; de manera que el hecho de necesitar ayuda no suponga para él una pérdida de su autoestima; o bien en las situaciones de clientes que realmente se sienten desvalorizados como personas, les permita aceptar que el hecho de encontrarse con dificultades y precisar ayuda profesional, no implica, de ninguna manera, una disminución de su valía personal.

Desde esta perspectiva se pone el énfasis en la relación profesional del trabajador social que se implica junto con su cliente en la búsqueda de soluciones a los conflictos que se plantean. Las relaciones pueden ser *simétricas* según se produzca la igualdad en cualquiera de las áreas; o por el contrario, *complementarias* donde la conducta de uno de los participantes complementa al otro. En esta última situación es importante destacar el carácter de mutuo encaje, en el que una conducta tiende a favorecer a la otra (Watzalawich, Beavin et Jakson, 1989). En el marco de las relaciones complementarias se establece la relación profesional de Trabajo Social.

El Trabajo Social como proceso para resolver problemas supone la integración creativa de conocimientos, valores y habilidades (Johnson, op. cit). Los *Conocimientos* presentes en Trabajo Social incluyen (Johnson, op. cit):

- Una amplia base de conocimientos de las Ciencias Humanas: Psicología, Sociología, Antropología; así como de otras disciplinas complementarias al Trabajo Social: Derecho, Economía, Pedagogía, etc.
- Un sólido conocimiento sobre las interacciones personales y las situaciones sociales en las que funcionan: familia, sistema vecinal, grupal, las organizaciones sociales y las instituciones en nuestra sociedad contemporánea; también sobre los problemas sociales que afectan al funcionamiento humano, etc.
- Una teoría-práctica sobre el proceso de ayuda y sobre las variadas estrategias/ modelos de intervención que se adapten a las distintas situaciones y sistemas.
- Conocimientos especializados necesarios para trabajar con grupos particulares de clientes o en diferentes situaciones, dependiendo del área donde se integre el trabajador social.

Los *Valores* son las formulaciones de posicionamiento ante las conductas de los individuos, grupos o contextos. Los Valores pueden ser clasificados en Trabajo Social según la siguiente clasificación:

- Valores referidos a la concepción de la persona, en la línea de las declaraciones de Derechos Humanos: dignidad, libertad, capacidad para el cambio, necesidad de pertenencia a un sistema social, etc.
- Valores referidos a una sociedad democrática: la sociedad como un marco de oportunidades para el desarrollo humano, la sociedad como ámbito para la participación social.
- Valores instrumentales, que afectan a la actividad profesional, como el comportamiento del trabajador social hacia su cliente por un lado: individualidad, confidencialidad, respeto a la persona y a su dignidad; y el trabajador social en relación con sus compañeros por otro: colaboración, respeto profesional; además del comportamiento del trabajador social hacia la institución: lealtad, obediencia, etc.

Las *Habilidades* son las capacidades en la utilización de los conocimientos de forma efectiva para aplicarlos competentemente. Baer et Federico (1978) han organizado los componentes de la práctica de las aptitudes profesionales en cuatro áreas:

En la recogida de la información y valoración de las situaciones.

En el desarrollo del "yo" profesional

En la práctica de las actividades con individuos, grupos y comunidades.

En la realización de las evaluaciones.

El Consejo para la Educación en Trabajo Social elaboró en 1988 un documento que recogía las habilidades que eran necesarias en Trabajo Social, agrupándolas en dos grupos (cit. Johnson, op. cit.):

- *Habilidades cognitivas.* Se relacionan con aquellas que se ponen en juego en el proceso de ayuda: recogida y selección de información, valoración de situaciones, la implementación del plan de intervención, evaluación; así como las que utiliza el propio trabajador social.
- *Habilidades interactivas.* Son las que se refieren a la relación del trabajador social cuando trabaja con individuos, familias, grupos, comunidades, organizaciones: en el desarrollo de la comunicación y comprensión de los clientes, en los proyectos comunes, en la continuación y seguimiento del plan de intervención, en el trabajo con otros profesionales.

1.2.3. La Intervención en Trabajo Social como Participación en las Relaciones Transaccionales

Desde esta perspectiva se destaca el Trabajo Social en un contexto interrelacional, de la relación que tiene lugar entre dos elementos del sistema, o transaccional de las relaciones múltiples que se establecen entre los diferentes sistemas humanos.

Como señala Bronfenbrenner (1987) el individuo es un sistema en el nivel más interno, formado en espiral por una serie de sistemas estructurados e interrelacionados como son:

En el primer nivel o más próximo se encuentran los entornos inmediatos que tiene la persona, los llamados microsistemas, como pueden ser: la familia, los otros con los que se vive, amigos, vecinos, compañeros, etc.

En el siguiente nivel se sitúan las relaciones entre estos que formarían el mesosistema, es decir, la interacción entre los diversos microsistemas o redes sociales.

En el tercer nivel se encuentran los entornos donde la persona no está presente pero es influida por ellos o exosistema, como son: las organizaciones sociales y la comunidad.

En el cuarto nivel se colocaría los factores sociales, económicos y culturales, que constituirían el macrosistema.

Todas estas estructuras se encuentran formando una red en una interacción tal que un cambio en una de ellas provoca un cambio en todas las demás. La intervención en Trabajo Social desde esta perspectiva tiene en cuenta los diferentes niveles y su interdependencia.

La interrelación entre los problemas que afectan a los diferentes sistemas: individuos, grupos, colectivos y contextos y su medio social; la complejidad y multidimensionalidad de las situaciones conflictivas que se plantean en la sociedad actual; así como la necesidad de buscar fórmulas que garanticen el tratamiento de los problemas de forma global o integral de los sistemas en interacción, nos conducen a plantear la intervención en Trabajo Social teniendo en cuenta las transacciones entre los sistemas en sus diferentes contextos.

Desde este prisma la intervención profesional del trabajador social es concebida como la acción específica realizada por aquél en relación con las *transacciones* de los sistemas humanos y los procesos mediante los cuales se producen cambios. El término transacción alude a una interacción global, nunca unilateral entre los sistemas, de forma que el cambio que se produce en uno de ellos afecta y es afectado por los que se producen en todos los demás (Johnson, 1992: 69).

La intervención sectorializada en los diferentes sistemas: individuales, familiares, grupales o colectivos más amplios, supone una selección y utilización de técnicas más apropiadas en cada caso, pero no debe entenderse como una ruptura entre dichos niveles. Por otra parte, obliga al profesional a mantener una intervención interdisciplinar, tanto multiprofesional como interprofesional entre diferentes servicios o agencias de Bienestar Social.

Desde esta orientación se tiene en cuenta las aportaciones de las teorías Sistémica y la Ecológica. Ambas conectan bien con las ideas esenciales del Trabajo Social: las interacciones que de alguna clase se producen entre la persona y su medio, juegan algún papel en la definición del mismo, y las teorías y los modelos prácticos para el Trabajo Social, que sobre su base se desarrollan, expresan buen tal interacción (Gaitán, 1998).

Desde esta perspectiva la intervención en Trabajo Social se centra en roles, relaciones e interacciones más que en aspectos intrapersonales de la vida de los clientes/usuarios, posibilitando contemplar los factores relacionados con el ambiente y destacando la importancia que tienen en sus vidas los procesos de adaptación/inadaptación al medio ambiente.

La Intervención en Trabajo Social, como hemos destacado, tiene carácter multidimensional y multivariable. De esta forma, es necesario contemplar la intervención desde la diversidad de orientaciones y perspectivas, pues cada una de ella aporta elementos muy valiosos para su conceptualización. La consideración exclusivamente desde una u otra perspectiva supone reducir sus opciones y posibilidades, al tiempo que dificulta no tener en cuenta el carácter de complementariedad que cada una de ellas aporta.

1.3. DIFERENTES NIVELES DE INTERVENCIÓN EN TRABAJO SOCIAL

Para Davies (1994) la principal contribución del Trabajo Social es el concepto de *totalidad* para abordar los problemas. El Trabajo Social considera a la persona en interrelación con su medio ambiente, en la dinámica y compleja red de variables y factores en interacción que influyen en una situación problemática en un individuo, familia, colectivo o contexto. Una característica del Trabajo Social es su carácter integrador, relacional, que tiene en cuenta todas las variables y factores tanto micro como macrosociales que afectan a dicha situación, en contraposición con otras disciplinas que sólo tienen en cuenta los factores psicológicos, culturales, de salud, educativos, etc., dependiendo de la disciplina de que se trate.

La realidad no se puede dividir en niveles, lo microsocial y lo macrosocial no se encuentran separados, hallándose en continuo cambio e interacción. No existe una frontera absoluta entre lo microsocial y lo macrosocial, como señalan algunos autores que realizan un análisis de los grupos intermedios, las organizaciones sociales y las comunidades locales, ciudades, barrios, poblaciones rurales. Estos grupos intermedios son mayores que la familia y los grupos pequeños y menores que una colectividad compleja, tal es el caso de las instituciones sociales y las comunidades.

El ámbito de actuación del Trabajo Social es, pues, un espacio microsocial, que engloba a la persona y a su mundo de relaciones próximas, que comprende a la familia, los grupos de amigos o de edad, los grupos del vecindario, compañeros con los que actúa cara a cara. También es un espacio macrosocial, como un sistema dinámico de relaciones, compuesto de subsistemas, en conexión con otros sistemas y con la sociedad global.

Los diferentes niveles, microsocial-macrosocial, en la intervención en Trabajo Social sugieren algo más que una cuestión de tamaño, pequeño o grande, de individualización o conglomerado, necesita otra consideración importante: la presencia o la ausencia de la relación profesional directa entre el trabajador social y los sistemas-cliente. El nivel microsocial permite una relación directa entre los sistemas: persona, familia, o un grupo pequeño y los profesionales de Trabajo Social. Por el contrario, en la intervención macrosocial el trabajador social necesita considerar en su conjunto un fenómeno o un hecho social que se manifiesta de otra forma más global (Robertis y Pascal, 1994).

La categorización microsocial-macrosocial permite no perder de vista la orientación global e integral en la que se sitúa el Trabajo Social. Favorece contemplar la intervención de forma integrada y en una relación de interrelación y complementariedad, de tal manera que las aportaciones de la esfera microsocial pueden ser utilizadas en la intervención macrosocial para la investigación, planificación de las políticas sociales, el trabajo en las organizaciones y en la comunidad; en la misma línea las orientaciones de la intervención macrosocial no deben perder de vista el nivel microsocial de las personas, familias y grupos a los que va dirigida. Además esta categorización plantea la utilización de técnicas e instrumentos de investigación e intervención similares para cada de uno de estos niveles de la realidad social.

La finalidad del Trabajo Social presentaría dos aspectos integrados y complementarios entre sí: por un lado, concreto, que estaría constituido por la búsqueda de respuesta a una situación-problema que presenta un individuo, una familia y un grupo en interacción con su medio cercano; por otro, más global que estaría integrado en la búsqueda de respuesta a una serie de factores que afectan e inciden en la comunidad geográfica, en un contexto y, en definitiva, el cambio orientado al logro del bienestar social. De donde pueden extraerse dos niveles integrados y complementarios en Trabajo Social:

1. Nivel microsocial. La intervención en Trabajo Social en este nivel estaría constituida por el trabajo en las situaciones problema que presenta una persona, familia, los grupos pequeños en relación su entorno inmediato. Las situaciones problemas de la intervención microsocial se encuentran constituidas por el ser humano en su red de interacciones próximas, como miembro de una familia, formando parte de un grupo de amigos, compañeros etc.; o bien, en las dificultades que puede presentar en su entorno inmediato en diferentes contextos de: salud, trabajo, educación, vivienda, etc.; también, en sus relaciones con otras personas e instituciones sociales.
2. Nivel macrosocial. La intervención en Trabajo Social en este nivel estaría conformada por el trabajo en sistemas más amplios como organizaciones, comunidades, instituciones o contextos, donde se encuentran una serie de factores problemáticos que están influyendo, que afectan negativamente, y que impiden la consecución del bienestar social. Este nivel de intervención estaría orientado a facilitar el desarrollo integral del ser humano y, en último término, orientado a promover cambios estructurales que beneficien a la sociedad en su conjunto, y por tanto a la consecución del Bienestar Social. Desde la perspectiva Macrosocial de Intervención en Trabajo Social hay que considerar el análisis de los factores que inciden en una comunidad geográfica, el trabajo con las organizaciones sociales y los colectivos, el

estudio de sus necesidades y el diseño de planes de actuación que traten de minimizar los problemas

En este ámbito de intervención en Trabajo Social se pueden destacar los siguientes objetivos (Sánchez Urios, et al. op. cit):

Investigar los factores culturales, sociales, demográficos y económicos presentes en las situaciones-problema en una comunidad o en un contexto local

Analizar las causas que producen e inciden en la aparición de estas situaciones.

Ayudar a las organizaciones sociales y a la comunidad a comprender los problemas, a utilizar los recursos y a conectarse entre ellos, para que éstas aporten soluciones de cara a mejorar dichas situaciones.

Intervenir en las organizaciones y comunidades con el fin de corregir o minimizar las causas que producen o facilitan la aparición de situaciones-problema, tratando de desarrollar los recursos comunitarios.

Dirigir los organismos del bienestar social, coordinado los recursos tanto humanos como materiales.

Investigar, planificar, gerenciar y administrar proyectos y programas sociales, que respondan tanto a las situaciones problema-planteadas, como a la prospección de nuevas necesidades.

Potenciar los recursos institucionales que se generan en la sociedad, tratando de influir para que dichos recursos sean coherentes y acordes con las necesidades.

El trabajador social, desde su experiencia profesional y sus conocimientos teóricos y prácticos, se encuentra bien situado para influir en la evolución y en las innovaciones necesarias de la política y del sistema de servicios sociales, para que éstos favorezcan una cumplida respuesta a la complejidad de las necesidades sociales actuales en cada contexto.

En la literatura profesional se ha infravalorado, con frecuencia, las intervenciones microsociales, el trabajo con individuos y familias, como más "tradicionales", frente a la intervenciones con colectivos y la comunidad como más "innovadores o progresistas", ya que son en estas situaciones en las que se plantea un cambio más radical de las estructuras sociales (Robertis y Pascal, op. cit.). Desde nuestro punto de vista, lo "innovador" de la intervención en Trabajo Social no depende del nivel o la dimensión en la que se esté actuando, sino que dicho nivel debe ser capaz de responder a las necesidades reales de nuestras sociedades en profundo cambio. Esto sólo se consigue desde la elaboración de propuestas que se encuentren interconectadas e interrelacionadas entre ambos niveles de intervención.

1.4. LA INTERVENCIÓN MICROSOCIAL EN TRABAJO SOCIAL

El nivel Microsocial de Intervención en Trabajo Social implica, como ya se ha apuntado, básicamente, el trabajo con individuos, familias o grupos pequeños, dirigida al cambio en cualquiera de ellos; o bien, en las transacciones dentro de los sistemas de la familia o de los grupos pequeños; o en función de los individuos, de las familias, o de los pequeños grupos en sus interacciones con otras personas, las instituciones sociales y sus entornos inmediatos.

Lo que caracteriza este nivel de intervención es el carácter de la relación profesional, donde los individuos interactúan unos con los otros y con el trabajador social cara a cara. Si tenemos en cuenta que el comportamiento humano se circunscribe en dos ámbitos fundamentales: la racionalidad y la afectividad, en este marco de la relación se hace posible la expresión o contención de emociones, sentimientos y afectos.

En este nivel el Trabajo Social tendría como objetivos (Sánchez Urios, Carbonell y Centenero, 2022.):

- Investigar sobre las variables que inciden en las situaciones-problema que pueden afectar a un individuo, a una familia, a un grupo pequeño en interacción con su entorno inmediato.
- Prevenir la aparición de las situaciones-problema que puedan presentarse en un individuo, una familia, un grupo pequeño.
- Intervenir con los sistemas implicados en esas situaciones-problema para tratar de modificar o cambiar dicha situación, capacitando a las personas, familias, grupos en el desarrollo de su autonomía.
- Mejorar las transacciones dentro del sistema de la familia o de los grupos.
- Favorecer el proceso de adaptación o de mejora del entorno de las personas, familias, o grupos pequeños con los que se interviene.
- Fortalecer o restablecer la red de relaciones tanto formales como informales de las personas, familias, o grupos pequeños.
- Promover la participación activa de las personas, familias, grupos en su medio social.
- Realizar el proceso de intervención de forma sistematizada que permita extraer conclusiones sobre nuevas necesidades y problemas en individuos, familias y grupos pequeños, elevando dichas proposiciones a las organizaciones e instituciones sociales encargadas del bienestar.

El Trabajo Social es una profesión multifacética, como señala Northen (1982), donde los trabajadores sociales deben asumir la responsabilidad de una extensa gama de servicios y acciones relacionados con tratar los problemas en el ámbito de las interacciones entre los sistemas-cliente y sus entornos.

A partir de la categorización anterior, microsocial-macrosocial, es posible realizar una aproximación a la variedad de situaciones específicas de intervención profesional en Trabajo Social. Todas ellas han sido clasificadas en dos grandes formas o modalidades de intervención, según se considere la presencia o la ausencia de los sistemas-cliente en el proceso de Intervención en Trabajo Social y la consecuente utilización de técnicas de investigación e intervención más precisas en cada situación.

En un intento que atendiera el carácter de la relación profesional, la intervención microsocial ha sido clasificada de la siguiente forma (Johnson, 1992, Robertis, 1988):

La intervención directa. Es la que tiene lugar entre el trabajador social y el cliente, es decir, donde hay una relación presencial. Esta forma de intervención se ha denominado también intervención clínica.

La intervención indirecta. Es la que se produce sin la presencia del cliente o cuando se trabaja desde las instituciones en la investigación y la planificación, coordinación, etc. Implica también aquellas acciones llevadas a cabo por el trabajador social con otras personas y/o otros sistemas-clientes con el fin de ayudar al cliente en el proceso de intervención profesional: realización de expedientes e informes, contactos y gestiones con profesionales y organismos, etc.

Históricamente, la intervención indirecta ha estado referida a todas las actuaciones de los trabajadores sociales en los entornos de los clientes, a las acciones de colaboración con otros profesionales de las organizaciones sociales, y al trabajo en las relaciones de los clientes sociales en un intento de aliviar sus dificultades.

El Trabajo Social tiene como finalidad de intervención *"el ser humano en su entorno"*, siendo este argumento lo que constituye la perspectiva que distingue al Trabajo Social de otras profesiones de ayuda. Para Ivonne Johnson (1999) la intervención directa e indirecta se encuentra, frecuentemente, interconectada y supone una continuación, pues es "la persona en su entorno" lo que constituye la intervención directa de la que se ocupa la relación profesional del trabajador social y el cliente. Como ha puesto de manifiesto la Teoría Ecológica, la persona en su medio ambiente forma una entidad en constante proceso de mutua transacción, siendo difícil hacer una tarea de clasificación de problemas en relación con las personas y, en un segundo plano, con los entornos inmediatos. De esta manera, plantea la citada autora que si el Trabajo Social quiere estar en la nueva centuria "donde están los clientes" debe considerar las importantes aportaciones de la Intervención Indirecta en la definición de la práctica social, y considerar el trabajo con los entornos del cliente como una parte de la Intervención Directa

Coincidimos con la mencionada autora en que no se puede establecer una separación radical entre la Intervención directa e indirecta, tal y como había venido planteándose según se cuente con la presencia o ausencia del cliente en la relación profesional. Consideramos, de acuerdo con la formulación que hemos establecido de Intervención Microsocial, que el trabajo en mejorar y fortalecer las relaciones con otras personas significativas de la vida del cliente/usuario, constituye una parte de la intervención directa que incluye los problemas de su entorno; o bien, el trabajo de conexión del cliente con los sistemas comunitarios y con las organizaciones sociales supone, también, una contribución notable a la mejora de las situaciones de los entornos del cliente. Ambas situaciones se producen sin la presencia directa de la relación trabajador social-cliente.

De esta forma, planteamos que la clasificación anterior incluya en la intervención directa la consideración de todos aquellos aspectos de la relación profesional que signifiquen tener en cuenta el trabajo con "los sistemas-cliente y sus entornos", como parte fundamental y específica de dicha la intervención directa en Trabajo Social.

1.4.1. La Intervención Directa

La intervención directa o "clínica" implica una amplia gama de servicios psicosociales para individuos, familias y pequeños grupos en relación con una gran variedad de problemas humanos. La práctica clínica en Trabajo Social es una especialidad y un proceso relacional que trata de ayudar a un cliente a afrontar conflictos psicosociales, superar su malestar psicosocial y lograr unas relaciones interpersonales más satisfactorias, utilizando sus capacidades interpersonales y los recursos del contexto socio-relacional.

Se relaciona con la valoración de la interacción entre la experiencia biológica, psicológica y social del individuo, que proporciona una guía para la intervención clínica. Una característica distintiva es el interés de la intervención clínica por el contexto social dentro del cual se producen o son modificados los problemas individuales o familiares. La intervención clínica implica intervenciones tanto en el nivel de la situación social como de la persona, familia o grupo pequeño. Las tres finalidades de la intervención clínica para el cambio son: a través de la relación interpersonal, a través de cambios en la situación social, a través de cambios en las relaciones con personas significativas en el espacio vital de los individuos (Cohen, cit. Northen, op. cit).

Para Swenson (1998) el Trabajo Social Clínico no hace referencia al modelo médico que sirvió de base en los primeros años de la formulación del Trabajo Social, sino que incluye una amplia gama de estrategias del trabajador social, tales como: el gestor de casos, el abogado, el trabajo de colaboración con otras personas y profesionales, la mediación, la prevención, el asesoramiento y el trabajo terapéutico. Así la intervención clínica realiza un trabajo significativo en la prevención de situaciones, en los procesos de *"empowerment"*, en la potenciación de las personas y el desarrollo de su autonomía, en los procesos de cambio de la situación vital del cliente, en promover su participación y relación en los contextos comunitarios, etc.

En la actualidad la orientación clínica se encuentra comprometida con el trabajo de supervisión, de cambios en la organización, de dirección de programas y de educación comunitaria, y con prácticas que contribuyen a mejorar la perspectiva de la justicia social (Swenson, op. cit.)

En la Intervención Directa de los "clientes y su entorno" se pueden presentar una variedad de situaciones, lo que requiere aplicar una diversidad de estrategias y de actuaciones, que en la práctica social se superponen o se encadenan unas con otras. El trabajador social debe conocer la amplia gama de situaciones conflictivas que presentan los clientes/usuarios con el fin de hacer efectivo la elección de un curso de actuaciones adaptadas a una situación en particular. En cada una de ellas se requiere de unos conocimientos, así como del aprendizaje y desarrollo de las habilidades profesionales aplicables a cada situación

La intervención microsocial en la atención directa en Trabajo Social contempla una gran variedad de actuaciones, tales como:

- La intervención con los clientes en la capacitación y en el uso de los recursos disponibles tanto materiales como humanos.
- La intervención en situaciones de crisis.
- La intervención de apoyo profesional de clientes en general y con especial dificultad.
- La intervención en el asesoramiento y consejo.
- La intervención en la utilización de tareas o actividades
- La intervención en los procesos de dirección y control.
- La intervención en los conflictos del cliente y su entorno.
- La intervención con las familias.
- La intervención con los grupos pequeños o de pertenencia.

1.4.2. La Intervención Indirecta

La Intervención Indirecta ha sido definida como aquellas acciones que realiza el profesional sin la presencia directa del cliente y su entorno. Son variadas y diferentes las acciones que el trabajador social realiza fuera de la presencia directa del cliente y su entorno con el fin de: organizar y planificar su trabajo, redactar informes y expedientes, gestionar y abogar en favor del cliente, realizar contactos y acciones con personas y organizaciones; así como trabajar en colaboración y coordinación con otros profesionales.

Otras intervenciones indirectas hacen referencia a la intervención con los sistemas comunitarios y las organizaciones sociales, al trabajo de los profesionales en las actuaciones macrosociales, tales como: la coordinación y potenciación de los grupos que integran la comunidad, la dirección de centros y organismos, el trabajo de planificación, programación, gestión y administración de políticas sociales, etc.

No entraremos en este apartado en aquellos aspectos de la intervención indirecta que suponen una continuación de la práctica directa, de la intervención del cliente en su entorno, ni de las cuestiones macrosociales; sólo nombraremos aquellas acciones que constituyen un complemento indispensable para la efectividad y racionalidad de las intervenciones directas. Tres son, a nuestro juicio, estas intervenciones:

- La Estructuración del Trabajo: Organización, Documentación, Elaboración de instrumentos y técnicas de registro de la información.
- El Trabajo con personas y organizaciones.
- El Trabajo de coordinación y colaboración con otros profesionales.

1.5. LA INTERVENCIÓN EN TRABAJO SOCIAL SEGÚN EL ESTADO O SITUACIÓN DE LOS PROBLEMAS

La variedad de situaciones que se presentan en la Intervención Microsocial se encuentra condicionada según el estado de los problemas, pudiendo ser desarrollada de forma que se potencien las funciones de: prevención, promoción y desarrollo, o bien, el trabajo terapéutico o de rehabilitación con las personas, familias o grupos.

Northen plantea que existe una controversia sobre la finalidad del Trabajo Social, según se encuentre orientado a la perspectiva institucional o residual. Para la citada autora, en la *orientación institucional*, el trabajador social desarrolla la permanente y legítima función en la sociedad para ayudar a las personas a alcanzar sus máximas potencialidades, destacando la inclusión, o la preferencia, por las acciones de prevención y de promoción. Desde la *perspectiva residual*, el trabajador social pone en juego aquellos aspectos en los que la sociedad fracasa para proporcionar las necesidades humanas, destacando las funciones clínicas o de rehabilitación, para las personas que presentan un mayor grado de vulnerabilidad o riesgo. La perspectiva más frecuente es aquella que incluye el desarrollo o la promoción, la prevención y la curación siendo todas las funciones apropiadas para el Trabajo Social (Northen, 1982: 15-16).

Los problemas y las situaciones conflictivas de los clientes no se producen en el vacío, sino que se encuentran afectadas por una serie de variables ambientales y contextuales, cuya relevancia depende de cada situación determinada, pues dichos factores ambientales pueden facilitar o dificultar la aparición de un problema en particular. Para la elección de la estrategia de intervención más adecuada es preciso conocer el estado o situación de un problema. En ocasiones, los clientes no son conscientes de que tienen dificultades basadas en la perspectiva de desarrollo de las necesidades humanas. En otras situaciones la demanda que presentan puede enmascarar un problema más grave.

Siguiendo a Beaver et Miller (1996) podemos establecer tres niveles de intervención según el estado o situación de los problemas:

1. *Intervención Primaria.* Consiste en la realización de acciones anticipadas destinadas a detener o prevenir alguna situación problemática, con el objetivo de minimizar la situación de riesgo.
2. *Intervención Secundaria.* Está diseñada para afrontar una situación problemática o una alteración que ya existe.
3. *Intervención Terciaria.* Se intenta mejorar los efectos de una situación disfuncional más deteriorada y grave que la secundaria para ayudar a las personas a recuperar su funcionamiento en la medida de lo posible. Necesitan estrategias de resolución de problemas más intensas.

1.5.1. La Intervención Primaria

En la Intervención Primaria el trabajador social trata de actuar antes de la aparición de un problema o se plantea prevenir alguna situación. La prevención ha sido considerada una de las funciones básicas de los trabajadores sociales, descrita como aquella que supone la actuación precoz sobre las causas de determinadas situaciones sociales que generan ámbitos sociales de dificultad o problemas en la vida colectiva, o cuando se elaboran modelos de intervención al servicio de grupos de población que se hallan en situaciones de riesgo. Los factores de riesgo incrementan las probabilidades de la aparición del acontecimiento negativo, los factores de protección, por el contrario, decrecen las probabilidades de aparición.

Actuar precozmente significa anticiparse con la intervención profesional a la aparición de dicha situación-problemática, con el objetivo de que ésta no se produzca. Prevenir supone un conocimiento profundo de la realidad social y, específicamente, de aquellos con los que se trabaja. Desde esta perspectiva se plantean unos objetivos fundamentales:

1. Analizar los elementos causales que pueden generar determinadas condiciones de dificultad social.
2. Conocer las características de los sujetos y las condiciones sociales de los grupos de la población, sujetos de atención profesional, para poder definir aquellos grupos que se hallan o que se puedan encontrar en situación de riesgo social.
3. Conocer las necesidades reales y potenciales tanto individuales como colectivas.

La Intervención Primaria se entiende en términos de derechos y necesidades universales, se encuentra enfocada hacia la mejora de las condiciones sociales con vistas a no alterar la caracterización del cliente: suficientes ingresos, hogar adecuado, asistencia sanitaria y educación adecuada. Esto se podría conseguir a través de los servicios universales que reducen los riesgos sociales y económicos dentro de la comunidad, o a través de los servicios específicos que intentan mejorar los contextos de los individuos y de las familias más vulnerables (Hardinker, Exton, et Barker, 1997).

La prevención en el trabajo comunitario plantea el esfuerzo en la planificación y organización de los servicios para eliminar la pobreza, las viviendas pobres e insalubres, la contaminación del entorno, o el racismo; pero también contempla el trabajo en ejercer influencia en las políticas y en los procedimientos de las organizaciones sociales, y destaca cómo determinadas condiciones afectan, adversamente, a la naturaleza y la calidad de los servicios.

Desde la intervención, la prevención significa, también, el trabajo en la investigación de las situaciones que describan las condiciones sociales que requieran cambios, particularmente con los más vulnerables y las minorías étnicas, señalando los desequilibrios en estas poblaciones, e indicando la planificación y orientación de los servicios para la reducción de dichas condiciones en personas, familias y grupos. La prevención implica también la obtención de información acerca de la naturaleza y el alcance sobre las necesidades latentes de los clientes.

En la intervención directa el objetivo general de la prevención psicosocial se dirige al proceso de incrementar las capacidades y habilidades de las personas, familias y grupos, preparándolas para aumentar su competencia en las relaciones interpersonales y en el aprendizaje de aptitudes y habilidades en nuevas tareas personales y sociales.

El trabajo preventivo significa realizar actividades de desarrollo y de promoción en los individuos, intervenciones de orientación a las familias para hacer frente a los cambios en los patrones de cuidado y socialización de los hijos, actuaciones para mejorar las relaciones de las personas de edad con la comunidad, etc. La prevención implica, además, la participación del trabajador social en proyectos responsables, nuevos programas, que tengan en cuenta los derechos de los clientes a ser considerados como ciudadanos. (Northen, op. cit.)

La prevención en el nivel general significa promover nuevas formas de vida saludables, y el aprendizaje de otras responsabilidades sociales en los procesos de urbanización y de cambios rápidos en la sociedad postindustrial y tecnológica (Meyer, 1976).

Los programas de prevención suponen el desarrollo de un proceso que debe tener en cuenta (Fraser, Randolph, Bennet, 2000):

1. Selección de poblaciones objetivo para examinar y analizar datos locales, regionales y nacionales.
2. Desarrollo y conocimiento de los factores de riesgo y protección que tienen influencia en la población objetivo.
3. Realización de intervenciones según preferencias culturales, étnicas, de género, raciales y religiosas, según costumbres y diferencias locales de la comunidad.
4. Interrumpir los factores de riesgo: individuales, familiares, grupales y comunitarios y fortalecer los factores de protección.
5. Valorar las consecuencias y calcular los cambios de los factores de riesgo por factores de protección.

1.5.2. La Intervención Secundaria

La Intervención Secundaria en Trabajo Social se orienta hacia las señales más tempranas de aparición del problema. Este tipo de intervención se dirige hacia el diagnóstico precoz y el rápido tratamiento. La Intervención Secundaria se centra en evitar el desarrollo de una mayor degradación de una situación determinada, así como proporciona ayuda a las personas, familias y grupos a desarrollar estrategias de afrontamiento, con el fin de evitar situaciones similarmente disfuncionales en el futuro.

La Intervención Secundaria se dirige, pues, a resolver el problema tanto como sea posible. A este tipo de intervención se le ha denominado también clínica o terapéutica.

La intervención clínica incluye una serie de actividades para ayudar a las personas, familias y grupos pequeños que en interacción con su medio se encuentran en situaciones de conflicto psicosocial. Es a través de un proceso de clarificación e identificación de los problemas, con la configuración de un plan de intervención, y en el curso de un tratamiento sobre dichos problemas, con lo que se pretende aumentar la competencia de las personas, familias y grupos para su resolución, favoreciendo, de esta forma, su capacidad para afrontar otras situaciones conflictivas que puedan presentarse en el futuro.

Baer y Federico (1978) han identificado tres objetivos principales en la intervención secundaria:

1. Facilitar la resolución de problemas, las capacidades de afrontamiento y el desarrollo de las personas.
2. Promover la eficacia y el funcionamiento de los sistemas humanos.
3. Relacionar a las personas con los sistemas que les ofrecen recursos, servicios y oportunidades.

1.5.3. La Intervención Terciaria

La Intervención Terciaria en Trabajo Social indica la existencia de problemas más graves o situaciones más deterioradas de las que se encuentran en el nivel secundario.

La Intervención Terciaria ha sido denominada de *rehabilitación,* pues significa el trabajo con problemas agudos o crónicos, o con problemas graves y/o persistentes que no van a cambiar. La Intervención Terciaria supone la realización de actividades para modificar los efectos de un problema, o bien el problema en sí mismo, de forma que las personas y las familias puedan recuperar el nivel de funcionamiento y autonomía más adecuado.

En este nivel los problemas han adquirido un grado de intensificación que agotan las posibilidades de las intervenciones primarias y secundarias y que imposibilitan retornar al nivel de funcionamiento anterior; sin embargo sí es posible controlar la expansión del problema y modificar los efectos de dichas situaciones, reforzando al cliente para la mejor utilización posible de los recursos disponibles (Beaver et Miller, op. cit.).

En Trabajo Social la intervención terciaria plantea un trabajo de seguimiento con algunos clientes después de haber superado una situación de crisis; personas mayores que presentan una situación muy deteriorada, personas con discapacidad o enfermos crónicos que deben adaptarse a una situación que no va a cambiar, pues existen individuos y familias más vulnerables que necesitan seguir siendo apoyados, ya que pueden contar con pocos apoyos externos. El trabajo de seguimiento o la continuación de los servicios se pueden encontrar en la intervención terciaria (Northen, op. cit.).

Igualmente encontramos tipologías de clientes en situación de crisis permanente o en situaciones de riesgo: personas o familias enfrentadas a situaciones de seguimiento y control para el adecuado ejercicio de los roles parentales y de las tareas de educación y cuidado de los hijos; personas vulnerables a causa de situaciones de pobreza y dependencia, enfermedades mentales, etc.; familias multiproblemáticas afectadas por múltiples problemas, que requieren intervenciones prolongadas e intensificadas

El objetivo debe ir dirigido a evitar un mayor agravamiento del problema, restaurar la capacidad funcional y restablecer a un nivel "suficiente" las capacidades personales y sociales de las individuos y familias con el fin de promover el mayor nivel de independencia y autonomía (Hardiker et al, op. cit.)

En el nivel de intervención terciaria son necesarias estrategias de resolución de problemas más intensas, coordinadas e intervenciones de larga duración, o bien, determinar cuestiones concretas en un período de seguimiento temporal.

1.6. NUEVOS ÁMBITOS Y ESCENARIOS PARA LA INTERVENCIÓN EN TRABAJO SOCIAL

Nos parece oportuno destacar en el presente capítulo una serie de *nuevos ámbitos y escenarios* que deben ser abordados desde la intervención en Trabajo Social. En algunos casos, no se trata de campos o problemas nuevos para el Trabajo Social, pues muchos son cuestiones ya planteadas; lo que sí requieren es una mirada más atenta y reflexiva, a la luz de los cambios y transformaciones sociales. Entre ellos destacaremos (Sánchez Urios, 2015):

– *Mediación.* La creciente y actual complejidad de las estructuras sociales conlleva la aparición, cada vez más con más frecuencia, de conflictos sociales en diferentes ámbitos. Dichos conflictos forman parte de la vida social, teniendo elementos positivos y negativos. Debido a la creciente complejidad, la habilidad para resolver estos conflictos requiere, cada vez en mayor medida, algo más que buena voluntad y sentido común, utilizando los mediadores conceptos de diversas procedencias. En el año 1974 en Estados Unidos se inician los primeros trabajos sobre mediación, intentando poner solución a las secuelas producidas por el divorcio, el cual se había convertido en regla y no la excepción frente a los conflictos matrimoniales (Gorvein, 1995: 75). En España las primeras experiencias piloto sobre mediación se desarrollan desde 1990 en los Juzgados de Sevilla. La Ley 15/2005 de 8 de Julio, de Reforma del Divorcio, introdujo la mediación como medio para la resolución de conflictos familiares, y trece comunidades autónomas cuentan con leyes de mediación (Ortuño, 2013). La mediación familiar centrada en los procesos de separación y divorcio se ha extendido a otras áreas familiares generadoras de conflicto, tales como: personas mayores dependientes, jóvenes y adolescentes, etc.; así como a la pluralidad de formas familiares: monoparentales, compuestas o reconstituidas, homoparentales, etc.; y, en general, a todas aquellas situaciones familiares susceptibles de aplicar un proceso de mediación. Igualmente, la mediación ha demostrado ser útil en diferentes ámbitos: educativos, sociocomunitarios, medioambientales, interculturales, administración de justicia y otras administraciones; así como otras áreas susceptibles de generación de conflictos.

- *Urbanismo/ Vivienda / Ecología.* Las Teorías Ecológicas en Trabajo Social han puesto de manifiesto, una vez más, la estrecha relación entre el individuo y el medio, lo que por otra parte constituye la especificidad del Trabajo Social frente a otras profesiones. Este tema debe ser retomado por el Trabajo Social para ofrecer nuevas soluciones al problema de la vivienda y el medio ambiente, tales como: la participación del Trabajo Social en los planes de erradicación del chabolismo y la vivienda precaria, en la ocupación de viviendas sociales, en la rehabilitación de zonas antiguas de la ciudad, en las viviendas tuteladas, etc. De la misma forma, la intervención en Trabajo Social debe incorporarse a los Equipos de Educación Medioambiental. Los objetivos en esta perspectiva serían: toma de conciencia y acciones para sensibilizar a la población en cuestiones ambientales, identificación de necesidades de la comunidad, y colaboración en el diseño y ejecución de programas medioambientales.
- *Bioética.* Los avances tecnológicos requieren de reflexión y análisis, ligados a los códigos de ética y al desarrollo humano. La intervención desde el Trabajo Social puede hacerse en los equipos que tratan cuestiones relacionadas con: mujeres enfrentadas al aborto, gestación subrogada, trasplante de órganos, eutanasia, suicidio asistido, etc.
- *Laboral.* El impacto de las nuevas tecnologías y las autopistas de la información hacen posible la incorporación de colectivos en dificultad de acceso o de mantenimiento en el trabajo. Es importante que la intervención en Trabajo Social considere las posibilidades de incorporación laboral de sectores como: discapacitados, mujeres con cargas familiares, poblaciones rurales, etc. Igualmente, la intervención en Trabajo Social debe considerar las posibilidades que ofrecen los nuevos yacimientos de empleo. Así mismo, puede colaborar en la creación de empresas de inserción laboral (empresas tuteladas, de transición, de trabajo temporal, empleo social, etc.), para colectivos en dificultad, aportando su profesionalización en temas sociales.
- *Por colectivos.* No se trata de colectivos nuevos para el Trabajo Social, pero sí requieren de nueva conceptualización y adaptación a los cambios y transformaciones que se han operado en la sociedad actual.

- *Familias.* La familia es un campo clásico en Trabajo Social; sin embargo se han producido una serie de transformaciones en la estructura y composición, tamaño y funcionamiento de la misma, que deben contemplarse como campo de prioritario de actuación del Trabajo Social, como: uniones de hecho, familias monoparentales, familias compuestas, familias homoparentales, familias acogedoras, familias de adopción, familias biológicas y no biológicas, cohabitación. etc.
- *Exclusión social.* Las características de este sector varían mucho según el colectivo de que se trate: sinhogarismo, mayores, mujeres, inmigrantes y minorías étnicas. Puede afectar a individuos solos o familias enteras en donde han fracasado los sistemas naturales de apoyo. Conviene recordar que los efectos de la crisis hicieron aumentar las tasas de pobreza y exclusión social en España, utilizando el indicador de referencia también conocido como AROPE por sus siglas en inglés (at-risk-of poverty and exclusion), este indicador fue creado en el marco de la Estrategia Europa 2020, por lo que se halla armonizado a nivel europeo y permite comparaciones entre distintos países.

En relación con el tema de la exclusión social destacaremos los principales resultados y conclusiones de los últimos estudios de la EAPN (2021) y el Informe Foessa 2021, referidos ambos a la Región de Murcia.

Según el Estudio “Evaluación del impacto de la COVID-19 en las familias con menores de la Región de Murcia” (EAPN, 2021) se destaca que:

- Se ha evidenciado que los hogares en riesgo de exclusión han dispuesto de menos medios informáticos de apoyo al aprendizaje que el conjunto global de hogares.
- El 38,4% de las familias murcianas declara que, debido a la pandemia, los menores han dejado de realizar las actividades extraescolares, teniendo un impacto similar (37,5%) en el caso de las familias en riesgo de exclusión social.
- El 43,6% de las familias (47,4% de las familias en riesgo de exclusión) indica la aparición de conflictos o tensiones en el seno del hogar, debido a la pandemia.
- Las familias en riesgo de exclusión son las más afectadas por la aparición de múltiples conflictos o tensiones, sobre todo financieros y otros (46,4%), laborales y otros (31,2%), o por utilización de equipos o espacios y otros (24,6%).

De acuerdo con los datos de la Encuesta sobre Integración y Necesidades Sociales de la Fundación FOESSA: en 2021 el 35,4% de la población de Murcia se encuentra en una situación de integración plena, el 39,2% en una situación de integración precaria, el 12,2% en una situación de exclusión moderada y el 13,2% en situación de exclusión severa. El total de personas en situación de exclusión social representan el 25,4% de la población de Murcia, lo que implica que aproximadamente uno de cada cuatro habitantes de la Comunidad —en torno a 385.000 personas— se encuentra en 2021 en una situación de exclusión moderada o severa. Si se compara con la situación del conjunto de España, la situación de Murcia resulta en líneas generales muy similar

En términos evolutivos se observa que los niveles de integración plena en 2021 han caído de forma considerable tanto en el conjunto de España como, de manera muy particular, en Murcia. Si en 2018, estas personas representaban la mitad de la población (50,8%), en 2021 su peso relativo alcanza al 35,4%. Este retroceso en el espacio de la integración plena, a diferencia de lo ocurrido en España, no ha traído consigo en el caso de Murcia un aumento notable de la exclusión social, que se ha mantenido relativamente estable en sus niveles generales en torno a un 25%, sino un incremento muy pronunciado de la integración precaria. En concreto, los datos evolutivos indican que la integración precaria ha pasado de representar a una de cada cuatro en 2018 (25%) a suponer cerca del 40% en 2021 y, por tanto, este se convierte en el grupo mayoritario.

Para finalizar, se destacan nuevos ámbitos de intervención desde el ejercicio libre de la profesión (Caravaca, 2016):

- Trabajo Social en gabinetes y consultorías, que desarrollan diferentes iniciativas de prestación de servicios múltiples relacionados con el ámbito de lo social (gestión de servicios sociales, estudios de satisfacción, implantación y gestión de planes de igualdad, estudio de necesidades, evaluación de programas, consultoría y servicios de forma privada a particulares).
- Trabajo Social en situaciones de catástrofes y emergencias, las situaciones de peligro, amenaza y destrucción generan crisis que alteran de forma repentina e inesperada el desenvolvimiento en la vida cotidiana afectando a las condiciones de vida de las personas damnificadas por estos acontecimientos, lo que provoca alteraciones físicas, psíquicas y sociales.
- Trabajo Social y tecnoadicciones, nos referimos a aquellas que surgen y están relacionadas con el uso abusivo de las nuevas tecnologías, y a la pérdida del control en el manejo de su vida, afectando a su conducta.

1.7. RESPUESTAS DEL TRABAJO SOCIAL

En 2015, la ONU aprobó la Agenda 2030 sobre Desarrollo Sostenible, una oportunidad para que los países y sus sociedades emprendan un nuevo camino con el que mejorar la vida de todos, sin dejar a nadie atrás. La Agenda cuenta con 17 Objetivos de Desarrollo Sostenible, que incluyen desde la eliminación de la pobreza hasta el combate al cambio climático, la educación, la igualdad de la mujer, la defensa del medio ambiente o el diseño de nuestras ciudades. Con una visión que fomenta un desarrollo sostenible e inclusivo, promueve la dignidad, la igualdad y la justicia, se estructura en un enfoque transformador de aquellas situaciones que suponen vulneraciones de los Derechos Humanos y sobre todo con sus causas. Aunque indirectamente todos abordan cuestiones que atañen al Trabajo social, los objetivos más directamente relacionados con la profesión son: fin de la pobreza, reducción de las desigualdades, salud y bienestar, hambre cero, trabajo decente, educación de calidad, ciudades y comunidades sostenibles, paz, justicia e instituciones sólidas (López, Palma, 2021).

El enfoque de Derechos Humanos en la práctica profesional del Trabajo Social resulta fundamental para promover el rol de agente de cambio, promotor de la justicia social y de los derechos fundamentales. Resulta muy importante ahuyentar la visión que muchas personas tienen, por la que el Trabajo Social ocupa una posición de control y mantenimiento de una estabilidad no transformadora de las estructuras sociales opresivas. En este mismo sentido, el Trabajo Social debe abogar y ejercer presión para conseguir la modificación de dichas estructuras sociales a través, entre otras, de la implementación de políticas sociales eficientes, adecuadas, sostenibles y basadas en los derechos fundamentales. La profesión debe sortear la amenaza de que el enfoque de Derechos Humanos se considere imprescindible a la hora de diseñar políticas públicas. (López, Palma, 2021).

El Trabajo Social como disciplina y como profesión se configura desde sus inicios en función de las respuestas que hemos dado a tres cuestiones: por un lado, la democracia y la ciudadanía que nos lleva a considerar a los otros como sujetos de su propia historia; por otro lado, la experiencia en las desigualdades, la pobreza, a los procesos de exclusión, las situaciones de vulnerabilidad, que permite definir nuestra profesión "como una profesión de ayuda"; y, finalmente, lo específico de las primeras trabajadoras sociales es que buscaron afrontar la democracia y la vulnerabilidad desde un enfoque científico, lo que dio origen a nuestra disciplina (López, 2012)

También es imprescindible las garantías metodológicas, en las que se incluyan la calidad de las intervenciones profesionales, como los apoyos necesarios para la inclusión social, el acompañamiento en los procesos de intervención social, la necesidad de programas de prevención y promoción, la orientación hacia el empoderamiento, la participación ciudadana, así como la evaluación en el impacto de la cohesión social de las acciones desarrolladas.

En el contexto académico y universitario, la implantación de las titulaciones de Grado, Máster y Doctorado debe permitir la ampliación y el desarrollo de la investigación en los ámbitos de la intervención en Trabajo Social, nuevas propuestas teóricas y metodológicas, así como el aumento de la presencia de doctores en las universidades españolas.

Las modificaciones introducidas en el ámbito universitario, como consecuencia del proceso de adaptación al espacio Europeo de Educación Superior, destacan el perfil profesional de la disciplina que se debe aprender en la formación inicial, las competencias y capacidades requeridas para su desempeño. Encontrándonos con cuatro saberes para la definición de competencias: conocimiento teórico de un ámbito académico del ámbito profesional ("saber"), aplicar los conocimientos a situaciones profesionales concretas ("saber hacer"), características y actitudes personales hacia sí mismo, hacia los demás y hacia la profesión ("saber ser") y el conjunto de actitudes y habilidades interpersonales que permiten interactuar en el entorno profesional ("saber estar") (García, 2009). Junto a los conocimientos, destrezas, habilidades y aptitudes del programa formativo es importante que en la formación universitaria responda a una serie de valores sociales del perfil profesional (Yubero; Larrañaga y Del Río, 2011): espíritu crítico, comprometido y sensible con los problemas sociales y las necesidades humanas, así como querer contribuir a mejorar la sociedad.

Desde nuestro punto de vista, el Trabajo Social en nuestro país debe reflexionar y analizar sobre los interrogantes, cuestiones y nuevos escenarios que se plantean. Los cambios y transformaciones por las que atraviesan nuestras sociedades no han dejado al margen al Trabajo Social. "Diríamos que la crisis es parte constitutiva del Trabajo Social y esto le ha permitido avanzar y transformarse a sí mismo" (Kisnerman, 1998: 158).

El Trabajo Social debe realizar un debate en el ámbito académico y profesional, y en ambos en interconexión, para desentrañar las dificultades, las debilidades, las resistencias que se encuentran tanto en los niveles conceptuales y metodológicos como en los prácticos y organizativos. También tiene que reconocer las fortalezas específicas, el bagaje histórico desarrollado y los valores construidos. Son numerosas las fortalezas en la relación entre el Trabajo Social y los ODS. Sin embargo, es la propia Agenda Global del Trabajo Social y Desarrollo Local la que destaca especialmente entre ellas, al establecer el firme compromiso de la profesión con el desarrollo humano, la integración, la cohesión social, la búsqueda de bienestar, las alianzas, el trabajo en red, la participación ciudadana y la internacionalización. Esta Agenda dota a la profesión y a los servicios sociales de una mayor capacidad de influencia sobre las políticas sociales, fortaleciendo su capacidad de liderazgo y su poder para promover la igualdad, la dignidad, el bienestar y la sostenibilidad (IASSW, ICSW y IFSW, 2018). Estos planteamientos deben permitir al Trabajo Social avanzar en el interior y responder en el exterior a los nuevos problemas, retos y escenarios que la sociedad global viene demandando.

1.8. ACTIVIDAD PRÁCTICA Nº 1

"LA INTERVENCIÓN EN TRABAJO SOCIAL: DIFERENTES PERSPECTIVAS"

Objetivos de la práctica:

1. Comprender y reflexionar sobre los contenidos teóricos impartidos en el capítulo.
2. Analizar la multicausalidad de los problemas sociales.
3. Analizar y debatir la interrelación existente entre los sistemas y el medio social.
4. Analizar la interrelación existente entre la intervención microsocial y macrosocial.
5. Aplicar diferentes tipos de intervenciones según el estado o situación de los problemas.

Actividades:

1. Escoge un problema social o bien un colectivo en situación de dificultad social (trata de focalizarlo, zona concreta, franja de edad).
2. Haz una representación gráfica de todos los factores que están influyendo: individuales, familiares, económicos, socio-culturales y del medio social.
3. Elabora a partir de la elección del grupo propuestas de intervención, que traten de mejorar dicho problema o colectivo en los tres niveles (intenta focalizar):
   Intervención Primaria.
   Intervención Secundaria.
   Intervención Terciaria.
4. Analiza cómo influye el medio social en las propuestas planteadas en los tres niveles de intervención en los diferentes sistemas individual, familiar, grupal.

1.9. MATERIALES RECOMENDADOS

- Beaver, M. L. et Miller, D. A. (1996). *La práctica clínica del Trabajo Social con personas mayores*. Ed. Paidós.
- Bronfenbrennner, U. (1987). *Ecología del Desarrollo Humano*. Ed. Paidós.
- Davis, M. (1994). *The Esencial Social Work. An Introduction to Pprofessional Practice.* Routlegde.
- Johnson, L (1992). *Social Work Practice: A Generalist Approach.* Allyn and Bacon.
- Barranco Exposito, Mª C. (2004). La intervención en Trabajo Social desde la calidad integrada. *Alternativas. Cuadernos de Trabajo Social* nº 21: 79-102.
- Caravava Llamas, C. (2016) Los nuevos ámbitos de intervención desde el ejercicio libre de Trabajo social. *La Razón Histórica, nº 33(181-202)*
- Frase, M. W; Randolph, A. et Bennet, D. (2000). « Prevention: A Risk and Resilience Perspective », en P. Allen- Meares et Ch. Garvin (edit.) *The Handbook of Social Work direct practice.* Sage Publications.
- García-San Pedro, Mª J. (2009). El concepto de competencia y su adaptación en el contexto universitario. *Alternativas* nº 16, pp. 11-28
- EAPN, (2021) Evaluación del impacto de la COVID-19 en las familias con menores de la Región de Murcia https://eapnmurcia.org/wp-content/uploads/2021/06/Impacto_familias_menores.pdf

- EAPN (2021) II Informe el mapa de la pobreza severa en España. El paisaje del abandono. https://www.eapn.es/publicaciones/443/ii-informe-el-mapa-de-la-pobreza-severa-en-espana-el-paisaje-del-abandono
- Fundación FOESSA (2021) Sociedad expulsada. Derecho a ingresos. Análisis y perspectivas https://www.caritas.es/main-files/uploads/2021/10/analisis-y-persectivas-2021.pdf
- Informe sobre exclusión y desarrollo social en la Región de Murcia. Resultados de la encuesta sobre Integración y necesidades sociales 2021. https://www.foessa.es/main-files/uploads/sites/16/2022/03/Informes-Territoriales-2022_Murcia.pdf
- IASSW, ICSW e IFSW. (2018). Global Agenda for Social Work and Social Development: Third Report. Promoting Community and Environmental Sustainability. (Ed. David N Jones). Recuperado el 10 de abril de 2021 de https://www.iassw-aiets.org/wpcontent/uploads/2018/07/Global-Agenda-3rd-Report-PDF.pdf
- Johnson, I. (1999) Indirect Work: Social Work´s Uncelebrated Strength. *Social Work.* Vol. 44, nº 4.
- López Carlassare, A. L y Palma García, M. (2021). Trabajo Social y Agenda 2030 *Servicios Sociales y Política Social.* Junio 2021 XXXVIII (125) 23-34
- Red Vega, N. de la (2000). Trabajo Social e Intervención Integral, en J. Garcés Ferrer (Dir.) *Concepto y alcance del Trabajo Social Hoy.* Ed.ICEPSS.
- Renes Ayala, V.; Fuentes Rey, P.; Ruiz Ballesteros, E. y Jaraíz Arroyo, G. (2007) Realidad, pensamiento e intervención social. *Documentación social* nº 145:11-35
- Yubero Jiménez, S; Larrañaga Rubio, E; Del Río Toledo, T. (2011) Los valores sociales en el perfil profesional del Trabajador social. Un análisis con estudiantes universitarios. *Alternativas. Cuadernos de Trabajo Social,* nº 18: 91-104

Capítulo 2

LA RELACIÓN PROFESIONAL EN TRABAJO SOCIAL CON EL SISTEMA INDIVIDUAL Y/O FAMILIAR

2.1. LA RELACIÓN TRABAJADOR SOCIAL-CLIENTE

"La principal técnica del trabajador social es su manera de ser"
Mathilde du Ranquet.

La relación que se establece es el principal instrumento de la intervención en Trabajo Social con individuos y/o familias. El pilar fundamental de la intervención profesional lo conforma la relación establecida entre el usuario/cliente y el trabajador social. En ella el profesional deberá desplegar una serie de cualidades como la creatividad, la improvisación, la racionalidad, la espontaneidad, la flexibilidad, el rigor metodológico, la recursividad, el tecnicismo y la paciencia (Fernández y Ponce de León, 2006).

La relación tiene lugar a través de una interacción personal, pues debe tenerse en cuenta que, tanto el profesional como el cliente, individual y/ o familiar, poseen una serie de valores, creencias, expectativas e intereses que interactúan entre sí. Con frecuencia, la relación que se establece forma parte de lo que denominamos como proceso de Trabajo Social (Trevithick, 2002).

Las relaciones pueden ser *simétricas* según se produzca la igualdad en cualquiera de las áreas; o por el contrario, *complementarias*, donde la conducta de uno de los participantes complementa al otro. En esta última situación es importante destacar el carácter de mutuo encaje, en el que una conducta tiende a favorecer a la otra (Watzalawich, Beavin et Jakson, 1989). En el marco de las relaciones complementarias se establece la relación profesional de Trabajo Social con los clientes.

El profesional lleva a la relación una determinada forma de ver el mundo, fundamentada en sus creencias, valores, prejuicios, y un estilo determinado de relacionarse con los otros (Rodríguez y Zamanillo, 1992). Además, consideramos que debe poseer una serie de habilidades características de un buen profesional de ayuda, una sólida formación en valores, una actitud reflexiva que favorezca la búsqueda de soluciones a los problemas planteados, así como la habilidad de la "flexibilidad" para adaptarse a las situaciones cambiantes no sólo de la vida de los clientes sino también a las que acontecen en el entorno social.

Entre los autores clásicos que han estudiado y analizado la relación profesional se encuentra Biesteck que establece la siguiente definición: "Las relaciones del *casework* son la interacción dinámica de aptitudes y emociones entre el *caseworker* y el cliente, con el propósito de apoyar a éste a lograr una mejor adaptación a su medio ambiente" (1966:12). Para él unas buenas relaciones no sólo son necesarias para el *casework*, sino que constituyen su esencia. Establece una serie de principios de las relaciones del *casework* que han pasado a ser clásicos:

1. *Individualización.* Es el reconocimiento de las cualidades únicas de cada cliente, fundamentadas en la aceptación de los derechos de los seres humanos a ser tratados como diferenciados y a ser reconocidos como únicos.
2. *Expresión explícita de sentimientos.* Es el reconocimiento de la necesidad del cliente de expresar sentimientos libremente. El trabajador social deberá escucharlos de manera explícita y sin censura, así como animará a dicha expresión cuando sea útil en el proceso de intervención.
3. *Participación emocional.* Es la sensibilidad del profesional hacia los sentimientos de los clientes, una compresión de su significado y una respuesta explícita y apropiada de los mismos.
4. *Aceptación.* Supone que el trabajador social percibe y trata a los clientes tal y como son, incluyendo sus virtudes y defectos, sus cualidades agradables y desagradables, manteniendo el sentido de su dignidad innata y su valía personal.
5. *Actitud exenta de juicios.* Implica que la atribución al cliente de culpabilidad o inocencia, o de ciertos grados de responsabilidad por haber causado algún problema no forma parte de la función asistencial, aunque se pueden emitir juicios valorativos sobre actitudes, modelos o acciones de los clientes.
6. *Autodeterminación del cliente.* Supone el reconocimiento del derecho y la necesidad de los clientes a su libertad a la hora de ejercer sus propias elecciones y decisiones en el proceso de intervención. Biesteck señala que los derechos de los clientes a la autodeterminación pueden estar limitados por su capacidad de tomar decisiones positivas y constructivas, por la ley civil y moral, así como por la función de la institución.
7. *Secreto profesional.* Es la preservación de información secreta concerniente al cliente, derivada de la relación profesional.

Sin embargo, estos principios generales plantean muchas dudas, pues se pueden interpretar de múltiples formas. Biesteck los formuló más centrados en cómo debería de ser el contenido de la relación, sin tener en cuenta el contexto de la institución y la sociedad en el que se desarrolla la relación profesional. Los derechos de los clientes no son derechos absolutos y pueden estar limitados por una obligación mayor hacia sí mismos, por los derechos de otros individuos, del trabajador social, de la institución y de la comunidad (Banks, 1997).

Ética y valores son cuestiones ampliamente debatidas, en especial en lo que se refiere a la relación directa con individuos y familias. El debate sobre los aspectos éticos y valores inherentes a la práctica del Trabajo Social son oportunos no sólo porque los viejos valores están bajo amenaza, sino también porque los mismos trabajadores sociales son objeto de ataque moral por parte de la prensa y del público sobre el resultado de sus acciones. Es importante la reflexión para defender a la profesión de los ataques morales y reducir algunos sentimientos de culpa, responsabilidad y ansiedad a la hora de tomar decisiones difíciles (Banks, op. cit).

El profesional comprometido con su actividad profesional debe ser consciente, tanto de los valores sociales y profesionales que rodean su trabajo, como de sus propios valores, que se encuentran entremezclados, aunque sea en forma de tensión. Para convertirse en un profesional competente es necesario adoptar una posición crítica de la misma práctica, reflexionando sobre ella, y cuestionando la práctica sobre la base de esa reflexión, estando obligado a armonizar y no separar dicha *reflexión*, valores y conocimiento, de la *acción*, el uso de capacidades y habilidades profesionales (Banks, op. cit).

El trabajador social orienta su actividad a buscar el mayor bienestar de las personas los usuarios/clientes y a prestar el mayor servicio posible a la sociedad siguiendo los principios y normas que regulan su profesión. Sin embargo, no todos los casos son de fácil o difícil solución, sino que algunos plantean dilemas éticos que deben ser resueltos mediante la aplicación de algún método. "Un dilema ético es un conflicto entre valores, principios y obligaciones de peso similar que, aun siendo positivos no pueden ser aplicados simultáneamente en la misma situación y que hacen dudar al profesional sobre el modo de actuar apropiado" (Ballestero, 2009:124).

Los problemas que originan dilemas éticos a los trabajadores sociales pueden clasificarse en (Reamer, cit. Ballestero, op. cit):

- Problemas éticos con los usuarios se encuentran relacionados con la confidencialidad, la autodeterminación, el paternalismo o la veracidad.
- Problemas con las instituciones se refieren a los problemas generados por la no coincidencia de la ética profesional con las leyes y normas que rigen las instituciones y organizaciones sociales en las que los profesionales desarrollan su labor.
- Problemas con otros colegas se encuentran fundamentados en la incompetencia, mentira, ocultación de datos, etc.

– Problemas éticos del trabajador social consigo mismo, con sus valores y con los de la profesión.

Una propuesta de la resolución de dilemas éticos que puede ser utilizada por los profesionales trabajadores sociales es la denominada como *"modelo de la ley social"*, que lleva a cabo el siguiente proceso (Ballestero, op. cit):

1. Dilema ético y principios. Trata de concretar el dilema ético y delimitar los principios que se hallan en conflicto.
2. Personas e instituciones. Identifica a todas las personas e instituciones relacionadas de algún modo con la causa, la situación actual o la posible solución del dilema.
3. Soluciones y consecuencias. Busca todas las posibles soluciones y consecuencias para las personas e instituciones implicadas, sin prejuzgar la bondad o no de las mismas.
4. Filtro ético. Comprueba qué soluciones son éticamente aceptables en la profesión de trabajador social, consultando los códigos de ética, los principios deontológicos y demás regulaciones específicas de cada lugar.
5. Filtro legal. Comprueba que soluciones éticamente aceptables no van contra las leyes civiles vigentes en el contexto del dilema ético.
6. Filtro de la ley social. Estudia los casos relacionados anteriormente resueltos, en los que se produjo el mismo o parecido un dilema ético. Se crearía una especie de "jurisprudencia social" a la que se podría recurrir en casos iguales o similares.
7. Reflexión y decisión. Trata de reflexionar sobre las posibles soluciones que han pasado todos los filtros para decidir cuál de ellos protege mejor la autonomía del usuario y causa los menores daños al usuario.
8. Seguimiento y evaluación. Trata de una vez resuelto el dilema, tomada la solución y puesta en práctica, evaluar la calidad ética aplicada, con el fin de incrementar la "jurisprudencia social" y aumentar la experiencia profesional del trabajador social que ha resuelto el dilema.

2.2. ESTABLECER UNA RELACIÓN-CREAR UNA COMUNICACIÓN

El establecimiento de una *relación positiva* desde las sesiones iniciales debe ser un objetivo fundamental del trabajador social, pues es importante que ambos, trabajador social y sistema cliente, sientan que pueden trabajar juntos.

Como ya hemos manifestado, las relaciones profesionales se inscriben en el marco de lo que ha sido denominado "relaciones complementarias"; no se es un amigo sino alguien con el que se va a establecer una alianza de trabajo.

Con frecuencia se confunden los términos *relación* y *comunicación*. Establecer una relación significa crear las condiciones necesarias para que el entrevistado tenga confianza en el profesional estableciendo una conexión. Sin embargo, crear una comunicación supone que ambas partes se muestren activas y dispuestas a participar en este proceso; esto no siempre se consigue cuando se trabaja con individuos desconfiados, o usuarios que acuden al profesional de forma obligada (Trevithck, op. cit.).

Así pues, crear una comunicación es esencial para adoptar enfoques e intervenciones basadas en la participación del cliente y en el poder compartido; dichos enfoques incrementan las posibilidades del "empowerment", de autodeterminación y de independencia.

Cuanta más confianza tenga el trabajador social en el cliente más capaz será éste de explorar sus áreas conflictivas, de reconocerlas, de reorganizar su personalidad y de caminar por la vida de forma más madura y plena. Por tanto, la responsabilidad del proceso de intervención queda en manos del cliente porque éste debe tener capacidad suficiente de autodirigirse (Gómez, 2003).

La calidad de la interacción, la confianza y la comprensión de las situaciones del cliente abre las posibilidades de ahondar en sus miedos y temores ante la intervención, afrontar la verdad, así como de integrar y aceptar el cambio; de forma que sin esta relación no sería posible.

En dicha interacción se encuentra involucrada la totalidad de la persona:

- *Aspectos psicológicos*: etapa evolutiva, desarrollo intelectual, personalidad, estructura del carácter, grado de madurez, etc.
- *Aspectos emocionales*: emociones y sentimientos que en cada individuo se despiertan a raíz de las palabras del otro.
- *Aspectos corporales*: sensaciones, movimientos y acciones, etc.
- *Aspectos sociales*: roles, pautas culturales, etc.

De igual modo, podemos encontrar una diferencia entre *información y comunicación*, entendemos por información la transmisión de mensajes por un individuo sin que exista una comprobación de la recepción de los mensajes. Cuando hablamos de comunicación nos referimos a un proceso más amplio, en el que se da un proceso constante de verificación de la captación del mensaje al que se le ha llamado *feed-back o negociación del significado*. Es importante destacar que la comunicación tiene dos planos: uno de contenido o de comunicación literal y otro, de relación entre los que se comunican, pues las informaciones no son siempre expresadas de forma verbal y el destinatario debe contar con la metacomunicación para tener informaciones sobre lo que se quiere decir (Watzalawich, Beavin et Jakson, 1989).

Los teóricos de la comunicación ponen de manifiesto la importancia de las informaciones que se reciben pues estas se procesan, aproximadamente, en las siguientes proporciones: *7% palabras, 38% tono de voz, 55% expresión corporal* (Mehrabian, cit. Knapp, 1995). Se han identificado algunos problemas en la comunicación verbal trabajador social-cliente tales como (Watzalawich, et al, op. cit):

- *Doble mensaje*: dos mensajes contradictorios emitidos al mismo tiempo.
- *Mensaje ambiguo*: un mensaje que puede tener interpretaciones distintas o no claramente diferenciadas.
- *Confusión referencial*: las palabras significan cosas diferentes para cada uno.
- *Sobrecarga:* muchos mensajes al mismo tiempo.
- *Incongruencia:* el orden de los mensajes no es el adecuado.
- *Atención selectiva*: el receptor sólo recoge determinados mensajes de su interés.

Una de las situaciones más frecuentes se encuentra relacionada con la *utilización del mismo código por el trabajador social y el cliente*; esto presupone que ambos pertenezcan la misma comunidad cultural. Sin embargo, ello no implica que no puedan comunicarse dos personas socializadas en diferentes culturas, por ejemplo inmigrantes o población autóctona, ya que una actitud de apertura y empatía entre ellos puede introducirnos a su universo de significados (Ferrer Valls, 1996).

Otros factores que pueden producir incomunicación son: *ruidos en el canal, la pérdida de visión y audición*; así mismo desde el punto de vista psicológico otros elementos perturbadores que hay que tener en cuenta son: la *falta de empatía, la ansiedad* y *la tendencia a juzgar al otro* (Ferrer Valls, op. cit).

En la actualidad, se tienen cada vez más en cuenta *los mensajes no verbales* que se transmiten, pues reacciones como la atracción a primera vista o las sensaciones de disgusto sin que haya mediado palabra, son el resultado de la transacción de multitud de mensajes subliminales. Este último aspecto es sumamente importante por lo que supone de emisión y recepción de mensajes en su mayoría emocionales y actitudinales y que, en gran parte, se procesan desde niveles no conscientes de la persona. Los elementos de la comunicación no verbal que deben ser considerados son (Kadushin, 1983):

- *Cronometría.* Se refiere tanto a la medida exacta del tiempo, como a la posibilidad de que la las personas lleguen pronto o tarde, así como que tengan una buena predisposición en relación con el tiempo.
- *Olor.* Estados emocionales comunicados a través de cambios en el olor corporal.

- *Tacto.* Apretón de manos, abrazos. Estos suelen definirse según la situación y las normas culturales.
- *Proxemia.* Comunicación a través de la *Postura corporal*, que puede ser tensionada o excesivamente relajada. Lo importante es mantenerse en una postura relajada, pero atenta, levemente inclinada hacia adelante, pero sin ocupar el espacio físico y psicológico del interlocutor. También se incluye la *Posición,* la situación física de ambos puede dificultar la comunicación, se puede establecer de frente o en ángulo, a una distancia aproximada de un metro.
- *Kinesia* del lenguaje corporal. Se refiere a la comunicación a través de *Expresiones faciales*: localizadas en la boca, cejas y ojos. Es preciso cambiar de expresión facial para demostrar que se comprende las emociones del cliente. La mirada debe dirigirse al interlocutor pero no demasiado insistentemente. No debe de mirarse al infinito o hacia abajo porque da la sensación de despiste en el primer caso y de inseguridad en el segundo.
- *Paralingüística.* Se refiere a todos aquellos aspectos relacionados son el *volumen, articulación, tono, entonación y velocidad.* Algunos problemas de la comunicación no verbal se inscriben dentro de este apartado, como la velocidad y al volumen, es decir, hablar demasiado deprisa y flojo. Ambos son síntomas de ansiedad de la persona que emite el mensaje, así como de falta de seguridad y autoestima.
- *Comunicación artificial.* Se refiere al lenguaje del ambiente físico, la casa, así como la *Presentación personal*: peinado, vestido, aseo personal, aspectos olfativos, etc.

Por último, la relación está mediatizada por la *percepción*, ya que no captamos toda la realidad, interponiéndose una serie de filtros que nos hacen tener una información parcial. Esta interpretación es parcial, porque seleccionamos la información quedándonos con una pequeña parte de la totalidad; y segundo, por la subjetividad, ya que tendemos siempre a confirmar nuestras expectativas, aunque éstas no se ajusten a la realidad (Vázquez, 1995).

2.3. LA RELACIÓN DE AYUDA

Fue Carl Rogers, creador del enfoque no directivo o centrado en la persona, el primero en utilizar el concepto de *relación de ayuda*, conceptualizándola como aquella relación en la que una de las partes intenta promover una mejor apreciación y expresión de los recursos del individuo latentes y un uso más funcional de éstos (Rogers, 1989). Dicho autor llegó a la conclusión de que los resultados obtenidos con los clientes, dependían del profesional y de su habilidad para establecer un tipo de relación con ellos; la capacidad del profesional de crear relaciones que faciliten el desarrollo de otros como personas, se encuentra en función del desarrollo logrado por uno mismo.

La relación de ayuda es aquella que se establece entre una persona conocedora y otra menos conocedora, en orden a permitir a esa última, un mayor nivel de funcionamiento en aquellas áreas en las que la primera es experta, posibilitando modos más constructivos de conducta, aumento de sensibilidad emocional y un mayor control sobre la propia vida. La existencia de las condiciones que dan paso a la relación de ayuda genera un tipo de interacción de una relación diferente a la relación cotidiana (Marroquín, 1991).

La hipótesis central de la relación de ayuda es que el individuo tiene recursos para su autocomprensión, para modificar su comportamiento y sus actitudes, pero estos recursos se activan a través de una relación que facilita el cambio (Cian, 1995).

La idea fundamental de la que parte la relación de ayuda consiste en proponer el crecimiento y la maduración de cada persona a través de las relaciones interpersonales, fundamentadas en la participación afectiva, el abandono de roles estereotipados y la responsabilidad personal (Cian, op. cit).

El objetivo por tanto es provocar cambios, motivando para que dichos cambios se produzcan, ésta es la base de la relación de ayuda. Se trata de una aproximación que permite a la persona utilizar sus propios recursos para afrontar sus propios problemas. Para afrontar estas realidades el profesional debe partir de las prioridades que marca la persona o familia, se debe favorecer los puntos de interés que favorezcan o motiven para el cambio. De esta manera, el cambio será auténtico y duradero (Gómez, 2010).

La consideración de la relación de ayuda en lo que se refiere a la intervención en Trabajo Social señala las características y habilidades del profesional en dicha relación, no siendo éstas innatas sino susceptibles de aprendizaje. Así mismo, determina el papel del profesional que interviene acompañando al cliente en el proceso de intervención más que sirviendo de guía (Rogers y Kinget, 1967).

Así pues, Rogers estableció una serie de condiciones fundamentales para el trabajo con los clientes (Rogers, op. cit):

- Ser auténticos y coherentes, actuando de acuerdo con los propios sentimientos.
- Aceptar y valorar al otro como persona de forma cálida y positiva.
- Desear entender empáticamente al otro, tanto sus sentimientos positivos como negativos.
- Ser transparente, expresar los propios sentimientos.

– Facilitar que el individuo se dé cuenta de todo lo anterior.

Posteriormente, Carkhuff a través de posteriores investigaciones, ha realizado un desarrollo detallado no sólo de estos aspectos, sino también de la adquisición de estos procedimientos para un entrenamiento sistemático. Los siete principios que el profesional debe desarrollar en la relación de ayuda serían (Marroquín, op. cit):

– *Empatía.* Es la capacidad de percibir correctamente lo que experimenta otra persona, y comunicar esta percepción en un lenguaje acomodado a los sentimientos de ésta. Sin empatía no existe base para la ayuda

– *Respeto.* Implica el aprecio de la dignidad y valor de la persona atendida y el reconocimiento de dicha dignidad como persona. Supone que:

  • El profesional ha de estar por el otro.
  • Tener disposición y compromiso para trabajar con él.
  • Considerar al otro como único.
  • Se debe de respetar su autodeterminación.
  • Se suspende cualquier juicio crítico sobre el otro
  • El respeto no ha de ser frío, neutro o desinteresado, sino cordial.

– *Genuinidad.* Capacidad por parte del profesional de ser libre y profundamente él mismo. Así se excluye la dicotomía entre lo que el profesional siente y manifiesta en su comportamiento cotidiano y profesional. Esto no significa expresar todo lo que siente, sino no negarlo.

– *Concreción.* Supone la expresión específica en lo que se refiere a los sentimientos de la persona atendida. El criterio para su aplicación es la importancia que dicha persona atribuye al material manifestado.

– C*onfrontación.* Acción iniciada por el profesional, que pone a la persona en contacto consigo mismo, mediante la consideración de las discrepancias en ella existentes y de la repercusión de éstas en la relación de ambos.

– *Inmediatez.* Habilidad para discutir, directa y abiertamente, con la otra persona lo que está ocurriendo en el aquí y ahora de la relación interpersonal entre ambos.

– *Automanifestación del profesional.* Está ligada a la genuinidad:

  • El profesional debe de estar dispuesto a manifestarse cuando la situación lo exija.
  • La automanifestación no debe de ser considerada como un fin en sí misma.
  • Debe ser apropiada.

La relación de ayuda es y ha sido utilizada en variados contextos: psicoterapéuticos, asistenciales, educativos, etc. Su utilización en la intervención en Trabajo Social debe favorecer la relación que se establece entre el trabajador social y el cliente, no debiendo ser confundida con otros contextos diferentes, pues como señalan Coletti y Linares, (1977) los trabajadores sociales no pueden hacer terapia, sólo si poseen formación especializada y trabajan en un contexto de este tipo; sin embargo sus intervenciones deben ser "terapéuticas", entendiendo como tales toda actividad dirigida a disminuir, aliviar o suprimir el sufrimiento, induciendo o facilitando cambios.

2.4. ELEMENTOS DE LA RELACIÓN EN TRABAJO SOCIAL

Existen tres sistemas que ejercen una gran influencia recíproca en la relación de ayuda, éstos son: el sistema institucional, el sistema trabajador social y el sistema cliente. A su vez estos sistemas se encuentran inmersos dentro de un suprasistema que es la sociedad, la cual sirve a las instituciones para conseguir sus objetivos. Dentro de estas instituciones se encuentran las dedicadas al ámbito de los servicios sociales, cada una de ellas con su propia idiosincrasia (Arija Gisbert, 1999).

2.4.1. El sistema institucional

El Trabajo Social se realiza dentro del ámbito de las instituciones, por ello como destaca Arija Gisbert, los profesionales deben observar y reflexionar sobre la institución en la que se encuentran: su ideología, valores, intereses; fines y objetivos; jerarquías y sistemas de poder; medios y carencias; métodos y técnicas; normas, recursos de los que dispone, contextos de intervención; dependencia económica e institucional; relación con otras instituciones y calidad de la misma; potencialidades y limitaciones; relaciones en el equipo de trabajo, el manejo de la pertenencia, el poder y el afecto dentro del equipo, conflictos que surgen por problemas de comunicación y de relación, disensiones ideológicas y operativas, criterios compartidos, alianzas, manejo y propiedad de la información; modos de toma de decisiones, roles funciones, y tareas de los miembros del equipo, etc. Además debemos reflexionar sobre nuestra pertenencia en ella: cuál es nuestra vivencia de la institución y del equipo, cuáles son nuestras posibilidades y limitaciones, quiénes somos dentro de la institución, qué representan nuestros compañeros, cómo nos relacionamos, cuáles son nuestras tareas, y cómo las desarrollamos (Arija Gisbert (op. cit: 143-144)).

La relación va a estar influida por el carácter y el tipo de organización en la que el profesional desarrolla actividad, así como por el servicio, programa o actividad en la que se inserte. Tomando en consideración lo que Cardona y Campos (2009), Etkin y Schwarstein (1989), y otros autores consideran, podemos señalar diferentes contextos profesionales de cambio:

1. *Contexto asistencial.* El profesional se encuentra contratado por una institución pública, debe prestar su atención de forma obligada, sus clientes acuden por necesidad. Se caracteriza porque las demandas que se presentan como un problema o malestar hegemónicamente de tipo material. Las demandas que presentan los clientes se caracterizan por la cronicidad, multiplicidad de peticiones a la red asistencial.
2. *Contexto informativo.* El profesional se encuentra contratado por una institución de titularidad, generalmente privada. Acepta clientes en condiciones que fija desde el inicio, y otros que acuden voluntariamente. Se trata de una demanda de tipo puntual, no se presupone que se vaya a establecer una relación de ayuda estable en el tiempo; sin embargo esta demanda si es bien tratada y analizada puede tener función de "enganche", para la relación profesional.
3. *Contexto de consulta* o *asesoramiento.* El profesional se halla en una institución de titularidad pública o privada. Se supone que debe escuchar a sus clientes, pero puede rechazar prestar sus servicios. Los clientes acuden voluntariamente. Se caracteriza por ser una demanda de ayuda con vistas a la solución de un problema o el cambio de alguna situación.
4. *Contexto de evaluación.* El profesional se encuentra en una institución de titularidad pública. Está obligado a intervenir por ley y los clientes acuden voluntariamente. Se trata de una demanda no realizada espontáneamente, sino a partir de cumplir con una formalidad necesaria.
5. *Contexto de control.* El profesional se encuentra trabajando en o para una institución de titularidad pública. Está obligado a intervenir por ley y los clientes acuden forzosamente. Se caracteriza por tratarse de una demanda que no parte del propio sujeto, si no de otro servicio que puede estar en el mismo nivel (escuela) o bien de una instancia superior (juez). Este contexto se caracteriza por la necesidad de una evaluación y detección de situaciones de riesgo.
6. *Contexto de formación.* El profesional se halla en una institución de carácter público o privado. Acepta clientes en condiciones que fija desde el inicio y otros que acuden voluntariamente. Se trata de una demanda relacionada con la necesidad de desarrollar competencias personales, ligadas a la vida del cliente. Se pone el énfasis sobre el componente motivacional del cliente de este contexto de trabajo.
7. *Contexto de terapia.* El profesional se encuentra en una organización generalmente de titularidad privada. Acepta clientes en condiciones que fija

desde el inicio y otros que acuden voluntariamente. Se estructura en torno a la relación que se establece en la relación cliente-terapeuta, se pretende producir cambios en el comportamiento, la adaptación al entorno, la salud mental o física, la integridad psicológica y el bienestar psicosocial.

8. *Contexto de mediación*. El profesional se haya en una institución pública o privada. Se caracteriza por ser una demanda ante un conflicto de intereses, de confrontación entre miembros de la familia, se trata de una demanda generalmente de carácter voluntaria, pero también puede ser recomendada por el juez, como en los casos de mediación intrajudicial en los procesos de separación y divorcio.

Así pues, el análisis del marco institucional donde el trabajador social desarrolla su actividad profesional supone conocer las posibilidades que conforman el servicio, las formas de intervención, la normativa aplicable en una situación, etc. Sin embargo, consideramos que dicho conocimiento no debe ser un obstáculo para renunciar a determinadas responsabilidades profesionales, que suponen: por un lado, informar a los superiores de nuevas demandas y necesidades que van surgiendo; por otro, comprometerse con el cliente a ofrecer la información sobre el mejor servicio adaptado a su necesidad; o bien, tratar de establecer una relación de trabajo, fundamentada en los deseos y motivación del cliente al cambio.

2.4.2. El sistema trabajador social

El trabajador social es, en primer lugar, una persona con unas experiencias de vida, con unas necesidades humanas y un estilo personal, así como con un sistema de valores propios. El trabajador social es también una persona que ayuda, que posee una experiencia, una formación y una serie de habilidades para el desarrollo de relaciones tanto con personas o grupos.

La más importante herramienta de trabajo que posee el trabajador social es él mismo. Utilizar esa herramienta hábilmente y con conocimiento de causa, es la obligación más importante que tiene el trabajador social: el conocerse a sí mismo (Johnson, 1992).

Consideramos importante resaltar este aspecto, pues en la intervención en Trabajo Social se produce, muchas veces, un impacto emocional intenso, dado que el profesional debe enfrentarse a situaciones muy diversas, historias duras, desgarradoras e intensas. Es importante no solamente el desarrollo de un rol profesional, sino también la necesidad de entrenarse en el autoconocimiento personal, la formación de sí mismo, o sea la habilidad de usarse, conscientemente, como instrumento orientador en la intervención. La necesidad de autoconocimiento personal supone aceptar la existencia de una involucración emocional, con sus consiguientes riesgos en el proceso de ayuda. Al prestar atención al sí mismo, al rol y a la interacción, aumenta la conciencia del trabajador social, sus alternativas y su creatividad en la relación (Vega, 1997).

Las características personales que posee el trabajador social, según Johnson (op. cit: 82-88) serían:

- *Un estilo de vida.* Es la manera en la que funcionamos al afrontar nuestras necesidades, en la interacción con los otros, en nuestros patrones de trabajo, ocio y descanso.
- *Una filosofía de vida.* Incluye las creencias sobre la gente y la sociedad, sobre la vida humana, su finalidad, etc.
- *Un código moral y un sistema de valores.* Un código moral es la especificación de lo que es considerado como correcto, así como de lo que debe ser considerado como inapropiado en términos de comportamiento Un sistema de valores incluye lo que él considera deseable o preferible. Este sistema de valores se encuentra influido por: la herencia cultural, las influencias familiares, la pertenencia a grupos, incluyendo la afiliación religiosa, así como las experiencias personales y educacionales.
- *Unas raíces.* Los individuos tienen diferentes reacciones según sus raíces culturales y familiares, la continuación de las tradiciones y el estilo de vida de generaciones pasadas.
- *Unas experiencias de vida.* Incluye las experiencias familiares; otras experiencias importantes educativas y de otro tipo como en: organizaciones grupales, actividades religiosas; otras relacionadas con: la enfermedad, la discapacidad, la pobreza, etc.
- *Unas necesidades humanas.* Incluye el conocimiento de las necesidades humanas, esas necesidades se producen a causa de la diversidad humana, y de las conexiones entre los sistemas sociales. Las necesidades psicosociales han sido identificadas por E. Erikson en varias fases del desarrollo humano.
- *Un funcionamiento personal.* El conocimiento de uno mismo no sólo incluye la identificación y comprensión de un estilo de vida, una filosofía de vida, un código moral, un sistema de valores y unas necesidades humanas, sino también incluye la comprensión de cómo el funcionamiento personal afecta al día a día. Esto supone la identificación de: cómo se aprende, cómo comparte él mismo con los otros, cómo responde ante la variedad de situaciones, y cómo se es parcial y se tienen prejuicios.

El trabajador social necesita tener una personalidad muy equilibrada y ajustada que le permita (Escartín, Palomar y Suárez, 1997: 66):

- Tener un conocimiento suficiente de uno mismo y haber alcanzado un grado razonable de madurez.
- Ser comprensivo con los problemas humanos.
- Tener sensibilidad para conocer y comprender los problemas de los demás.
- Mantener la suficiente distancia profesional para no identificarse demasiado con el cliente.
- Saber dejar los problemas personales al margen y que no interfieran en la relación profesional.
- Ser objetivo e imparcial cuando se encuentra trabajando con varias personas a la vez.

El trabajador social profesional es una persona que ayuda, y dicha ayuda es realizada en un contexto de utilización de *conocimientos*, de *valores* y de *habilidades* de la profesión de Trabajo Social. Otra característica de la ayuda profesional es que esta no es *recíproca*: el que ayuda no espera ser ayudado.

Para Johnson, (1992) dos son las características más importantes del trabajador social: la *responsabilidad* y la *autoridad*. Es fácil atribuir al trabajador social una responsabilidad que no le corresponde. El principio de autodeterminación de los clientes supone no sólo el derecho a elegir cada uno la opción que desea, sino también el deber asumir las consecuencias de tal elección. El trabajador social no es, de esta forma, responsable de las elecciones que realizan los clientes. Sólo es responsable de sí mismo, de su profesionalidad en la situación de ayuda, esto incluye (Johnson, 1992: 94-95):

- Compresión de la persona y su situación tanto como le sea posible, organizando las circunstancias de ayuda a la situación.
- Utilización de su profesionalidad para prestar al cliente la mayor ayuda posible.
- Creación de un ambiente adecuado para la relación.
- Proporcionar una perspectiva al cliente de la situación, de las necesidades y problemas, basada en el conocimiento y en la experiencia.
- Ofrecer una estructura racional para abordar el problema o la necesidad, incluyendo un procedimiento de trabajo,
- Suministrar la información sobre los recursos necesarios y la asistencia para obtenerlos.

Los clientes ven al trabajador social dotado de “autoridad”, es importante que el trabajador social reconozca esta autoridad. En algunas situaciones la autoridad tiene funciones de control social, en estos casos el principio de autodeterminación se encuentra restringido, como en: los servicios de protección de menores, enfermos mentales, libertad condicional, etc., (Johnson, op. cit).

Otros autores, como Escartín, prefieren utilizar el concepto de "influencia" del trabajador social para producir cambios, persuadir, convencer, motivar, superar obstáculos. "La influencia del trabajador social debe ser usada para fomentar la motivación del cliente para el cambio, teniendo en cuenta que, generalmente, el cliente se siente dominado por las resistencias al cambio. A veces, esta resistencia puede ser más fuerte que la motivación para el cambio" (Escartín et al., 1992 92: 32).

El trabajador social debe presentarse ante su cliente como un profesional organizado, metódico, con un conocimiento experto que le permita ser concreto y explícito. Parte de su objetivo consiste en establecer una relación dinámica e interactiva como parte del proceso de ayuda, dicha relación siempre es disciplinada y el trabajador social debe utilizarse a sí mismo para ayudar a su cliente, como ya se ha destacado (Salcedo, 2006).

Los principios que se requieren para modelar este instrumento son (Brill, 1973, cit. Salcedo Megales, op. cit.):

1. La relación ha de ser de aceptación.
2. La relación ha de ser dinámica.
3. La relación ha de ser emocional.
4. La relación debe tener un objetivo claro, ha de estar limitada en el tiempo.
5. La relación ha de ser honesta, realista, responsable y trasmitir seguridad.
6. La relación ha de ser de autoridad.

En lo que se relaciona con los conocimientos necesarios para el desempeño de la profesión existen tres clases de conocimientos o destrezas profesionales, que son necesarias para el ejercicio profesional de los trabajadores sociales, según el National Institute for Social Work (1992):

1. Relaciones Humanas. Supone la capacidad de escuchar, de respetar a la otra persona tal y como es, y de mantenerse firme en relación con cuestiones que afecten a la integridad personal.

2. Análisis para evaluar a las personas, analizar situaciones y evaluar los efectos de las acciones emprendidas. Plantea la habilidad para conseguir información, interpretar su significado, sopesar pros y contras de vías de acción alternativas, seleccionar una determinada y registrar su progreso y valorar su eficacia, y modificar el plan o programa de acuerdo con la valoración efectuada.

3. Eficacia para llevar a cabo la acción planeada. Abarca la colaboración con los compañeros, administradores y directivos de los servicios sociales, negociar con los profesionales de otras organizaciones en relación con los servicios y recursos, defender a los clientes en su nombre ante una serie de organismos públicos, ocuparse de la solución de las situaciones de crisis y de riesgo, apoyar a los voluntarios, o a los miembros de la familia del cliente o de la comunidad en contacto directo con los clientes, y poner en comunicación a éstos con las redes de ayuda de las comunidades locales, actuando como intermediarios entre las muchas o pocas partes interesadas en el caso.

En el ejercicio profesional se requiere que el trabajador social se encuentre en posesión de una serie de conocimientos sobre información práctica de uso inmediato, así como una serie de conocimientos relacionados con el comportamiento humano y el funcionamiento de las organizaciones y sociedades (National Institute for Social Work, op. cit.).

La información práctica abarcaría los siguientes conocimientos:

- Conocimiento del barrio o zona, del organismo al que pertenece el trabajador social, así como los recursos (personas, organizaciones y servicios) de los que puede disponer.
- Conocimiento al día de la normativa pertinente, leyes y los reglamentos que las desarrollen, que sean importantes para el trabajador social en relación con su esfera de intervención.
- Conocimiento de las estructuras y procedimientos del gobierno local y de cómo se relacionan con el trabajo de instituciones voluntarias y otros Sistemas de Servicios Sociales: Educación, Sanidad, Justicia, etc.
- Conocimiento de las normas y funcionamiento de la institución a la que pertenece el trabajador social.
- Conocimiento amplio de los servicios y beneficios a disposición de los distintos grupos de clientes y de los organismos de los que se puede recabar información más detallada.

Los conocimientos profesionales que requiere el trabajador social para tener una visión del comportamiento humano y del funcionamiento de los organismos y servicios serían (National Instituto for Social Work, op. cit.):

- Comprensión de los efectos que uno mismo causa en otras personas y de las formas en las que puede conducirse que engendran, por una parte confianza y, por otra, vías de salida.
- Comprensión de la Política Social y de la Administración, de cómo funcionan las sociedades, culturas y organizaciones, con especial referencia a las estructuras de control social, a las fuerzas que generan cambios sociales y a las formas en que las diferentes ideologías políticas influyen en el control y en el cambio.

- Comprensión de la forma en que funciona la mente de las personas, de las distintas fases del ciclo evolutivo desde la infancia a la vejez, de la estructura y de las dinámicas de funcionamiento de las familias, del comportamiento de los miembros que forman los grupos y las estructuras que integran la organización comunitaria, y de que cómo difieren todos ellos dependiendo de las diferentes culturas.
- Comprensión de que todos estos conocimientos pueden ser interpretados desde puntos de vista diferentes, de que en toda formulación teórica con independencia de la "objetividad" que se presente, subyacen supuestos morales, filosóficos o políticos, y de que los trabajadores tiene que elegir entre distintos cursos de posibles de acción y aceptar que ninguno de ellos es infalible.

Además, el trabajador social debe contar con una serie de conocimientos especializados referidos a su actividad profesional (National Institute for Social Work):

- Conocimientos especializados en relación con las funciones que realiza: dirección, planificación, gerencia y administración, atención directa, etc.
- Conocimientos relacionados con las características particulares de las tipologías de clientes sujetos de intervención del trabajador social: mayores, infancia, mujer, jóvenes, inmigrantes, etc.
- Conocimientos referidos al ámbito de actuación profesional en el que se inserte su actividad: Educación, Salud, Justicia, Instituciones Penitenciarias, Salud Mental.
- Conocimientos específicos sobre el manejo de técnicas e instrumentos concretos en el trabajo directo con clientes, familias, grupos; o bien indirecto, en organizaciones, comunidades, instituciones, etc.

2.4.3. El sistema cliente: individual y/o familiar

El concepto de cliente ha ido evolucionando al mismo tiempo que la propia conceptualización del Trabajo Social y las formas de ayuda. Así pues, dependiendo de este desarrollo ha sido denominado de diferentes formas en la literatura profesional: asistido, beneficiario, usuario, ciudadano, cliente, etc.

Desde la perspectiva interaccional se entiende por "cliente" a toda persona, familia, grupo o contexto que es el centro o unidad de atención de la actividad de ayuda del trabajador social. El foco de intervención puede estar en un sistema que se siente bloqueado en la satisfacción de las necesidades de los individuos, familias, grupos pequeños; o bien, el sistema puede estar constituido por unidades globales como: una comunidad, un contexto local, una organización social.

El cliente social debe ser considerado como un *proceso*, proceso en tanto que aparece en escena con unas características, condiciones, normas, modus vivendi, susceptibles de ser mejoradas, y es a través del Trabajo Social cómo, de una situación de partida, se convertirá en Sujeto de dicha intervención. En este sentido, hay que tener en cuenta los cambios que se producen en la conceptualización de cliente en consonancia con el ritmo y nuevas las necesidades sociales (Payne, 1995).

Como destaca García Roca (2007), la gran enfermedad de la intervención social consiste en ignorar a las personas y convertirlas en objeto de control social o de ayuda mediante mecanismos de abstracción. De este modo, se consuma una política sin participación de las personas, ya que sin la condición de sujeto no hay posibilidad de contar con ellos (…). Antes de ser intervenido se necesita ser reconocido, meterse en la piel del otro y practicar la aceptación incondicional, que se despliega en implicación activa, confianza en el intervenido y reconocimiento en sus capacidades (…). El Trabajo Social es inseparable de la creación de redes, o reparación del tejido social si están rotas o deterioradas, con el fin de promover mejores condiciones de vida y reducir los factores de vulnerabilidad. (García Roca, 2007).

Otra categorización importante se relaciona con la utilización de los términos cliente/usuario con la misma carga de significados; sin embargo dichos conceptos determinan dos tipos de personas que participan en el proceso de ayuda, según se encuentren por iniciativa propia u "obligados" (*École Supérieure d'Action Sociale*, 1993):

- *El cliente.* Es aquella persona que entra en contacto libremente con una organización y que puede romper libremente ese contacto sin demasiados perjuicios. La relación entre la organización y el cliente depende de alguna manera de un "contrato", al menos implícito, que genera derechos y deberes recíprocos.
- *El usuario.* Es aquella persona que está física o moralmente obligada a recurrir a una determinada institución y que no pueden interrumpir ni finalizar esa relación sin sufrir perjuicios más o menos graves. La relación del trabajador con el usuario se fundamenta a menudo, en un mandato de control social (juez, fiscal, funcionario que supervisa la libertad condicional, etc.) hacia el cual la persona se encuentra en calidad de subordinación y el trabajador social en calidad de delegado.

El sistema-cliente en Trabajo Social, como hemos destacado, no es un término unilateral, sino que puede tener varias dimensiones:

- *Un sistema unipersonal.* Una persona, individual unidad de atención de la ayuda.

- *Un sistema multipersonal.* El trabajador social puede actuar con varias las personas al mismo tiempo: una familia, un grupo o colectivo, una comunidad, una organización social.
- *La combinación de varios sistemas al mismo tiempo.* La complejidad y la interrelación de los problemas sociales pueden originar que el foco de intervención recaiga en varios sistemas complementariamente.

El sistema cliente individual, conocido como *casework*, ha sido históricamente el cliente con el que se inició el Trabajo Social, y aún hoy es, sin duda, también el más conocido e importante; siendo, asimismo, el primero de ellos en ser identificado y concebido como tal, mérito que corresponde a Mary Richmond (Moix, 1991).

Mary Richmond nos habla de la mutua adaptación del individuo al medio social donde se desarrolla "no se puede descuidar ni el individuo ni su medio, puesto que, mientras que los seres humanos sigan siendo humanos y su medio siga siendo el mundo, no se podrá imaginar un estado de cosas en el que ellos mismos y el medio en el que viven dejen, de necesitar adaptaciones y readaptaciones particulares" (Richmond, 1995: 102).

Si bien la citada autora tiene en cuenta en el *casework* los factores sociales y relacionales que envuelven la vida de las personas, el desarrollo del modelo médico que hacía incidencia en los procesos de estudio-diagnóstico y tratamiento, ocasionaron que el centro de atención, inherente al modelo, se centralizara en los procesos individuales, ignorando el contexto en el que se desenvolvían. De esta forma, la orientación del Trabajo Social giró en torno hacia el individuo y su familia desde una perspectiva más psicologicista.

En los años veinte existía una gran influencia del psicoanálisis de *Freud,* esta influencia agudizó las influencias psicológicas y psiquiátricas en Trabajo Social. Los trabajadores sociales se centraban en los desajustes psicológicos de los individuos. El tratamiento, pues, se focalizaba en ayudar al cliente a "ajustarse" y asumir la corrección de tendencias desviadas, en relación con los estándares considerados normales por la sociedad.

La mayoría de las críticas al "*casework*" se dirigen no sólo al énfasis exagerado en los factores psíquicos versus los externos o sociales, sino también a la teoría de la adaptación y de la causalidad individual que sostenía la filosofía psicoanalítica (Hill, 1982).

Atrapados en y por la Psicología, los trabajadores sociales fueron perdiendo la cotidianidad de la existencia humana. Lo individual en Trabajo Social nunca es tal. Hay siempre un sujeto relacionado, en una situación en la que están presentes las personas de los grupos a los que se ha pertenecido y se pertenece, y en especial, el de la familia, todos ellos considerados en un contexto y con cultura determinada (Kisnerman, 1989).

La desvaloración y las críticas recibidas por el *"casework"*, que habían producido en algunos sectores profesionales una vuelta al cambio de las estructuras sociales y al Trabajo Social de Comunidad, hicieron aparecen en el contexto Norteamericano el término de Trabajo Social Clínico (Ituarte, 1992). El Trabajo Social Clínico supone la intervención en una amplia gama de problemas psicosociales en individuos, familias y pequeños grupos, teniendo como característica distintiva el interés por el medio social, en el cual se producen o son modificados los problemas individuales o familiares.

Sólo en las situaciones en las que una persona carezca de familia, se trabaja con el sistema cliente/individual como sistema unipersonal, lo usual debe ser trabajar indistintamente con el individuo y su familia, si la intervención se focaliza en el individuo como sistema primario, la familia participa en la intervención como sistema secundario; o bien viceversa, la familia puede ser sujeto de la intervención como sistema primario, y el individuos que forman parte de ella como sistema secundario.

La familia es y ha sido un ámbito referencia obligada en la Intervención en Trabajo Social, pues ya los primeros trabajadores sociales vieron en la familia, la unidad de trabajo y el medio que puede atender y solucionar juntamente con el profesional, la problemática que presenta una persona.

Mary Richmond ya planteó la importancia de la familia, a la que dedica un capítulo en su obra *Caso Social Individual,* donde contempla la importancia de mantener unas buenas relaciones familiares, no sólo en las relaciones de los clientes que necesitan ayuda, sino también en las relaciones familiares de los trabajadores sociales, a quienes será más fácil intervenir en dichas relaciones si tienen las dificultades familiares resueltas (Richmond, op. cit). Sin embargo, el *"casework"* no hace una distinción específica entre la intervención individual y la intervención familiar en Trabajo Social

Para la determinación del cliente individual/familiar deben analizarse las fortalezas y las limitaciones, para un trabajo eficaz deben ser valoradas: la *motivación*, la *capacidad* y la *oportunidad* (Johnson, op. cit.):

- *La motivación.* Es la influencia según la cual una persona y/o familia desea con todas su fuerzas salir de una situación.
- *La capacidad.* Se encuentra relacionada con tres categorías: la capacidad en las relaciones, este factor se encuentra condicionado por la habilidad del sistema cliente en su relación con el trabajador social, con otras personas y en como utiliza estos recursos en el proceso de ayuda; la capacidad en la resolución de problemas se relaciona, en parte, con el desarrollo cognitivo del cliente, es la aptitud para ocuparse del problema, independientemente que necesite de la ayuda profesional para resolverlo; en tercer lugar, las

aptitudes psicológicas pueden afectar a la capacidad, como ciertas discapacidades o diferentes condiciones relacionadas con la edad.

- *La oportunidad.* Se refiere a dos factores: a cómo utiliza el cliente las posibilidades que le ofrece el medio ambiente, o cómo emplea el servicio para el cambio.

2.5. LA PARTICIPACIÓN EN LA INTERVENCIÓN CON LOS SISTEMAS INDIVIDUAL Y/O FAMILIAR

Desde sus inicios como disciplina científica el Trabajo Social se ha preocupado por la participación de los usuarios en los procesos de ayuda. Por ello la participación, entendida como la posibilidad de solicitar ayuda, cuanto la libertad para aceptar o rechazar un determinado tipo de ayuda, es un principio básico de la intervención en Trabajo Social (Ituarte, 1994).

Podemos afirmar que hay un primer motivo o razón por el que la participación de los usuarios o clientes es fundamental en el Trabajo Social, la eficacia técnica. Es decir, con la participación de los usuarios se lograría un mayor éxito en las intervenciones de las y los profesionales. Contar no ya solo con su "acuerdo", si no hacerles partícipes en el diseño de la propia intervención y en la toma de decisiones es una baza que puede ayudarnos como profesionales en el trabajo cotidiano (Eito, 2012).

Por tanto, el trabajador social debe motivar al cliente para que participe en todas las fases del proceso: clarificación de los problemas, elaboración conjunta del diagnóstico, y de cuáles son las líneas maestras de la intervención que considera más adecuadas a su situación, dándole la oportunidad de plantear sus propias ideas y alternativas al respecto. Este planteamiento no está exento de dificultades (Ituarte, op. cit):

1. Dificultades relacionadas con del cliente.
2. Dificultades relativas al trabajador social.
3. Dificultades por la propia complejidad del Trabajo Social.

1. Dificultades relacionadas con el cliente. En lo que respecta al cliente, una primera dificultad le viene dada por *la carencia, general en nuestra sociedad, de una cultura de la participación.* Estamos tan pocos habituados a participar, a implicarnos activamente en algo, que llegamos a no participar de nosotros mismos, de nuestros propios problemas. El cliente acude al trabajador social, le cuenta sus dificultades y espera que sea el profesional quien los resuelva. Problemas, dificultades o conflictos cuyo origen, desarrollo e incidencia son vividos, normalmente, como debidos a agentes externos y sólo, en una medida muy pequeña, relacionados consigo mismo. Otro problema relacionado con la participación desde la perspectiva del cliente, es *la no participación como manifestación de la resistencia al cambio.* Es importante, saber en relación con esto, que a menudo, la angustia y el malestar que supone modificar una situación conflictiva es mayor que la que provoca la propia situación. Modificar estas percepciones y actitudes, consiguiendo que el cliente pueda comprender su implicación y aceptar su propia responsabilidad en sus problemas requiere tiempo y la habilidad profesional de utilizar la motivación como objeto de cambio.

2. *Dificultades relativas al trabajador social.* Desde el prisma del trabajador social hay dos aspectos, principalmente, que dificultan la participación: el primero hace referencia a la tendencia en algunos ambientes profesionales, a utilizar la propia *"receta"*, en nuestro caso, los *"recursos"*, sobre todo determinados recursos de tipo económico-material. La utilización de los recursos debe hacerse integrados en un plan de intervención global, que integre todas las necesidades y situaciones problema de la persona. El uso de los recursos de forma aislada y no conectada con un plan global ejerce dos efectos interrelacionados sobre el cliente: en primer lugar, refuerza su sentimiento de que lo que le sucede es ajeno a él y puede, por lo tanto, ser resuelto con medios externos; en segundo lugar, actúa en sentido contrario a los objetivos perseguidos, ya que en lugar de estimular su desarrollo personal le coloca en una situación de dependencia del trabajador social, de una determinada institución, de los recursos sociales, etc. Ambos efectos combinados retraen de la participación de la persona, que deja en manos de los *"otros"* la resolución de sus dificultades. El otro aspecto a tener en cuenta hace referencia a *la actitud del profesional ante ciertas decisiones del cliente.* Al hablar de participación nos estamos refiriendo a poder rechazar determinada ayuda profesional. En ocasiones, al trabajador social le resulta difícil aceptar este planteamiento, pues teme que las decisiones que tome el cliente puedan ser nocivas o perjudiciales para éste. El trabajador social se siente responsable de lo que haga el cliente y trata, en algunos momentos, de proteger al cliente de sí mismo. Sin embargo, el trabajador social no puede decidir sobre lo que es bueno o malo para el cliente, u obligar a éste a aceptar decisiones sobre aspectos importantes de su vida y de su bienestar en contra de sus deseos, pues ejerce una actitud paternalista, al tiempo que va en contra del principio de autodeterminación.

3. *Dificultades por la propia complejidad del Trabajo Social.* En este tercer apartado es importante resaltar la existencia de dificultades que provienen de *la propia complejidad del Trabajo Social.* Las situaciones problemas se encuentran afectadas por múltiples causas, lo que supone interrelacionar los diversos elementos presentes en un problema o situación; se observa, pues, como

uno o varios sistemas se encuentran presentes, en consecuencia, se pueden señalar diferentes núcleos de intervención.

Además, la participación exige al cliente una implicación decidida y consciente en relación con la situación que le provoca malestar, no sólo para analizar "lo que pasa", sino para analizarse a sí mismo (sentimientos, emociones, actitudes y conductas); por otra parte, se exige del trabajador social no sólo una postura abierta, sino, sobre todo, la asunción de un papel no protagonista, a la vez, que asume la coordinación del proceso de intervención.

La participación potencia la autonomía personal del cliente, entendida ésta como la mejora no sólo de las posibilidades de consecución de los objetivos perseguidos, sino también de las capacidades a la hora de elegir (Salcedo, 1993). Así pues, sólo la participación-implicación activa y responsable del cliente permite, por una parte, poderse enfrentar a otras situaciones conflictivas en el futuro con menor coste emocional y afectivo; por otra, supone el respeto por parte del trabajador social al principio de autodeterminación.

Sin embargo, existen una serie de casos en los que el principio de autodeterminación del cliente no debe prevalecer como son los siguientes (Clarke y Asquith, 1985):

1. Cuando la conducta del cliente daña en una medida inaceptable el bienestar de otras personas.
2. Cuando el cliente se niega constantemente a comportarse moralmente.
3. Cuando el cliente infringe la ley.
4. Cuando la conducta del cliente le perjudica gravemente.

Consideramos que esta perspectiva de trabajo conjunto entre trabajador social y cliente ofrece una serie ventajas:

- Los clientes se comprometen desde el principio en el proceso de resolución de problemas, conjuntamente realizan la identificación y clarificación de problemas, la elección de aquellos que se desean mejorar, la elaboración conjunta de un plan de trabajo, así como de las tareas que se realizarán por ambas partes; finalmente la evaluación de lo realizado se hace de manera compartida.
- Los clientes son más conscientes de sus posibilidades y de las capacidades que tienen, de que pueden cambiar aspectos problemáticos cuando toman parte activa de ese proceso.
- La colaboración conjunta para comprender los problemas de los clientes, favorece la relación de ayuda, pues los trabajadores sociales son percibidos más empáticos, si la relación que mantienen es más activa que pasiva.

- Los clientes se encuentran más preparados para afrontar otras situaciones de dificultad.

2.6. HABILIDADES BÁSICAS EN LA RELACIÓN PROFESIONAL TRABAJADOR SOCIAL-CLIENTE

Como hemos destacado la relación que se establece entre trabajador social y cliente es el principal instrumento para conducir eficazmente la intervención en Trabajo Social, siendo fundamental el ejercicio de una serie de habilidades de un buen profesional de ayuda. Dichas habilidades son las destrezas y capacidades que se deben aprender y practicar para establecer una relación de trabajo positiva, que facilite la intervención profesional.

2.6.1. Habilidades de Identificación y Clarificación de Problemas

Una de las habilidades básicas de la relación profesional es la identificación y clarificación de problemas que permiten el desarrollo de intervenciones personalizadas y centradas en el cliente. Es importante en el proceso metodológico de intervención, sobre todo durante la Fase Inicial, de investigación y diagnóstico, el desarrollo de estas aptitudes. Como ejemplo sirva el planteamiento "estoy mal". Esa expresión puede referirse a:

- Mala relación con el cónyuge.
- Tener un padre difícil.
- Carencia de relaciones con amigos.
- No disfrute en la utilización del tiempo libre.
- Falta de trabajo o poca satisfacción con el mismo.
- Una causa física.

Es fundamental conocer los tipos de preguntas y saber interpretar las respuestas, pues el tipo de ayuda que requiere el cliente se encuentra condicionado por estos aspectos.

- *Preguntas abiertas frente a preguntas cerradas.* Las preguntas abiertas dan a los clientes muchas elecciones sobre las respuestas, mientras que las cerradas restringen las informaciones. Las preguntas abiertas se utilizan sobre todo con clientes nuevos, con el fin de obtener información detallada y completa; estas preguntas fomentan la reflexión y la exploración más profunda de los problemas. Las preguntas cerradas nos permiten interrogar sobre cuestiones no clarificadas sobre las que el trabajador social desea obtener más información.

- *Preguntas Qué, Cómo, Cuándo, Dónde y Por qué.* Algunas preguntas de este tipo serían:
  - ¿Qué ocurrió? ¿Qué percibes en ese problema? ¿Qué significa eso para ti?
  - ¿Cómo piensas que…? ¿Cómo sientes que…? ¿Cómo actúas si…?
  - ¿Cuándo comenzó la situación? ¿Dónde ocurrió…?
  - ¿Por qué te comportas de esa manera?

  Un riesgo en este tipo de preguntas es que hacen que los clientes se concentren más en razonar que en sus propios sentimientos, pensamientos o situación problemática.
- *Preguntas de clarificación.* Dan información que permite aclarar y clarificar las palabras y las frases del cliente.
  - Cuando dices…… ¿qué quieres decir?
  - ¿Parece que quieres decir….?
  - ¿Te refieres a….?
- *Preguntas de elaboración.* Son preguntas abiertas, que permiten a los clientes extenderse, dando así la oportunidad de desarrollar aquello que han comenzado.
  - ¿Hay algo más que deseas añadir?
  - ¿Te gustaría continuar?
- *Preguntas desafiantes.* Hacen que los clientes se enfrenten con las evidencias de sus percepciones.
  - ¿Qué te hace pensar eso?
  - ¿Hay otras maneras de ver la situación?
- *Preguntas para especificar detalles.* Permiten obtener información concreta sobre los problemas de los clientes.
  - ¿Con qué frecuencia ocurre?
  - ¿Cómo te comportas actualmente?
  - ¿Qué sentimientos tienes?
- *Preguntas demostrativas.* Estas preguntas hacen que el cliente se vea en la necesidad de aportar un ejemplo de lo que está hablando.
  - ¿Podrías decirme un caso concreto?

- ¿Podrías darme algún ejemplo?

- *Preguntas de espejo.* En estas preguntas el trabajador social pide al cliente que le muestre como se comportaba, como en un rol-playing.
  - ¿Puedes decirme como le hablabas?
  - Imagina que soy tu padre, ¿qué le dirías?
- *Preguntas de interpretación o con significado propio.* La información que proporciona el cliente tiene un significado personal o simbólico para él mismo. Estas preguntas deben ser abiertas, pensando que el cliente debe saber la respuesta mejor que nadie. Por ejemplo, cuando un marido vuelve tarde a su casa, la mujer piensa que no le hace caso, el trabajador social puede preguntar.
  - ¿Qué significa para ti....?
  - ¿Cómo te tomas esta situación?
  - ¿Por qué es eso tan importante para ti?

El desarrollo de la entrevista permitirá identificar y clarificar problemas. Los trabajadores sociales cualificados hacen preguntas que contribuyan a incrementar su propia comprensión de los problemas, no hacen preguntas por preguntar. Nelson-Jones (1994) establece algunas consideraciones prácticas sobre el tipo de preguntas y el objetivo que deben tener.

- *Presente versus pasado.* Los trabajadores sociales con frecuencia interrogan a los clientes sobre situaciones del pasado. Es importante tener en cuenta el presente y reconocer los problemas actuales, sin obviar aquellos aspectos del pasado que guarden relación con la situación problemática del momento actual. Los problemas del presente pueden estar ocasionados por problemas del pasado no resueltos o resueltos incorrectamente.
- *Grado de detalle.* Los trabajadores sociales cualificados no abandonan un área mientras que está le proporcione informaciones valiosas.
- *Nivel de intimidad.* Los trabajadores sociales necesitan ser sensibles al nivel de intimidad de algunas preguntas. Es importante tener en cuenta que una pregunta formulada bruscamente bloquea el nivel de intimidad, incluso corta o cierra la comunicación. En cualquier caso, deben saber hacer preguntas íntimas si hay necesidad con la mayor delicadeza posible. Siempre se obtendrá más información si se pregunta con delicadeza que si se hace bruscamente.
- *Momento adecuado.* Los trabajadores sociales necesitan estar atentos para hacer preguntas en el momento y el orden adecuado. Deben aplazar algunas preguntas íntimas hasta que haya una mayor confianza. Algunas veces,

se hace preguntas demasiado pronto sobre aspectos trascendentes para los clientes sin haber establecido un clima de confianza mutua.

- *Número de preguntas.* "No asaltes a los clientes con montañas de preguntas". Los trabajadores sociales deben evitar las preguntas sobre determinados aspectos de la conducta, que pongan claramente en evidencia al cliente, que se sienta humillado, incomodo, y rechace al trabajador social; o bien, que trate de defenderse o enmascare la situación. Se debe utilizar un tono que permita obtener la información suficiente y pertinente causando el menor daño a la persona.
- *Preguntas que confirman.* Deben eludirse preguntas que conduzcan a "diálogos de tontos". El tipo de preguntas debe estar orientado a la confirmación de hipótesis o la recogida de información necesaria.
- *Ansiedad y Nerviosismo.* Otra cuestión importante es la ansiedad y los nervios de los trabajadores sociales principiantes en el proceso de la entrevista, estando más pendientes de las preguntas que van a hacer que de las respuestas del cliente, pierden información. Es recomendable olvidar el miedo que produce el enfrentarse a situaciones nuevas y estar atento a la comunicación con el cliente, intentando establecer una buena comunicación no verbal.

2.6.2. Habilidades de Participación con los Clientes

En las relaciones de ayuda, las preguntas proporcionan información tanto a los clientes como a los trabajadores sociales. Los trabajadores sociales deben desarrollar la habilidad de participar con los clientes, haciendo preguntas de manera que no se cree dependencia, pasividad o resistencia. Existen algunas técnicas para ayudar a los clientes a facilitar información. Nelson-Jones (op. cit) señala algunas:

- *Elaboración de un plan de trabajo.* Tiene la ventaja de hacer que los clientes se impliquen en el trabajo de identificar los problemas, tratando de señalar aquellas cuestiones importantes para ellos.
- *Entremezclar respuestas reflexivas con preguntas.* Los clientes se sienten intimidados cuando los trabajadores sociales hacen muchas preguntas seguidas. Pueden suavizar la situación, deteniéndose a observar y averiguar si los clientes desean seguir respondiendo y reflexionan cada respuesta. Tiene la ventaja de asegurar que los trabajadores sociales van comprendiendo lo que han dicho. Ejemplo de esto sería la siguiente escena:
- Cliente. Estoy muy nervioso por la entrevista de trabajo.
- Trabajador social. ¿Qué te hace sentir nervioso?

– Cliente. La posibilidad de no ser aceptado.
– Trabajador social. ¿Por qué te da tanto miedo no ser aceptado?
– Cliente. Porque sería muy difícil conseguir otro trabajo.
– Trabajador social. ¿Qué clase de trabajo quieres?
– *Preguntas que inviten al diálogo.* Se deben evitar las preguntas que supongan un salto rápido de una cosa a otra. Es necesario escuchar atentamente lo que dicen los clientes, pues una forma adecuada es hacer una pregunta relacionada con la última respuesta. Esto crea un ambiente de estar trabajando juntos y evita que el cliente se sienta dirigido. Ejemplo:
– Has mencionado tres problemas, ¿cuál de ellos pondrías en primer lugar?
– ¿Hay algo que te gustaría añadir antes de pasar a otra cosa?
– *Animar a los clientes a que hagan su propio trabajo.* A menudo los clientes pueden tanto preguntar, como contestar sus propias preguntas. Las respuestas reflexivas proporcionan a los clientes su propio espacio psicológico, que le permite reflexionar sobre sus problemas. Si los trabajadores sociales establecen buenas relaciones con los clientes, éstos revelarán mucha más información, incluso sin ser preguntados. Los trabajadores sociales pueden utilizar también los silencios, para animar a los clientes a introducirse en su propia exploración. Más aún los trabajadores sociales pueden preguntar animando a los clientes a pensar y sentir por ellos mismos.
– ¿Qué información es importante para ayudar a comprender tu problema?
– ¿Qué es lo que verdaderamente piensas?
– *Técnica del silencio.* Es una técnica de presión que consiste en guardar absoluto silencio después que el entrevistado, aparentemente, ha terminado de hablar sobre el tema que se estaba tratando. El trabajador social debe ser capaz de animar al cliente para que siga hablando con una mímica suave, pero nunca romper el silencio, pues como dice el viejo adagio" el silencio es oro", o el silencio vale más que mil palabras, tal vez después de un momento de silencio, el cliente proporcione la información más significativa (Acevedo Ibáñez, 1986).

2.6.3. Habilidades Básicas de Comprensión de los Problemas

Es necesario que el trabajador social desarrolle una serie de habilidades profesionales básicas, que permitan comprender los problemas y extraer conclusiones durante la entrevista sobre aquellas áreas que sean interesantes en la relación. Son tres las habilidades básicas para Nelson-Jones (op. cit):

– Extraer las respuestas clave.

- Enfocar a los clientes hacia sí mismos.
- Iniciar una exploración introspectiva.

2.6.3.1. Extraer las Respuestas Clave

Las declaraciones de los clientes, en ocasiones, pueden interpretarse de manera diferente, dependiendo de lo que el trabajador social capte de la respuesta dada durante la entrevista, pudiendo elegir una clave diferente.

- Por ejemplo: María.– “He tenido una relación desastrosa con mi marido. No puedo controlarme delante de él. Tengo muchos problemas con mis hijos por su culpa, pero, ¿por qué tiene que intervenir él? En este momento siento que quisiera matarlo”.

Los trabajadores sociales pueden escoger una respuesta clave desde diferentes opciones:

- *Clave sentimental.* Se utiliza la clave sentimental cuando se tiene en cuenta los sentimientos de lo que ha sido expresado
- ¿Te gustaría asesinar a tu marido?
- *Clave de pensamiento.* Se toma en consideración algunos de los pensamientos que se ha expresado.
- ¿Por qué quieres asesinar a tu marido?
- *Clave de uno o más problemas.* Se tienen en cuenta varios problemas formulados. Desde esta perspectiva es posible utilizar la ira controlada, el desprecio por las intervenciones del marido y/o intentar una mejor relación con los chicos. También se puede elegir la clave de los comportamientos problemáticos
- *Clave hacia la otra persona o personas.* En este caso supone interpretar los problemas desde la perspectiva del marido o los hijos.
- *Clave en el trabajador social.* El trabajador social puede mostrar una reacción ante la última declaración de María, por ejemplo:
- ¿Qué es lo que necesitas de mí?
- *Clave en el contexto medio ambiental.* Pueden existir aspectos sociales, culturales, raciales, sexuales y económicos, que podrían arrojar una luz ante la situación problemática. También se puede decidir animar a los clientes a hacer su propio trabajo; así, por ejemplo: María podría examinar mejor su propio comportamiento, si se le enfoca desde la perspectiva de las relaciones con su marido.

El acercamiento a las respuestas clave debe hacerse con precaución, pues puede impedir la utilización de un material de exploración y experiencia personal, que puede ser más importante para ellos. De esta forma, se corre el riesgo de tomar un área de especial importancia para ellos, o por el contrario no hacer hincapié en algunas áreas fundamentales.

La práctica parece indicar que la las respuestas clave deben arrojar luz sobre el problema o problemas planteados, o bien permitan averiguar con exactitud cuál es el problema prioritario sobre el que se basará la intervención. Saber cuál es la respuesta clave de entre varias opciones es una habilidad importante que debe desarrollar el trabajador social.

2.6.3.2. Enfocar los Clientes Hacia sí Mismos

Con frecuencia los clientes necesitan ayuda para hablar de sus problemas, pues se distancian de sus sentimientos, pensamientos y acciones evitando hablar de sí mismos en primera persona. Las fórmulas que emplean para hablar de sí mismos, incluyen declaraciones que comienzan con “tú”, “la gente”, “nosotros”, “eso”.

- Mensajes yo: Me siento herido y frustrado con su comportamiento.
- Mensajes no yo: Él es intratable cuando se comporta de esta manera

Los trabajadores sociales necesitan ayudar a los clientes a centrarse en sus problemas y hablar de sí mismos. Existen tres maneras para hablar de sí mismos, enviando mensajes yo:

- *Responder aunque los clientes no envíen mensajes yo.* El trabajador social puede responder de manera que emplee la palabra “tú”, obligando de esta manera al cliente a expresar sus sentimientos.
- Cliente. Resulta intratable cuando se comporta de esa manera
- Trabajador social. Tú te sientes herido y frustrado por su comportamiento.
- *Usar la primera persona de singular si los clientes evitan los mensajes yo.* El trabajador social puede considerar la posibilidad de decir a los clientes que utilicen mensajes yo. Debe tenerse en cuenta que esta intervención no debe asustar a los clientes. También puede orientarse su comportamiento si éstos evitan mensajes yo.
- *Servir de modelo el trabajador social enviando mensajes yo.* Si el trabajador social es abierto en su comportamiento y utiliza mensajes yo para mostrar sus sentimientos, pensamientos y actitudes, su ejemplo puede ayudar a que los clientes hagan lo mismo.

2.6.3.3. Iniciar una Exploración Introspectiva

Una forma de establecer prioridades, es pedir a los clientes que hagan prioritarias las áreas de exploración. En cualquier caso, pueden iniciar la exploración de áreas específicas, investigando un área concreta para recoger información sobre un problema no mencionado por el cliente.

- Por ejemplo: Intentando clarificar las dificultades de un cliente debidas a su estrés, el trabajador social puede iniciar una exploración dirigida hacia áreas concretas, como es el área relacionada con el trabajo. Entrando en esta área de trabajo, puede explorar cuáles son las condiciones del trabajo, por qué ya no disfruta de una actividad concreta, cómo son las relaciones con los compañeros de trabajo con los que antes tenía una buena relación, etc.

Así mismo, es necesario tener en cuenta cuando se llega a una situación que no conduce a ninguna parte, para entonces dirigir la atención hacia otra área.

2.6.4. Habilidades de Interacción con los Clientes

Las habilidades de interacción personal se fundamentan en la importancia de integrar el "yo personal" con o "rol profesional", ya que la dicotomía y el aislamiento conducen a más problemas que soluciones (Schulman, 1993). El profesional lleva a la práctica profesional su estilo personal, experiencias, sentimientos, valores, creencias, etc. De esta forma, necesita conocerse a sí mismo, así como utilizar este conocimiento en favor de las relaciones profesionales que mantiene con los clientes.

Las habilidades de interacción con los clientes serían (Schulman, op. cit):

- Habilidades de empatía.
- Acuerdos por sesión.
- Exigir que el cliente trabaje.
- Compartir la información.

2.6.4.1. Habilidades de Empatía

Las habilidades de los trabajadores sociales para entender y comprender los sentimientos de los clientes fortalecerán la relación profesional. Esto es importante, puesto que la forma en que se siente la gente se relaciona con la forma en la que actúa, y la forma en la que actúa, influye en lo que siente. A veces es un círculo que conviene romper. Si el cliente "se siente bien" se mostrará con más claridad y los elementos reales y objetivos de su situación problemática aflorarán con más facilidad, lo que en definitiva, facilitará la intervención, y lo que es más importante: ayudará al cliente en la resolución de dicha situación. Las habilidades de empatizar, pues, no nos cansaremos de decirlo son aptitudes básicas para el desarrollo de la práctica profesional de Trabajo Social.

Tres son las técnicas para desarrollar la empatía (Schulman, op. cit):

- *Ponerse en contacto con los sentimientos.* Implica escuchar la descripción que el cliente hace del problema y preguntarle respecto a los sentimientos que se relacionan con éste
- *Aceptar los sentimientos.* Exige que el trabajador social comunique que acepta y reconoce las emociones del cliente
- *Expresar los sentimientos.* Los trabajadores sociales que establecen una buena relación con sus clientes pueden percibir cómo se sienten, incluso antes de que éstos hayan expresado sus sentimientos. Se consiguen dos objetivos: se les da la oportunidad a los clientes de analizarlos; también se percibe al profesional como alguien que los comprende.

3.6.4.2. Acuerdos por Sesión

Esta técnica consiste en preguntar al cliente, al inicio de cada entrevista, qué es lo que le gustaría comentar. Aun cuando el trabajador social tenga una programación de los objetivos que tiene que desarrollar en esa sesión, este proceso de negociación garantiza que las preocupaciones de los clientes serán escuchadas. Así mismo, debido a que los clientes utilizan con frecuencia una comunicación indirecta, es conveniente ser flexible con dicha programación para que las verdaderas preocupaciones, intereses, e inquietudes sean explorados.

2.6.4.3. Exigir que el Cliente Trabaje

Los clientes solicitan ayuda para manejar su vida y resolver problemas, sin embargo las resistencias al cambio se manifiestan de muy diversas formas: no regresan a la institución, olvidan su cita, se niegan a tomar en serio el trabajo, o evitan tratar áreas difíciles, etc. Cuando se entiende la ambivalencia y las resistencias al cambio son comprendidas en toda su complejidad, el trabajador social puede reconocer la importancia de exigir que el cliente trabaje. Si se ha establecido una relación positiva dentro de un acuerdo claro y el trabajador social ha demostrado la capacidad de sentir empatía y entender los sentimientos del cliente, puede exigirle abiertamente que haga un esfuerzo para cumplir sus propios objetivos. Es útil en estas situaciones utilizar lo que se denomina el *enfrentamiento facilitador*, que es una combinación adecuada de afecto y exigencia en el trabajo.

2.6.4.4. Compartir la Información

Otra habilidad importante en la interacción trabajador social-cliente se relaciona con compartir la información. En este sentido conviene tener en cuenta que la información incluye datos, hechos, así como valores y creencias que sobre el cliente tiene el trabajador social, que pueden ser relevantes para que comprenda una situación determinada. Construir una *relación transparente* debe ser un objetivo esencial para el trabajador social. Este posee información proporcionada por otros profesionales, e incluso la que ha recogido en el proceso de intervención. Es conveniente compartir esas informaciones con los clientes para que puedan ser aceptadas o rechazadas.

2.6.5. Habilidades de Confrontación

Otra de las habilidades básicas de la relación profesional trabajador social-cliente es la confrontación. La confrontación se utiliza para señalar una inconsistencia o discrepancia en las ideas expuestas o en los sentimientos, entre los mensajes verbales y no verbales, entre lo que dice y lo que hace, o bien, las distorsiones de la realidad. Algunas veces las confrontaciones ayudan a los clientes en sus percepciones, en sus situaciones problemáticas etc.

- Discrepancia entre mensajes verbales y no verbales. “Estas diciendo que no estás nervioso, sin embargo no dejas de mover las piernas”.
- Discrepancia entre los mensajes verbales. “Dices que lo estás haciendo fatal, sin embargo eres de los 10 primeros de la clase”.
- Discrepancia entre las palabras y las acciones “Dices que quieres a los hijos de tu primer matrimonio, sin embargo nunca le pagas la pensión a tiempo”.
- Discrepancia entre las categorías del presente y del pasado. “Dices que la odias, sin embargo hace 10 minutos hablabas de lo mucho que la querías”.

2.6.5.1. Confrontar Posibles Distorsiones de la Realidad

Las percepciones irreales de la realidad perjudican a los clientes. Es necesario confrontar las percepciones directamente o ayudarles a percibir la realidad, pues los clientes llegan con frecuencia a conclusiones poco evidentes.

- Se desentienden de su propia personalidad. “Los demás me hacen actuar así”.
- Utilización de pensamientos polarizados. “No tengo amigos, aunque soy bueno”.

El trabajador social necesita mantener el equilibrio como árbitro de la situación, sin mezclar su propio punto de vista para confrontar las distorsiones de la realidad. Una manera de hacerlo es utilizar las fórmulas.

- "Dices……, ¿pero dónde está la prueba?".
- "Hay otra manera de ver las cosas".

Con frecuencia los clientes han hecho "una realidad a su medida" y ella misma es el origen del problema. La intervención en Trabajo Social en estos casos estaría encaminada a hacerle ver que la realidad no es tal y como él la percibe. Es importante para el trabajador social ayudar al cliente a distinguir qué es lo real y qué es lo que está distorsionado.

2.6.5.2. Confrontar Elecciones Inadecuadas

El trabajador social puede confrontar a los clientes mostrándoles el proceso de su elección, pues posiblemente el cliente no sea consciente de la misma.

- Gloria, 37 años, dice de su padre: "Odio tener que visitarlo cada fin de semana".
- Trabajador social: "Te sientes resentida, pero me pregunto si sabes que tú has elegido visitarlo cada fin de semana".

Otra forma de confrontar elecciones inadecuadas es centrarse en los verbos que emplea.

- Cliente: No puedo hacer eso.
- Trabajador social: ¿Puedes decir no lo haré?

2.6.5.3. Confrontar Proyectando una Nueva Perspectiva

Los trabajadores sociales pueden desafiar las percepciones de los clientes ofreciéndoles nuevas perspectivas, desde puntos de vista diferentes, pues la mayoría sólo perciben la realidad desde su propio punto de vista.

- Carlos, 16 años, cree que su madre trata de contrariarle, porque le obliga a realizar las tareas de la casa.
- Trabajador social: Le dice que su madre es madre soltera, que tiene que trabajar para sacar adelante a toda la familia, tiene sobrecarga de trabajo, cuando está cansada se vuelve irritable.

En este caso la madre ha sido considerada desde una nueva perspectiva no vista por el hijo, sino como una madre soltera con sobrecarga de trabajo y agotada.

2.6.5.4. Cómo Confrontar

Siempre se debe empezar por respuestas reflexivas, demostrando que se ha escuchado y comprendido el mensaje del cliente, pues, de esta manera, es más fácil de realizar la confrontación.

- *Ayudar a los clientes a confrontarse a sí mismos.* Reflejando la incongruencia de las afirmaciones realizadas por los clientes, se permite extraer las propias conclusiones. Del mismo modo, si son animados en la búsqueda de pruebas, que sostengan las afirmaciones, se les ayuda a confrontarse a sí mismos. De esta manera, se consigue una menor resistencia que si el trabajador social la realiza de forma directa.
- *Las confrontaciones deben ser democráticas.* No deben imponerse, puede utilizarse el "tú", pues es una invitación a la exploración, pero se corre el riesgo de que se perciba como imposición.
- *Las confrontaciones muy fuertes pueden crear resistencias.* Las confrontaciones, por lo general, son mal aceptadas, aunque algunas veces sean necesarias. Deben evitarse en las entrevistas iniciales cuando la relación no cuenta con mucha confianza, para realizarse una vez que la relación profesional-cliente ha conseguido un mayor nivel de confianza.
- *Evitar mandar mensajes no verbales.* Alterar el nivel de la voz o señalar con el dedo.
- *Dejar la última responsabilidad a los clientes.* Se debe permitir que el cliente decida, aunque las confrontaciones ayuden a seguir en las exploraciones. Muchas confrontaciones serán cuestiones delicadas, pero cuando se tratan con sensibilidad y en el momento adecuado no llevan consigo una actitud defensiva.
- *No sobrecargarlos.* A nadie le gusta sentirse desafiado con confrontaciones constantes, ya que se crea una atmósfera emocional que no permite ayudar a los clientes. Estos se pueden sentir bloqueados, dañándose la relación si se confronta con demasiada frecuencia.

2.7. ACTIVIDAD PRÁCTICA Nº 2

"LA RELACIÓN PROFESIONAL CON INDIVIDUOS Y FAMILIAS: LA RELACIÓN DE AYUDA"

Objetivos de la práctica:

1. Comprender y reflexionar sobre los contenidos teóricos impartidos en el capítulo.
2. Reflexionar sobre la importancia en Trabajo Social del establecimiento de una relación profesional de ayuda.

3. Aplicar los conocimientos teóricos aprendidos sobre la relación de ayuda en el desarrollo de una relación profesional.
4. Aplicar las habilidades básicas de la relación profesional trabajador social y el sistema cliente.

CASO 1:

La siguiente entrevista es desarrollada por un estudiante de Trabajo Social en un centro social municipal. El trabajador social, supervisor de prácticas del estudiante, atiende al sector de infancia y juventud del barrio, y una de sus funciones es la de colaborar con los equipos psicopedagógicos de las escuelas. El objetivo de esta entrevista es conocer e ambiente y las relaciones familiares de la niña Ana, que presenta un comportamiento que los maestros califican de "difícil". Parece no estar interesada por los estudios y en clase mantiene una actitud ausente.

"T.S.- Eran las cinco de la tarde, hora que esperaba a los padres de Ana, de siete años de edad. Una compañera me pide si puedo dejarle ocupar el despacho para hacer una entrevista. Como no han llegado todavía, se lo cedo y espero en el vestíbulo. Al cabo de un rato llegan una señora y una niña.

Sra. A.- Oiga, señorita, ¿podría decirme si esto es aquí? (me enseña una carta).

T.S.- ¿Es usted la madre de Ana? La estaba esperando. ¿Es la señora Andréu?

Sra. A.- Sí, ésta es mi hija... quizás hubiera sido mejor no traerla, ¿verdad?

T.S.- Sí... pero es igual, no tiene importancia... (Pienso que sí la tiene, ya que su presencia puede modificar la información. Normalmente se avisa que no traigan al hijo. Se deben haber olvidado...).

Pasen, por favor (les hago pasar a un aula, ya que no había ningún despacho libre). Tendremos que sentarnos aquí, porque los despachos están ocupados (acerco sillas).

Sra. A.- Es igual, no te preocupes... Cogeré otra, porque ahora va a venir mi marido, que está aparcando el coche. No sé si lo encontrará, nos ha costado mucho dar con la entrada (la entrada principal de la escuela está cerrada los sábados).

T.S.- Tiene razón, quizás tendríamos que indicarlo fuera; muchas personas nos han dicho lo mismo (nos sentamos).

Sra. A.- ¿Se porta mal mi hija?... Es muy nerviosa, ya sabía yo que un día u otro tendrían que llamarme.

T.S.- ¿Qué le decía la maestra en la carta? (Evito introducir criterios valorativos).

Sra. A.- Casi nada... sólo que tenía que venir aquí para hablar con ustedes, ya que la niña nunca está quieta y parece muy despistada en clase. Pero ella no es mala, señora, solo eso, es muy nerviosa. ¿Sabe?, le gusta mucho leer; siempre que vamos por la calle o cuando miramos la televisión, lee todo lo que ve escrito, ya verá. (Coge la nota que le había enviado la maestra y dice a la hija:) Lee esto a la señorita, ya verá... ¿Qué pone aquí? (La niña empieza a leer muy tímidamente y sin parar de hacer gestos con las manos y de mover la silla. Realmente está muy nerviosa. Lee poco a poco, cosa propia de su edad. La madre está más nerviosa que la niña...).

Sra. A.- Va, estate quieta y lee esto bien. (Dirigiéndose a mí). Es que esta letra es un poco difícil para ella.

T.S.- Sí, pero a pesar de todo lo hace muy bien. (La niña satisfecha, continúa leyendo más tranquila. Acabada la lectura, la madre me mira con cara de satisfacción, esperando que yo le diga alguna cosa).

T.S.- Bien. (Sonriendo)

Sra. A.- Ya le he dicho que es muy inteligente.

T.S.- ¿Has observado si tiene algún problema con la vista?

Sra. A.- Sí, hace tiempo que fuimos al oculista porque le dolían los ojos. El médico me dijo que tenía la vista cansada y que tal vez tendríamos que ponerle gafas.

T.S.- Me ha parecido que se acercaba demasiado el papel a los ojos.

Sra. A.- Sí, es verdad, tenemos que llevarla a una revisión. Hablaré con mi marido...

T.S.- Bien, ahora, cuando llegue su marido, hablaremos del tema que les trae aquí".
(La entrevista continúa).

CASO 2:

Entrevista efectuada por un estudiante de Trabajo Social en un centro para la atención de problemas diversos.
El motivo de la entrevista es atender al Sr. Conesa, de treinta y cinco años, que pide ayuda económica.
"T.S.- Pase y siéntese.
Sr. C.- Gracias.
T.S.- ¿Es usted el Sr. Conesa?
Sr.C.- Sí.
T.S.- ¿Tiene DNI?
Sr. C.- Se me perdió.
T.S.- Así no puedes ir por el mundo. ¿Por qué no lo has vuelto a pedir?
Sr. C.- Porque cuesta dinero y no tengo.
T.S.- ¿De dónde eres?
Sr. C.- De Melilla. Vinimos a Barcelona en el año 96.
T.S.- ¿Cuántos años tienes?
Sr. C.- Treinta y cinco.
T.S.- ¿Tienes familia?
Sr. C.- Sí, mi padre y cinco hermanos. Soy el mayor.
T.S.- ¿Y tu madre?
Sr.C.- Murió hace cuatro años.
T. S.- ¿Te llevas bien con la familia?
Sr. C.- Sólo con un hermano. Lo cuidé cuando era pequeño. De los demás no sé nada desde hace mucho tiempo.
T.S.- Tu hermano con el que te llevas bien, ¿dónde vive?
Sr. C.- En Alcantarilla.
T.S.- ¿Con quién vive?
Sr. C.- Con su mujer y sus dos hijas. Tenía otra que se la mató un coche.
T.S.- ¿Trabaja?
Sr. C.- Sí, pero va muy mal; son tres bocas, y, él, cuatro.
T.S.- ¿Has trabajado tú?
Sr. C.- Sí, alguna vez. Siete meses en sitio, nueve en otro. No hay trabajo.
T.S.- ¿Y el resto del tiempo?
Sr. C.- Mire, estuve en la Legión del 2000 al 2006, y en el año 2008 me bien aquí porque murió mi madre. Era una mujer muy buena...
T.S.- Y desde el año 2006, ¿qué has hecho?
Sr. C.- Lo que he podido. He trabajado en el puerto, he comido en los cuarteles..."
(La entrevista continúa)

Actividades:

1. Lee detenidamente las dos entrevistas/casos propuestos.
2. Analiza cómo se establece la relación trabajadora social-cliente en cada una de las entrevistas.
3. Compara cómo se establece la relación trabajadora social-cliente en las dos entrevistas propuestas. Aspectos positivos y negativos.

4. Destaca las habilidades que se han puesto en práctica en cada una de las entrevistas.

2.8. MATERIALES RECOMENDADOS

- Banck, S. (1997). *Ética y valores en el Trabajo Social.* Ed. Paidós.
- Nelson-Jones, R. (1994) *Practical Counseling and Helping Skills.* Cassell
- Richmond, M. E. (1995). *El Caso Social Individual.* Ed. Talasa.
- Roger, K. (1989) *El proceso de convertirse en persona.* Ed. Paidós.
- Schulman, L. (1993). *Técnicas fundamentales para la práctica directa con clientes.* Rodríguez Vilá, B. M (trad.). Universidad Nacional Autónoma Méjico.
- Trevithick, P. (2002). *Habilidades de Comunicación en la intervención social.* Ed. Narcea.
- Arija Gisbert, B. (1999). Apuntes para una reflexión teórico-práctica de la relación de ayuda. *Cuadernos de Trabajo Social,* 12: 141-158
- Ballestero Izquierdo (2009). Dilemas éticos en trabajo Social: el modelo de la Ley Social, *Portularia* Vol. IX nº 2: 123-131, http://rabida.uhu.es/dspace/bitstream/handle/10272/4203/b15645459.pdf?sequence=2, consultado el 6 de Diciembre de 2012.
- Fernández, T. y Ponce de León, L. (2006) El proceso de intervención en trabajo social con casos: una enseñanza teórico-práctica para la enseñanza en las Escuelas de Trabajo Social. *Acciones e Investigaciones Sociales.* Nº 1. Ext.
- García Roca, J. (2007) La revancha del sujeto. *Documentación social* nº 147: 37-52.
- Gómez Trenado, R. (2010). Una metodología de Intervención Social: Aplicación práctica de la relación de ayuda desde el método de Trabajo Social". *Documentos de Trabajo Social, Revista de Trabajo Social y Acción Social* nº 47, https://dialnet.unirioja.es/servlet/articulo?codigo=3655795, consultado el 1 de Junio de 2024.
- Salcedo Megales, D. (2006). La naturaleza de la relación profesional y la ética del Trabajo Social. *Acciones e Investigaciones Sociales* nº Extra 1.

Capítulo 3
EL SISTEMA INDIVIDUAL INTEGRADO

3.1. EL SISTEMA INDIVIDUAL INTEGRADO

"*Lo más valioso con lo que cuenta el individuo no es lo que tiene, sino con quién cuenta en su vida*". Pascal

Desde la perspectiva Sistémica-Relacional se destaca el concepto de "sistema", utilizado en el estudio de la familia (sistema familiar) a través de la Terapia Familiar. Este término va a ser empleado para explicar la composición y funcionamiento de los individuos, pues nos permite una comprensión global del mismo, es decir, de todos los subsistemas implicados: biológico, psicológico y social, en interacción con el medio donde se desarrolla; y que, a su vez, se encuentra formando parte de otros subsistemas más amplios integrados en la sociedad.

Según la Teoría General de Sistemas, las características de los sistemas a considerar serían (Bertalanffy, 1977):

Totalidad. Supone que el todo es diferente de la suma de las partes.

Estabilidad. Plantea el modo en el que se reciben los intercambios y cómo se utilizan.

Homeóstasis o equilibrio. El individuo tiene la tendencia a mantener la estabilidad, a la conservación del "status quo", pero también tiende al cambio. Estos dos procesos son complementarios y necesarios para la vida de un sistema.

Reciprocidad. Se entiende que cada una de las partes está en relación con las demás partes que lo constituyen, y que la modificación en una de ellas provoca un cambio en todas las demás y en el propio sistema.

Equifinidad. Se alcanza el mismo resultado de varias formas diferentes.

Multifinidad. Circunstancias similares conducen a distintos resultados debido a que las partes interactúan de diferentes formas.

Diferenciación. Plantea la idea de que con el tiempo los sistemas se hacen más complejos y con diferencias más acusadas entre sus componentes.

La Teoría General de Sistemas proporciona al Trabajo Social la posibilidad de abandonar la tradicional disyuntiva entre la persona y su ambiente, para aportar una visión holística, que deja de priorizar la atención al individuo para orientarse en las relaciones interpersonales, acentuando la prioridad de la reciprocidad entre las personas. La causalidad ya no es lineal sino circular, es decir los acontecimientos no son unidireccionales, sino que forman parte de una cadena causal donde las influencias de los elementos proceden de varios lugares y de diferentes niveles del sistema.

La insatisfacción de los resultados obtenidos, concretamente en el Trabajo Social con individuos, lleva a Goldstein (1973) a percibir a los individuos no sólo como entidades, sino también como miembros interactivos de una multiplicidad de relaciones sociales. Este mismo autor afirma que el concepto de sistema social favorece un enfoque variable que responde al problema en cuestión y sensibiliza al operador social para los cambios rápidos en la composición y en el equilibrio de un sistema particular. Su objetivo es favorecer el cambio y al mismo tiempo respetar las condiciones que permitan al sistema mantenerse lo bastante estable para gobernar ese cambio.

De igual manera, se nos ofrece la posibilidad de explicar los problemas sociales, sea cual fuere su naturaleza, en términos de *multidimensionalidad,* invitando a reflexionar sobre la complejidad de las influencias recíprocas de los distintos aspectos de la vida personal, social, cultural y política.

Para Pincus y Minahan (1977) el problema no debe ser considerado en sí, sino por lo que significa en el seno de la familia, por las reacciones que provoca, por los recursos que se tienen que activar para su solución. Estos mismos autores manifiestan que desde el momento en que la conducta humana y el funcionamiento de los sistemas sociales son cuestiones complejas, no podemos esperar que una teoría funcione bien en todas las direcciones. Este planteamiento hace posible que el trabajador social utilice diferentes enfoques teóricos.

Por tanto, el problema o situación conflictiva es más bien el resultado de las interacciones que se producen entre los elementos, en los que pueden estar implicados los diferentes subsistemas: individual, familiar, grupal o del contexto social en su medio ambiente. Así pues, es necesario vincular las informaciones recibidas de manera circular teniendo en cuanta las influencias recíprocas entre los subsistemas.

Para Amaya Ituarte el concepto básico del que parte el Trabajo Social "es la concepción de la persona como un ser biológico, psicológico y social en permanente interacción con el medio y, consecuentemente, la concepción de ese medio como elemento imprescindible para que el ser humano pueda lograr el máximo desarrollo de sus capacidades" (Ituarte, 1992:6)

Esta concepción es un intento global de comprensión de una realidad compleja, multifactorial y plurideterminada: *el ser humano* que, para poder ser, esto es para producirse, desarrollarse y cumplir su ciclo vital, precisa de otra realidad que es, a su vez, compleja, multifactorial y plurideterminada: *el contexto o medio so-*

cial. Por tanto, no existe una única ciencia, ni una única teoría científica que nos sirva para explicar todos los aspectos de esa realidad tan compleja: *el ser humano.*

Además, cada persona es distinta e interactúa con su medio de forma diferente. Por ello, es necesario un conocimiento tanto de la persona como del medio social donde se desarrolla el individuo, que unido al diagnóstico adecuado de cada situación concreta nos sirve de guía para la intervención profesional.

Esta concepción del ser humano tiene importantes aportaciones para la intervención en Trabajo Social, lo que nos lleva a considerar (Ituarte, 1992: 7-8):

1. Es necesario una comprensión de los diferentes elementos que interactúan: lo biológico, lo psicológico y lo social.
2. Dichos elementos conforman la unidad del ser humano en interacción con su medio.
3. Cualquier suceso, cualquier acontecimiento que se produzca o afecte a uno cualquiera de los elementos que conforman el ser humano, afecta a todos los demás. Si una persona padece una enfermedad física, en mayor o menor grado, sus aspectos psicológicos y sociales se verán afectados.
4. En ocasiones, no es posible actuar sobre aquel elemento que incide directamente provocando un problema o un acontecimiento estresante, pero si se puede actuar sobre los demás para lograr una mejoría o disminuir al menos los efectos nocivos de dicho acontecimiento.
5. Si se acepta que el ser humano está en permanente interacción con su medio y que dicho medio es imprescindible para el desarrollo de las capacidades humanas, deberemos aceptar que cualquier acción que ejercitemos en el medio o sobre él, tendrá repercusiones, en sentido positivo o negativo, sobre la persona humana. De ello se deduce que las acciones tendentes a mejorar el contexto ejercerán una acción preventiva que repercutirá de forma directa en el bienestar de los seres humanos.
6. Si el ser humano y su medio están en estrecha interacción, la intervención en Trabajo Social debe ir dirigida tanto a la persona como al medio, no sólo en los problemas de índole individual en apariencia, sino también en el estudio de cuestiones macrosociales, en las que las personas consideradas individualmente, aparentemente, significan poco.

Estos planteamientos concuerdan bien con el objeto de estudio e intervención de Trabajo Social: la persona, familia, grupo o contexto en su entorno, al tiempo que promueven la reflexión sobre la complejidad de los problemas sociales y la multiplicidad de causas y factores que inciden en ellos; por último, suponen una invitación para intervenir en las transacciones de los sistemas y su entorno, y que pueden ser abordados de manera interdisciplinar y multidisciplinar entre las diferentes profesionales que los tratan.

3.2. EL SISTEMA INDIVIDUAL EN INTERACCIÓN CON EL MEDIO AMBIENTE

Como hemos destacado el Trabajo Social considera a *"la persona en su medio ambiente"*, siendo el medio donde se producen y/o donde manifiestan las situaciones problema. Éste debe aportar los elementos para la prevención del problema o la provisión de los medios necesarios para la resolución de las situaciones-problema existentes. La consideración de la persona en interacción con su medio nos permite comprender la complejidad del comportamiento humano, pues como señala Rojas Marcos: "Todos nacemos con las simientes de la bondad, la tolerancia, la compasión, la generosidad, pero también con el odio, agresión; depende del medio en que germinen unas u otras" (Rojas, 1996:25)

La *Teoría de Sistemas Ecológicos o el Modelo de Vida* de Germain y Gitterman (1996) enfatiza sobre la importancia de los intercambios transaccionales entre los diferentes sistemas humanos y su medio social. Consideran que las personas están en constante situación de intercambio adaptativo con diferentes aspectos del entorno, ambos cambian y son cambiados por el entorno. Cuando el individuo se desarrolla apoyado por el entorno se produce adaptación recíproca; por el contrario los problemas sociales contaminan el entorno reduciendo las posibilidades de adaptación.

La importancia de esta perspectiva ecológica en la interacción individuo y medio social nos permite analizar y comprender dos características fundamentales de los individuos, como son: la capacidad de adaptación a situaciones nuevas y a personas extrañas y la persistencia. De esta forma, la capacidad de adaptación al medio ambiente, supone que una persona que tiene capacidad de adaptación a situaciones nuevas, ambientes y contextos, va a minimizar la tensión, cuando se produce una situación de desequilibrio en los roles y relaciones, adaptándose más fácilmente y rápidamente a nuevos roles y nuevas relaciones.

La capacidad de ejercer ciertos roles depende de la adquisición de las habilidades necesarias para ello; como el aprendizaje no se efectúa en un solo intento, dependerá de la persistencia en el aprendizaje. La persistencia en el aprendizaje facilitará su motivación para desarrollar las competencias requeridas para cumplir con los nuevos roles, favoreciéndose así su adaptación.

Como hemos estudiado, en Sociología, un aspecto fundamental para la comprensión del ser humano en su interacción con el medio social lo constituye el *proceso de socialización.* El proceso de socialización "por cuyo medio la persona humana aprende e interioriza, en el transcurso de su vida, los elementos socioculturales de su medio ambiente, los integra a la estructura de su personalidad, bajo la influencia de experiencias y agentes sociales significativos, y se adapta así mismo al entorno social en cuyo seno debe vivir". (Rocher, 1980: 133-134). En interacción social el individuo aprende la cultura de los grupos, de la sociedad, de la civilización en cuyo seno le ha tocado vivir; esto es: sus valores, símbolos, normas, creencias, usos, costumbres y sanciones.

El proceso de socialización dura toda la vida y comprende tres aspectos:

- *Vertical.* Referido a la familia, y agentes educadores de todo tipo que inciden en la persona para configurarla.
- *Horizontal.* Constituido por la interacción con los grupos de pares y con los grupos correspondientes al propio "status".
- *Proyeccional.* En tanto que el sujeto se forma en función de los roles que deberá desempeñar en el futuro.

La maternidad o la paternidad, la emigración, la separación o el divorcio, el paro y la jubilación constituyen algunos ejemplos de la presencia constante del proceso de socialización a lo largo de la vida del individuo, pues los cambios en los ciclos vitales hacen que aparezcan nuevas necesidades de aprendizaje y adaptación a los nuevos roles y papeles que deben de desempeñarse.

Berger y Luckmann consideran que el individuo no nace miembro de una sociedad, sino que nace con una predisposición hacia la sociedad, y luego llega a ser miembro de una sociedad. Distinguen entre *socialización primaria* y *secundaria.* La socialización primaria es decisiva, porque el mundo internalizado durante esta etapa es concebido como el único que puede existir. En este sentido es importante destacar, como desde la infancia la niña aprende los papeles que deberá desempeñar en la vida adulta, pues cuando se induce a la niña pequeña a los juegos con muñecas, casitas etc., se le está preparando para que en el futuro pueda asumir los papeles que la sociedad espera que desempeñe (Berger y Lukmann, 1972)

La socialización secundaria consiste en el conjunto de procesos mediante los cuales el individuo internaliza *submundos* específicos. Estos submundos son generalmente realidades parciales, que contrastan con "el mundo base" adquirido en la socialización primaria.

Otra noción importante es la *resocialización,* denominada también socialización terciaria, que consiste en la sustitución de la socialización recibida anteriormente por el individuo. En todo caso la resocialización es difícil de efectuarse, pues, en cierta medida, exige reproducir las condiciones de la socialización primaria pero en la edad adulta, requiere que los individuos quieran ser socializados en nuevas normas. Ejemplos de resocialización son la delincuencia juvenil, la emigración a otras áreas culturales, el divorcio, etc.

Sin embargo, conviene señalar que el individuo no es un mero receptor de normas sociales, sino que también es un agente activo y, por consiguiente, es creador de las mismas. Numerosas razones avalan la insuficiencia de la concepción "supersocializada", en la cual el individuo se encuentra determinado por las normas aprendidas; algunas serían:

- Las normas aprendidas no especifican por completo todos los detalles de la conducta individual y cuentan con cierta flexibilidad.
- La socialización, por lo menos en sociedades complejas, nunca es uniforme. Los diferentes niveles de socialización pueden transmitir normas discrepantes y, por tanto, reducir su conformismo hacia algunos valores del grupo.
- Además, el inconformismo y la innovación pueden ser un valor más a transmitir en el proceso de socialización.
- Se producen fracasos en la socialización, en muy diversos grados, por la ausencia de conformidad total del individuo a las normas.

La socialización posibilita el control social de los individuos y grupos, ya que es la propia sociedad la que impone un sistema de sanciones para aquellos miembros que no acaten las normas a través de diversos mecanismos (Fischter, 1993: 369-370):

- Positivos. La persuasión, la sugestión, la instrucción y las recompensas, que se usan para inducir a las personas a practicar el comportamiento y para adoptar las actitudes aprobadas socialmente.
- Controles formales e informales. Los controles formales se refieren el ordenamiento legislativo de un país, las reglas y preceptos de la iglesia, los reglamentos que regulan la vida en el ámbito de la escuela, trabajo, universidad, etc. Los controles informales comprenden la prohibición de aquellas conductas desaprobadas por la sociedad.
- Controles institucionales y de grupo. Los grupos y las instituciones imponen controles a los comportamientos individuales cuando no se da conformidad con las expectativas estandarizadas.

Otros conceptos sociológicos importantes son los de: *rol* y *status*. El *status* se define ordinariamente como "el nivel o posición de una persona en un grupo, o de un grupo en relación con otros grupos"; "el rol es el comportamiento esperado por una persona que adquiere un status particular" (Horton et Hunt, 1989:110-111) El rol se encuentra caracterizado por sus prescripciones y por la percepción que tiene la persona que lo asume, por la expectativa que tienen los otros y por la manera en que es desempeñado, lo que se denomina ejecución del rol descrito o acción en rol.

Podemos decir que cada persona asume varios roles: padre de familia, trabajador de una empresa, miembro de diversas asociaciones, integrante de un grupo de amigos o jugador de equipo deportivo, etc. Cada uno de estos contextos le impone la obligación de asumir un personaje, de adoptar conductas diversificadas según se trate de la familia, el trabajo, con los amigos, etc. Esta multiplicidad de roles sociales de cada persona refuerza la imagen del sujeto social como actor que debe asumir sucesivamente diferentes personajes, cumplir las tareas propias de cada uno, responder a las expectativas de los demás, relativas a cada una de esas posiciones y adoptar modelos de acción, que difieren de uno a otro (Rocher, op. cit).

El tema de los roles tiene especial significación en Trabajo Social para el estudio y comprensión del sistema individual y del sistema familiar, pues las expectativas vividas en las familias de origen sirven al individuo como pautas para la formación de las nuevas unidades familiares. En efecto, el conocimiento tanto de la asignación y cumplimento de los roles de los padres, como el análisis de los modelos de socialización de los hijos, nos ayudan a la comprensión global del individuo, y de éste en la familia. En este sentido, son fundamentales para la comprensión del sistema individual el estudio de los roles, las reglas, las pautas culturales y los valores que se transmiten en la familia.

En la investigación de determinadas familias multiproblemáticas observamos cómo muchos problemas tales como: la violencia intrafamiliar, abandono y negligencia en el cuidado de los hijos, hábitos inadecuados de educación, etc., nos informan no sólo de los roles que desempeñan los padres, sino también de los que han aprendido en las propias familias de origen, lo que ha sido denominado como la *transmisión multigeneracional de pautas familiares* (Bowen, 1991).

Además la coherencia interna de los papeles favorece la formación de la personalidad adulta, pues, en ocasiones, se producen lo que se denomina patologías del rol, como son:

- Ambigüedad de rol. Procede de la incertidumbre del actor social sobre el rol que debe desempeñarse en una situación determinada. Así por ejemplo, una persona que haya sido socializada en una institución no sabrá cómo comportarse cuando forme su propia familia.
- Incompatibilidad de rol. Contradicción entre el rol desempañado y las expectativas de otros. Un marido que no desempeña sus roles de padre, puede tener problemas ante su mujer, que le reclama que los asuma.
- Conflicto de roles. Cuando el rol social entra en conflicto con las inclinaciones personales. Ocurre por ejemplo, en una situación de homosexualidad que se presenta en una familia.
- Sobrecarga o infracarga de roles. La necesidad de una persona de desempeñar más de un rol en una misma situación, o por el contrario el desempeño de pocos roles. Una madre soltera, divorciada o viuda con hijos a su cargo se encontrará con que debe desempeñar varios roles a la vez.

Como afirma Bannister (1992) los roles sociales pueden estar en conflicto con inclinaciones personales, y una forma de definir la madurez podría ser observarla como el proceso mediante el cual damos mayor expresión a lo que somos personalmente, incluso aunque esté en conflicto con las expectativas sociales estándar.

Otro aspecto importante en el estudio del individuo en su interacción con el medio cultural y social lo constituye la *educación*, en virtud de la cual las personas que no han accedido a los niveles mínimos de educación formal, ya sea por condicionamientos biográficos, o por desigualdades biológicas, o, simplemente, porque han fracasado en el sistema escolar, verán reducidas sus expectativas en la vida, y este aspecto limitará el acceso a toda clase de recursos.

Un elemento importante lo constituye el medio físico y la comprensión de la *urbanización y ruralización* como procesos básicos en la interacción individuo y medio social, aunque la ciudad intensifica el conocimiento y las vivencias del hombre y mujer contemporánea, sin embargo acentúa los conflictos de la persona: sus dilemas sobre su identidad, su papel en la sociedad, su autorrealización y el significado de su existencia. En el medio rural las relaciones son más estrechas, pero el individuo se encuentra más presionado por reglas y patrones de conducta.

En el medio urbano, los individuos se sienten más autónomos, al tiempo que se incrementan las desigualdades. En este sentido, Rojas Marcos, analizando los procesos violentos y las agresiones que se producen en el ámbito familiar y social afirma que "especialmente vulnerables son las áreas urbanas afectadas por la pobreza, el desempleo, la droga y la desintegración del hogar familiar (...), pues la violencia florece cuando, debido a circunstancias patológicas de desorganización social, los principios culturales se desintegran y pierden su función reguladora de la sociedad" (Rojas Marcos, op. cit: 200)

En las urbes aparece el fenómeno descrito por Durkheim de *la anomia*. En su obra *"El Suicidio"* habla de la anomia, como la ausencia de normas, valores y reglas. La falta de integración social en una sociedad dada genera suicidios, criminalidad y delincuencia, surgiendo en un pueblo cuando las necesidades fundamentales de las personas tales como: *la identidad, la autoestima, la supervivencia, la realización* no se satisfacen adecuadamente. (Durkheim, 1991). Sin embargo, la anomia afecta más a los individuos que se encuentran más desprotegidos social, cultural o económicamente, pues cuando se fomentan valores como la competitividad, la obsesión por el dinero, el confort, el éxito y la perfección del cuerpo, se incrementan los niveles de desigualdad, de hombres y mujeres; asimismo, se aumentan los niveles de tensión y estrés, que conducen a un estado permanente de frustración e infelicidad.

Así pues, un principio que el Trabajo Social debe tener en cuenta es *el principio de desigualdad de las oportunidades,* donde las personas que padecen cualquier inferioridad, ya sea de tipo cultural, social, o económica, sienten, en muchas ocasiones, un desequilibrio entre sus aspiraciones y las oportunidades que se le ofrecen, produciéndose tensiones y conflictos tanto en el nivel psicológico como social.

El Trabajo Social interviene en muchas situaciones en las que se encuentra el fenómeno de la violencia, pero además debe prevenirla en sus actuaciones. De esta forma, se destaca los siguientes aspectos relacionados con la violencia (Redero y San Miguel del Hoyo 2002: 132-136):

- *Comprender la violencia.* Esta perspectiva supone comprender los conflictos sociales, comprender a los violentos en la encrucijada de las fuerzas que actúan. El Trabajo Social, en tanto que interviene con colectivos que se encuentran en situaciones de exclusión debe adquirir un compromiso con las políticas dirigidas a facilitar su inserción social, más que en aquellas encaminadas a su mero control social.
- *Prevenir la violencia.* Se trata de descubrirla antes de que se produzca, sobre todo en aquellas situaciones o colectivos que sufren o son víctimas de la violencia: mujeres, niños, mayores, inmigrantes, etc.; favoreciendo los valores de la comprensión y la tolerancia, mediando en los conflictos, y facilitando la participación social de dichos colectivos.
- *Oponerse a la violencia.* Supone, sobre todo: negar las formas de legitimación de las estrategias violentas, manteniendo formas no violentas de resolución de los conflictos.

En el proceso de interacción individuo-medio social es fundamental el conocimiento del *hábitat más cercano.* El hábitat se refiere al lugar donde el ser humano desarrolla su existencia, territorio, recursos de todo tipo que pueden interferir en las funciones básicas de la persona, familia, comunidad, etc. De esta forma, los efectos de un medio social demasiado rudo, un medio cultural demasiado pobre, y la escasez de oportunidades de educación y sociabilidad, obstaculizan o debilitan la disposición que se requiere, ya sea para adaptarse a las circunstancias externas, ya sea para hacer frente a las situaciones conflictivas que se presentan con los propios recursos internos.

En relación con lo anterior, debemos considerar el concepto de *cultura*: "se refiere tanto a los valores que comparten los miembros de un grupo dado, a las normas que acatan y a los bienes materiales que producen" (Giddens, 1991: 65). Los valores son los ideales con carácter abstracto, mientras que las normas son principios definidos o reglas que las personas deben cumplir.

La cultura y sociedad se encuentran estrechamente relacionadas, pues "la cultura alude al modo de vida de los miembros de una sociedad dada, sus hábitos y costumbres, junto a los bienes materiales que producen" (Giddens, op. cit: 65) Las pautas culturales no son rígidas pues éstas cambian y evolucionan a lo largo del tiempo, aquellos preceptos que no sirven para sus miembros son sustituidos por otros, sólo determinadas tradiciones perviven, aunque despojadas, en ocasiones, del contenido que las hizo surgir. Observamos como determinadas creencias, valores y normas cambian con el paso del tiempo; contamos con ejemplos recientes en este sentido: la consideración social del divorcio y separación de la pareja, la consideración de las madres solteras, de los discapacitados, de la homosexualidad, han cambiado en nuestro país en el transcurso de pocas generaciones.

El hombre es un ser social que se relaciona con otros y se mueve dentro de una variedad de pautas culturales. En dichas pautas, como hemos destacado, operan una serie de cambios de una pauta a otra según nos situemos en contextos diferentes, situaciones o lugares, etc. Para Hamilton (1992) los trabajadores sociales necesitan comprender tanto los modos de comportamiento cultural establecidos, como lo que va implícito en un cambio operado en un grupo cultural o en el paso de un grupo a otro.

Además, en una sociedad dada coexisten diferentes *subculturas* que son las normas más o menos divergentes compartidas por un grupo o sectores no dominantes en el interior de una misma sociedad. Existen diferentes subculturas en función de los grupos de edad (infantil o juvenil), grupos marginales étnicos, sociales (del "mundo" de la droga, delincuencia, con sus propias actitudes, valores, lenguaje, etc.); asimismo, de grupos de definición territorial, de "cultura o subcultura regional" en contraposición con la "cultura nacional".

La consideración de la no existencia de una cultura global y abstracta común en normas y valores a todos los individuos nos conduce al *relativismo cultural* que ha denunciado el error que supone la existencia de una cultura mejor en términos de competencia. En todas las sociedades existen culturas mayoritarias y minoritarias; estas cuestiones se encuentran determinadas por la edad, el color de la piel, la religión, la nación, el sexo, y también razones sociales, lingüísticas, políticas, culturales, o étnicas. Por otra parte, lo mayoritario en una época puede ser minoritario en otra, y viceversa. Sin embargo, todos aceptamos que lo minoritario está representado por aquellos grupos que ostentan una posición de inferioridad, ya sea por su relación social de poder, o como resultado de una comparación social con otros grupos.

Es importante destacar la idea del *relativismo cultural*, pues los cambios geopolíticos recientes, combinados con las profundas crisis sociales y económicas ocurridas en diversas partes del mundo, provocan fuertes movimientos migratorios, a lo que debe añadirse como las migraciones internacionales han cambiado en el contexto de la globalización. Las migraciones actuales no sólo han aumentado en magnitud y trascendencia en la actualidad, sino que también han llegado a ser uno de los temas más recurrentes en todos los ámbitos de la realidad social, por el complejo entramado de causas y consecuencias: demográficas, familiares, sociales, culturales, económicas y políticas. (Arango, 2003; Castels, 2004; Sassen, 1993)

El principio diferenciador de *"los otros"* nos conduce a prejuicios y estereotipos racistas y xenófobos. En este sentido deben ser conocidos una serie de conceptos relacionados (Huici, 1996):

- Estereotipo. Sería el conjunto de creencias acerca de los atributos señalados a un grupo.
- Prejuicio. Sería el afecto o la evaluación negativa del otro.
- Discriminación. Estaría en relación con la conducta de falta de igualdad en el tratamiento otorgado a las personas, en virtud de su pertenencia al grupo o categoría en cuestión.

El racismo puede tener múltiples caras, pudiendo ser *racismo manifiesto,* que hace referencia a los actos racistas consciente y abiertamente identificados como tales, pero también puede ser *racismo latente:* se refiere a actos u opiniones que, aun reproduciendo el racismo, no lo hacen con la conciencia de que así sea. Estas dos formas de racismo se pueden dar de forma conjunta o separadamente (Pérez y Dasi, op. cit.).

Para acabar con la actitud racista es necesario debatir y despertar las actitudes prejuicios de la población. Cuando la persona se ve enfrentada al prejuicio siente un doble conflicto: por una lado interior, porque toma conciencia de comportarse de forma diferente a como lo manifestaba, sobre todo en los casos de racismo latente; por otro exterior, porque el contexto social de referencia desaprueba, en muchos casos, los comportamientos racistas (Pérez y Dasi, op. cit.)

El Trabajo Social debe estar atento al fenómeno del racismo, pues una observación atenta a los medios de comunicación de masas nos permite comprobar cómo la sociedad española se ve afectada por la aparición de ciertos grupos de tendencia racista que, frecuentemente, provocan acciones e incidentes que, con carácter más o menos grave, afectan a diversos grupos minoritarios de inmigrantes o gitanos. El papel de los demócratas, en todas las partes del mundo, ya no consiste en hacer prevalecer las preferencias de la mayoría, sino en hacer respetar los derechos de los oprimidos. En democracia, lo que es sagrado son los valores: la dignidad del ser humano, de todos los seres humanos, mujeres, hombres y niños, cualesquiera que sean sus creencias y el color de su piel, y también cualquiera que sea su importancia numérica (Maalouf, 1999).

De otra parte, de una sociedad global (mundializada), pueden devenir "sociedades sin identidad" que lleven a los sujetos a buscar la identidad "perdida" en la exaltación de lo territorial-étnico (nacionalismos), en el rechazo del extraño y del extranjero (fascismos), en las organizaciones sociales que buscan explicaciones holísticas del mundo a través de un fuerte control social de sus miembros y con fines más allá de la realidad social (sectas), en los grupos de pares (pandillas) y en los grupos identitarios ("suporter", "hoolligan", etc.); así como en una diversidad e influencia de los denominados "grupos de referencia". En suma, una sociedad con posibilidades de "fraccionamiento" y con alta potencialidad de violencia.

Además, el Trabajo Social no debe de perder de vista su *perspectiva globalizadora*, pues se encuentra influenciado por los elementos sociales, culturales, económicos e ideológicos, que como marco referencial confluyen en un momento histórico y en un determinado país, y lo condicionan.

El Trabajo Social Microsocial debe tener en cuenta ese contexto donde las personas, familias y grupos viven, se organizan y se desarrollan. Ese marco referencial socio-histórico mantiene una relación directa con las situaciones problemáticas individuales y colectivas, de esta forma es poco realista el análisis del Trabajo Social descontextualizado de su tiempo histórico y de los fenómenos sociales que acontecen en él. En este sentido podemos anotar las siguientes situaciones actuales: el debilitamiento del Estado del Bienestar, las tendencias económicas de la globalización, la revolución tecnológica, el fenómeno de las redes sociales, los fenómenos de la dualización en las sociedades desarrolladas, los cambios en la estructura y las dinámicas de funcionamiento familiar, los cambios demográficos relacionados con el aumento de la esperanza de vida, todos los procesos de individualización, las formas violentas de relación, el incremento de los movimientos migratorios, el surgimiento de la "sucesivas crisis" que ha hecho aumentar todos los procesos de vulnerabilidad y de exclusión social de muchas situaciones individuales y familiares.

No cabe duda, que los cambios acelerados que se han sucedido en nuestra sociedad incrementan las situaciones de crisis, generan problemas de adaptación, agudizan las situaciones de indefensión, deterioran la capacidad de decisión y de autonomía, lo que incrementa los problemas psicosociales en individuos y familias, que no pueden o no saben hacer frente con sus propios medios a las situaciones conflictivas derivadas de tal complejidad.

El Trabajo Social debe reflexionar y tratar de dar respuesta desde la intervención a estos problemas que plantean los cambios acelerados en la sociedad. La actuación de los trabajadores sociales deberá tratar de incidir prioritariamente en los aspectos preventivos, cambiando modelos de actuación, tratando de desarrollar una intervención integral en los individuos, familias, grupos sociales, contextos teniendo en cuenta la interacción con su medio. La intervención en Trabajo Social debe incidir especialmente en aquellos colectivos que se encuentran en situaciones de mayor vulnerabilidad y exclusión, realizando un acompañamiento social "en el proceso de la persona por intentar organizar su propia estrategia, de utilizar los recursos a su alcance de forma eficaz, también supone la constatación de las dificultades que las personas tienen para hacerlo" (Pérez, 2007). También se hace necesario que la intervención del trabajador social realice una función preventiva, que intervenga precozmente sobre las causas que generan los problemas sociales, o elabore programas de intervención en los grupos de población, que se hallan en situaciones más vulnerables o en situaciones de riesgo. Es importante, además, que la intervención realice una función socioeducativa, de ayuda en el aprendizaje de habilidades y aptitudes, de capacitación de nuevos roles en los procesos de adaptación/cambio del entorno.

3.2.1. El medio ambiente y el contexto de los problemas

Los problemas y las situaciones problemáticas no existen en el vacío, sino que se dan en una serie de variables contextuales y ambientales, cuya relevancia depende de cada situación determinada. Nelson-Jones (1994) nos ofrece algunos contextos pertinentes para identificar y clarificar los problemas de los clientes en su interacción con el medio ambiente.

- *Contexto cultural.* La pertenencia de los clientes a diferentes culturas puede producir situaciones problemáticas de choque cultural entre la cultura mayoritaria y la minoritaria, como: asimilación, diferentes valores y formas de comunicación, alienación, desconfianza. Las cuestiones culturales pueden ser relevantes en el caso de los nativos como una forma de enfrentamiento a los inmigrantes y extranjeros.
- *Contexto racial.* Las situaciones problemáticas surgidas en un contexto racial se producen como consecuencia de los enfrentamientos de una minoría racial, que difiere en valores, normas, costumbres, estructuras familiares, etc. de la cultura mayoritaria.
- *Contexto de clase social.* Las reglas de comportamiento difieren extremadamente entre las clases sociales. Los trabajadores sociales necesitan comprender muchos comportamientos de los clientes, por ejemplo: modales, maneras, vestido y lenguaje en el contexto de la clase social del cliente.
- *Contexto de la familia.* Los padres influyen directa o indirectamente en la manera de comportarse los hijos, pues los procesos de socialización se inician en la familia. Además, las familias de origen influencian la relación en una "conciencia de la pareja" que permanece latente.
- *Contexto de trabajo y estudio.* Este contexto es relevante tanto en los aspectos relacionados con el trabajo, como en la falta del mismo o en las situaciones de paro. Los obreros que trabajan en fábricas en crisis, experimentan un estrés de trabajo adicional. Este estrés puede manifestarse incrementando

la irritabilidad en el hogar, siendo fuente de problemas físicos y psicológicos.

- *Contexto de salud.* El estado de salud física de los clientes puede contribuir, en distintos grados, a la aparición de problemas psicológicos. Problemas relacionados con las hormonas pueden causar apatía, depresión, etc. Además los clientes se comportan de forma diferente cuando reciben algún tipo de tratamiento. Los trabajadores sociales necesitan, en ocasiones, explorar las historias clínicas donde aparecen las enfermedades pasadas o actuales. Un área de especial atención se refiere a los clientes que están recibiendo ayuda psiquiátrica o psicológica. En este contexto de salud estarían las personas que tienen o han tenido problemas con: el alcohol, las sustancias tóxicas, ludopatías y otras adicciones,
- *Contexto según el género.* Los trabajadores sociales feministas y los liberales consideran que la mayoría de los problemas deben ser entendidos desde una perspectiva género, pues es necesario ser comprensivo ante las diferencias biológicas que se producen como consecuencia de la menstruación, menopausia, etc. En cualquier caso, la principal área de sensibilidad del género se relaciona con los comportamientos sexuales aprendidos y con las expectativas de vida.
- *Contexto de preferencia sexual.* La elección de una preferencia sexual minoritaria, como homosexualidad o bisexualidad, transexualidad, conlleva, muy frecuentemente, problemas de falta de adaptación, pérdida de autoestima e identidad, etc., tanto en el nivel personal como familiar y social.
- *Contexto de edad.* Otros problemas pueden aparecer en relación con la edad. Las expectativas de vida y calidad de la misma cambian de una cultura a otra. La discriminación por cuestiones de edad puede ser propia de las culturas occidentales más que las orientales, donde las personas mayores gozan de una mayor consideración social.
- *Contexto según los grupos de referencia.* Los humanos somos animales sociales, que tienden a asociarse en grupos. Frecuentemente, para comprender los comportamientos de los clientes es más fácil situarlos en el contexto de las normas del grupo de referencia. Así pues, un adolescente puede tener una conducta delictiva influenciado por el grupo al que pertenece, solo no hubiera realizado el mismo acto.
- *Contexto religioso.* El trabajador social debe ser sensible al contexto religioso y su influencia, para muchos clientes la religión es una parte central en su vida, que tiene que ser respetada.

Así pues, en la investigación de los elementos que conforman el sistema individual en interacción con su medio ambiente, desde una perspectiva ecosistémica, que pueden ser considerados:

- Los ecosistemas primarios en los que se desenvuelve la vida del sistema individual/familiar: trabajo o educación, actividades socioculturales, comunitario; así como las redes de apoyo.
- Los procesos que se han producido en su socialización, tanto en su interacción familiar, como de los grupos que pertenece o ha pertenecido. Diferentes roles y expectativas según: el género, la edad, cultura, etnicidad, etc.
- Los modos de comportamiento: valores, normas y creencias del medio socio-cultural; este aspecto es especialmente importante en el Trabajo Social con minorías étnicas (inmigrantes o gitanos), pues, en ocasiones, se encuentran muy influenciados por aspectos singulares de su propia cultura.
- El medio físico en términos de oportunidades y limitaciones, la opción a tener distintos recursos: educativos, culturales, económicos, sociales, etc.
- El análisis contextual relacionado con las situaciones-problemas: cultural, racial, clase social, familia, trabajo y estudio, etc.
- La valoración de los factores y causas globales en una sociedad dada pueden estar influyendo: políticos, económicos, culturales, etc.

3.3. EL SISTEMA INDIVIDUAL Y LA PERSONALIDAD ADULTA

En la formación y desarrollo de la personalidad adulta intervienen una serie de factores como son: El medio físico, la herencia, el medio social y cultural, los grupos a los que se pertenece o se ha pertenecido y, además, la experiencia singular que se da a la propia vida.

Para Enrique Rojas "la personalidad constituye una síntesis en donde se aprietan los elementos biológicos, psicológicos y socioculturales de cada individuo, los cuales forman una totalidad que se expresa de manera propia en cada uno, a la vez que sigue una continuidad histórica y una unidad psicoorgánica" (Rojas, 1987-a. pp. 152-153).

Esta definición nos pone sobre la pista de varias características:

- En esta unidad de varios elementos se destaca lo que es más peculiar y propio.
- Es una manera de responder a las incitaciones y a las circunstancias de la vida.
- La personalidad tiene una función integradora de las distintas funciones que forman el patrimonio psicológico.

- La personalidad no es algo estático, sino que es una estructura en movimiento. Este carácter dinámico implica que sobre ella pueden operarse cambios.

La teoría de Carl Rogers conocida con el nombre de la teoría del *Yo*, o el *Self*, pone el énfasis en el carácter único de cada persona. Iniciador de la psicoterapia basada en el cliente, las personas son una máscara frente al exterior, pues en gran medida su conducta y sus sentimientos no son verdaderos, sino la fachada tras la que se ocultan. A través de la dinámica de un proceso de cambio, que se produce cuando el cliente se siente recibido, aceptado, comprendido tal cual es, *"se llega ser persona"*. Cuando logramos liberar al individuo de sus actitudes defensivas y lo ayudamos a abrirse a la amplia gama de sus propias necesidades ambientales y sociales, podemos confiar en que sus reacciones serán positivas, progresistas y constructivas (Rogers y Kinget, 1967)

En el Trabajo Social con individuos es interesante conocer los diferentes tipos de personalidad, sobre todo los relacionados con los ejes de: *extraversión-introversión*, *estabilidad-inestabilidad*, pues predisponen a un cliente hacia un tipo de problema más que a otro. Eysenck (1986) describió al tipo extravertido como una persona sociable, a la que le gustan las fiestas, que necesita tener gente con quien hablar y a la que no le gusta leer o estudiar sola. Este tipo tiende a desear excitación, correr riesgos, es impulsivo y actúa antes de pensarlo. Los extravertidos son despreocupados, sencillos, les gusta el cambio y siempre tienen una respuesta preparada. Tienden a ser optimistas, a ser agresivos y a perder el control fácilmente.

Por el contrario, el tipo introvertido tiende a ser tímido, quieto, retraído, introspectivo y está más atraído por su interior que por la gente. Son más cautos que impulsivos. Evitan las excitaciones, se toman los hechos de la vida con seriedad y prefieren un tipo de vida ordenado. Mantienen sus sentimientos bajo control fuerte, no son agresivos y no tienen un temperamento fuerte, son más serios y más pesimistas que los extravertidos. Dan mayor impotencia a las cuestiones éticas.

Es importante destacar que como hemos apuntado anteriormente, la personalidad tiene una dimensión biológica tanto como ambiental, *no existiendo en ningún caso un tipo puro*, sino que simplemente se trata de una cuestión de grado.

Otro elemento interesante en el estudio e investigación de la personalidad de los individuos es la *emotividad*, lo que significa tener en cuenta las cuestiones de estabilidad-inestabilidad. El término emoción viene del latín *"emovere"* que significa agitación. Se trata de una conmoción interior generalmente brusca, súbita, que se produce en nuestro estado de ánimo y que se acompaña de manifestaciones físicas de bastante relieve (sudoración, taquicardia, dificultad respiratoria, etc.) perturbando el orden físico previo. La emoción tiene cuatro componentes básicos entrelazados: vivencial, fisiológico, de conducta y cognitivo (Rojas, 1987-b)

La emoción es un sentimiento que siempre se manifiesta y se refleja, por lo que puede ser interesante para un trabajador social comprender la emoción como vivencia y sus dimensiones bipolares (Rojas, op. ult. cit):

- Placer-displacer.
- Excitación-tranquilidad.
- Tensión-relajación.
- Aproximación-rechazo.
- Activación-bloqueo.

La emoción se contrapone al sentimiento que es la forma habitual de vivir los afectos en la vida ordinaria de cada uno; por el contrario, las emociones significan una modificación brusca, inesperada y, además, presenta rasgos físicos, generalmente ausentes en el mundo sentimental (Rojas, op. ult. cit.)

Las seis emociones más importantes de la persona son: sorpresa, asco, alegría, tristeza, ira, miedo (Fernández y Ponce de León, 2012)

La investigación experimental ha demostrado la relación existente entre las personas emotivas y una gran variedad de rasgos relacionados. Tienden a ser ansiosas, estar preocupadas, tristes, son egocéntricas y se alteran rápida y fácilmente. Por el contrario, la persona calmada tiende a ser persistente, constante, despreocupada y contenta (Eysenck, op. cit.)

El cliente que muestra una emotividad intensa es más susceptible de sufrir una crisis o acontecimiento estresante, pues es más vulnerable al estrés, ya sea físico o psicológico, causado por situaciones dolorosas, o por situaciones de conflicto o de frustración. La emotividad es muy interesante para la comprensión global del individuo en Trabajo Social, pues nos permite observar y comprobar cómo los clientes expresan sus sentimientos, emociones, etc., esto es, el tono afectivo de lo que dicen y el contenido de cómo lo dicen. La habilidad social de las emociones recibe el nombre de *asertividad*. Asertiva es aquella conducta que hace y que dice lo que debe hacer y decir en cada momento procurando mostrarse sin inhibiciones y sin agresiones. (Rojas, op. cit) El entrenamiento y aprendizaje de la habilidad social de la asertividad es fundamental en la intervención en Trabajo Social, pues ayuda a los clientes a expresar ideas, juicios y sentimientos tanto de signo positivo como negativo frente a cualquier persona, situación o circunstancia, sin agredir ni ser agredido

En relación con la emotividad se encuentra lo que Goleman (1997) denomina la *inteligencia emocional*, que comprende un conjunto de habilidades entre las que destacan: el autocontrol, la comprensión empática de los otros, el entusiasmo, la perseverancia y la capacidad de motivarse a uno mismo. Este modelo ampliado de lo que significa ser inteligente otorga a las emociones un papel central en el conjunto de aptitudes que son necesarias para vivir.

Este autor señala cómo los hombres que poseen una elevada inteligencia emocional, suelen ser socialmente equilibrados, extravertidos, alegres, poco predispuestos a la timidez y a rumiar sus preocupaciones. Demuestran estar dotados de una notable capacidad de comprometerse con las causas y las personas, suelen adoptar responsabilidades, mantienen una visión ética de la vida y son afables y cariñosos en sus relaciones, su vida emocional es rica y apropiada; en suma, se sienten a gusto consigo mismo, con sus semejantes y con el universo social en el que viven. Por su parte las mujeres emocionalmente inteligentes tienden a ser enérgicas y a expresar sus sentimientos sin ambages, tienen una visión positiva de sí mismas y para ellas la vida siempre tiene sentido. Al igual que ocurre con los hombres, suelen ser abiertas y sociables, expresan sus sentimientos adecuadamente y soportan bien la tensión. Su equilibrio social les permite hacer rápidamente amistades.

Goleman (op. cit.) nos habla de la importancia de los padres y la familia en el desarrollo emocional, señalando tres estilos de parentaje emocional más inadecuados:

- Ignorar completamente los sentimientos de los hijos.
- El estilo "laissez-faire".
- Menospreciar y no respetar los sentimientos de los hijos.

El aprendizaje emocional para este autor se inicia en los primeros momentos de la vida y se prosigue a lo largo de toda la infancia. Los intercambios entre padres e hijos tienen lugar en un contexto emocional, proporcionando éstos el desarrollo de las capacidades emocionales del niño. Señala cómo los padres manifiestamente incompetentes (inmaduros, drogadictos, deprimidos, crónicamente enojados o simplemente sin objetivos vitales y viviendo caóticamente) es muy probable que no cuiden adecuadamente de sus hijos y que no establezcan contacto con las necesidades emocionales de sus bebés (Goleman, op. cit.)

Igualmente, desarrolla un concepto, acuñado por los psiquiatras, denominado *alexitimia* que consiste en la incapacidad de expresar las emociones. En relación con dicho concepto se encuentran, en ocasiones, las raíces de la crueldad sin sentido, sobre todo entre los jóvenes, ya que están alimentadas por el vacío emocional y por la incapacidad de reaccionar con afecto, de emocionarse o entusiasmarse con ningún tipo de estímulos o actividades (Rojas Marcos op. cit.)

Por otra parte, encontramos las denominadas *Teorías Implícitas de la Personalidad* (T.I.P.), donde una primera aproximación al significado de las TIP permite conceptualizarlas como un conjunto de rasgos de los que unos son percibidos como relacionados entre sí, y otros como en desacuerdo o con un mínimo acuerdo, y una estructura subyacente que organiza estas relaciones. Las TIP sostienen que determinados rasgos o características de las personas suelen ir unidas; es decir, se producen y/o aparecen conjuntamente. De esta manera, una persona desconfiada puede tener otros rasgos en su personalidad como miedoso, inseguro, débil, etc. (Olza, 1996).

Otro aspecto básico en el análisis de la personalidad es el estudio del *self*, que sería el punto de referencia alrededor del cual se organizan el pensamiento y los sentimientos, las actitudes, las experiencias y las reacciones. La *autoimagen y el autoconcepto* son funciones cruciales en el estudio de "el self". Allport (1980) describe dos aspectos de la autoimagen: por una parte, la forma en que los individuos perciben sus capacidades presentes, sus estatus y sus roles; por otra, lo que les gustaría llegar a ser, sus aspiraciones, es decir, su autoimagen idealizada. Relacionado con este concepto destaca la autoestima, que puede definirse valoración que una persona hace de sí misma La importancia de la autoestima radica en la importancia que tiene para la persona perseguir sus propios objetivos que se ha planteado, porque conoce que las elecciones que realiza se adecuan a la realidad. (Fernández y Ponce de León, 2012)

El amor y el afecto de los padres y las relaciones que tengan con sus hijos son esenciales en los primeros años de la vida y de ellos dependerá posteriormente el desarrollo del autoconcepto. Más tarde, otras personas asumen un papel en el desarrollo del autoconcepto: los amigos, compañeros, profesores. En la edad adulta contribuyen a este proceso el esposo o la esposa, los compañeros de trabajo, los hijos y en general aquellas personas significativas que constituyen nuestro pequeño mundo.

También el estudio del autoconcepto es fundamental en Trabajo Social con individuos, pues los clientes pertenecientes a grupos más vulnerables no sólo no han contado con reforzadores positivos de su propia autoestima, sino que los escasos resultados en la resolución de sus problemas, han ocasionado que, muchas veces, tengan bajas expectativas sobre sus propias posibilidades. Así mismo, las personas que se encuentran en una situación de crisis o acontecimiento estresante cuentan con una pobre valoración de sí mismas.

Además, la baja autoestima y el bajo autoconcepto pueden estar influidos por *la escasa gratificación, que el individuo recibe de sus relaciones con los otros.* El hecho de crecer en relación con los demás seres humanos es algo fundamental para el desarrollo de la personalidad. Para Howe (1997) las relaciones van en dos sentidos: la calidad de las relaciones influirá en la personalidad que se forma, y la personalidad que surge afectará al tipo de relaciones de las que se experimentan. De lo que extrae las siguientes afirmaciones:

- El tipo de persona o "yo" en el que nos convertimos se forma y surge de las relaciones sociales.
- El tipo de "yo" que se forma depende en gran medida de la calidad de esas relaciones.
- El modo en que el "yo" trata las relaciones sociales presentes depende de las experiencias que ese mismo yo tenga de relaciones sociales anteriores.

El hombre es un ser social que necesita para sobrevivir su interacción con los otros; de la calidad de esas relaciones: individuo-familia, amigos, vecinos, compañeros, depende, en gran medida, el grado de bienestar personal. En este sentido, quienes han sufrido relaciones sociales perturbadas y difíciles experimentan más o menos problemas al enfrentarse a situaciones y a otras personas. El contenido y la calidad de las relaciones pueden examinarse en términos de ausencia y presencia relativa de aspectos tales como (Howe, op. cit.):

- Intimidad y comunicación.
- Afecto y reciprocidad.
- Comprensión y empatía.
- Apoyo y seguridad.
- Coherencia y cariño.
- Tolerancia y aceptación.

Otro aspecto importante a tener en cuenta en el estudio de la personalidad se relaciona con la "*teoría del vínculo*" desarrollada por Bowlby. Dicha teoría hace referencia al sentimiento de vinculación entre padres e hijo en los primeros años de la vida para proporcionar una base segura que acreciente la confianza y seguridad del niño, es el deseo de mantenerse en contacto por medio de la cercanía física, de tocarse, mirarse, sonreír, escucharse o hablarse. (Bowlby, 1995).

Para el apego inseguro se distinguen dos tipos de comportamientos (Barudy, 1998):

a) Un grupo de niños presenta un apego ansioso o ambivalente, pueden reaccionar hacia su madre con cólera, rechazando el contacto o la interacción, y enseguida buscar ansiosamente la proximidad y la relación. Las madres no responden a las señales de los hijos, pero no los rechazan.

b) Un segundo grupo, presenta un apego huidizo o rechazante donde los niños tienden a esquivar a la madre, que no sólo es insensible a las comunicaciones y demandas del niño, sino que además impiden o bloquean los esfuerzos de éste por acceder a ella.

La teoría del vínculo afectivo permite al trabajador social analizar y comprender la personalidad de los clientes referida a la calidad de las relaciones sociales.

De esta forma, las relaciones tempranas buenas, consistentes y atentas producirán unos *"yos"* bien integrados y coherentes, es decir, personalidades organizadas que fácilmente serán capaces de enfrentarse a las situaciones de la vida y serán más fuertes psicológicamente para superar las adversidades y las crisis. Igualmente, proporcionará información al profesional para poder establecer qué persona puede aportar una mayor vinculación con los niños que deben ser separados de sus padres biológicos. El vínculo afectivo puede desarrollarse con el padre, abuelo/a, la madre sustituta cuando la madre biológica no está en condiciones emocionales y físicas de atenderle, o simplemente no está por muerte o abandono.

Otra cuestión importante en el estudio de la personalidad del individuo estaría relacionada con el análisis del *ciclo vital y la fase* en la que se encuentra, estableciendo las correspondientes correlaciones y comparaciones que nos permitan conocer el grado de madurez/inmadurez que se requiere en cada ciclo o etapa. Erikson (1980) estudió el proceso de aprendizaje del yo individual a través de una serie de fases, que permiten el desarrollo psicosocial en el interior del medio social y cultural. Dicho proceso constituye el desarrollo de la personalidad, que se realiza mediante el desarrollo de una serie de fases y sus correspondientes crisis. A cada fase se corresponde una zona del órgano, que determina el modo de aproximación física a la realidad, ligada a un modo de aproximación social que establece una serie de relaciones significativas con el entorno.

Las crisis psico-sociales que acompañan a cada fase permiten al yo la realización de una serie de tareas que facilitan la estructuración y la organización. Germain y Gitterman consideran más apropiada la denominación de *Curso Vital,* pues las distintas etapas no son fijas o universales para cada individuo, por el contrario el *Curso Vital* no es uniforme, ni se encuentra determinado por patrones de desarrollo psicosocial. (Germain y Gitterman, 1996).

A continuación recordaremos las fases brevemente (Erikson, 1980):

- *La confianza versus desconfianza.* Se denomina a esta fase de estadio oral-respiratorio-sensorial. La primera demostración de confianza social en el niño pequeño es la facilidad de su alimentación, la profundidad del sueño y la relación con sus intestinos. Recibir y tomar es el modo de aproximación social. El primer logro social del niño es su disposición a permitir que la madre se aleje de su lado sin experimentar la indebida ansiedad o rabia. Lo más importante de esta etapa es que uno aprende no sólo a confiar en los proveedores externos, sino también puede confiar en uno mismo y en la capacidad de los propios órganos para enfrentarse a las urgencias

- *Autonomía versus vergüenza o duda.* El desarrollo del sistema muscular permite alterar a voluntad la acción de dejar caer y de rechazar, y la acción de atrapar y de retener. El control exterior de esta etapa debe ser tranquilizador, pues el deseo de apoderarse y de elegir por su propia cuenta, al tiempo que la firmeza debe protegerlo contra la anarquía potencial de un sentido de discriminación no adiestrado. El peligro de esta fase es negar al niño la experiencia gradual y bien guiada de la autonomía de la libre elección, lo que conduce a la vergüenza y a la duda. La vergüenza se experimenta desde muy temprano mediante el impulso de ocultar el rostro, de hundirse en el suelo, en ese instante.
- *Iniciativa versus culpa.* En esta etapa el niño empieza a moverse de manera independiente, siendo su aprendizaje más activo. Es en el juego donde va a explorar la iniciativa. El juego constituye para el niño lo que la reflexión, la planificación, el estudio de proyectos es para el adulto, es decir, experimenta la exploración que le permite aprender sobre los éxitos y fracasos. A la familia se le unen otras personas como: sus juguetes y sus compañeros de juego. El peligro de esta etapa radica en un sentimiento de culpa con respecto a las metas planteadas. Los celos y las rivalidades infantiles alcanzan en esta etapa su culminación.
- *Industria versus inferioridad.* Esta fase se denomina latencia, se trata de una latencia de las pulsiones sexuales, ante la de los impulsos de la juventud. Se corresponde con la entrada a la vida escolar. En esta etapa los niños de todas las culturas reciben alguna instrucción sistemática. Aprenden los elementos fundamentales de la tecnología a medida que el niño crece y tiene medios para ello. Adquiere la capacidad de manejar utensilios, de leer y escribir. El peligro de esta etapa radica en un sentimiento de inferioridad o inadecuación si no desarrolla las habilidades o su *status* entre sus compañeros. Es un período de socialización intensiva en la escuela, en el barrio, donde los compañeros toman el relevo a la familia
- *Identidad versus confusión de rol.* Esta etapa se desarrolla durante la adolescencia y la juventud. Significa también la integración de todas las identidades y autoimágenes anteriores. Los jóvenes se preocupan mucho por la manera como son vistos por los otros. El peligro de esta etapa es la confusión de rol, que puede estar relacionada con la identidad sexual. En esta etapa se inicia el enamoramiento que constituye un intento de llegar a una nueva identidad proyectando la propia imagen *yoica* difusa en otra persona, logrando así que se refleje. Los jóvenes también pueden ser exclusivistas con los que son distintos, según el color de piel, la formación cultural, así como en otros aspectos insignificantes como la forma de vestir. Resulta interesante comprender en esta etapa la intolerancia como una defensa contra la confusión en el sentimiento de identidad.

- *Intimidad versus aislamiento.* El adulto joven, que surge de la búsqueda de identidad está ansioso por fundir la identidad en otros. Se encuentra preparado para la intimidad, es decir, para la capacidad de entregarse a afiliaciones y asociaciones concretas y desarrollar la fuerza ética necesaria para desarrollar estos compromisos, aún cuando estos exijan esfuerzo. El cuerpo y el yo deben ser los amos de los modos orgánicos y de los conflictos nucleares, con el fin de poder enfrentar el temor a la pérdida *yoica* en situaciones que exigen autoabandono: en la solidaridad, en las afiliaciones estrechas, en los orgasmos y uniones sexuales, en la amistad íntima, y en el combate físico. El peligro es el distanciamiento, o que las relaciones íntimas, competitivas y combativas se experimenten contra la propia persona.
- *Generatividad versus estancamiento.* Se da en la edad mediana de la vida. Es el interés por la generación siguiente y por su educación. El hombre maduro necesita sentirse necesitado, y la madurez necesita la guía y el aliento de aquello que ha producido y debe cuidar. La persona empieza a ocupar un lugar en la sociedad, se caracteriza por ayudar al desarrollo y perfeccionamiento de lo que se produce en la sociedad. El peligro de esta etapa se denomina estancamiento, indica la renuncia a cuidar lo que se ha producido.
- *Integridad versus desesperación.* La integridad se produce en la última fase de la vida y se alcanza con la vejez. Significa la capacidad de aceptar los hechos de la propia vida y de afrontar la muerte sin temor. Las personas que han conseguido la integridad contemplan su vida con satisfacción. Para ello deben haber integrado una serie de conflictos, dolor, fracasos e incorporarlos a su vida. El peligro de esta etapa se llama desesperación, que expresa el temor a la enfermedad, la soledad, la aproximación a la muerte, al poco tiempo que queda para intentar otra vida y otros caminos alternativos.

Las personas reaccionan de forma diferente ante ciertos acontecimientos o situaciones estresantes, tales como: muerte y duelo de un ser querido, cambio en el ciclo vital, pérdida de un trabajo, cambio de residencia, separación o divorcio, etc. Estos problemas psico-sociales afectan a los individuos, que pueden sufrir cambios en la personalidad, produciendo diversos estados emocionales: ansiedad, temor, tensión, depresión. Aproximaciones científicas recientes enfatizan el papel de la pérdida y la indefensión como factores etiológicos. La relevancia individual del concepto de pérdida se apoya en las diferencias individuales de nuestro sistema de valores (Carr, 1997). En estas situaciones será necesario tener en cuenta los factores que desencadenaron la crisis, así como diseñar formas de afrontamiento de problemas.

La decisión de afrontamiento implica un esfuerzo cognitivo y emocional, así como una acción para manejar el problema, existen personas que utilizan técnicas inconscientes para enfrentarse a los problemas, cono los mecanismos de defensa, estos mecanismos inconscientes no enfrentan a la persona con la realidad. Las estrategias de afrontamiento pueden ser de dos categorías (Fernández y Ponce de León, 2012):

- Estrategias centradas en el problema. La persona se centra en hacer frente a la situación, buscando soluciones a lo que ha provocado la situación estresante, tales como la confrontación, la búsqueda de apoyo emocional y la búsqueda de soluciones.
- Estrategias centradas en la emoción. La persona busca la regulación de las consecuencias emocionales activadas por la presencia de la situación estresante, a través de estrategias de autocontrol, distanciamiento, reevaluación positiva, autoinculpación, escapada, evitación.

También, en ocasiones, es la propia personalidad la que provoca una situación estresante en otras personas, que puede llegar a ser dramática: violencia familiar, malos tratos a mujeres, niños y personas mayores, etc. Conviene, pues, que el trabajador social conozca los distintos *tipos de personalidades difíciles* que se puede encontrar en el desarrollo de su actividad profesional. Podemos conceptualizar que "una personalidad es difícil cuando ciertos rasgos de su carácter están demasiado marcados, o son demasiado fijos, no adaptados a situaciones, y conllevan un sufrimiento para ella misma, para los otros, o para ambos" (Lelord y André, 1998:22). Las personalidades ansiosas, dependientes, narcisistas, etc., que precisamente por no ser catalogadas dentro de las categorías de patológicas, pueden ser campo de la competencia profesional del trabajador social, más que aquellas conductas que atañen más directamente al psicólogo o al psiquiatra. El trabajador social puede y debe detectarlas, estando alerta ante ellas, podrá anticiparse a situaciones que posteriormente puedan ocurrir. La detección, diagnóstico, intervención de estas personalidades difíciles es esencial como profilaxis de situaciones de conflicto tanto en el nivel individual como familiar y social.

Igualmente, debe tener un conocimiento de los diferentes problemas y trastornos mentales, de la personalidad, del estado de ánimo, del contenido del pensamiento, etc., pues aunque son del campo profesional de un psicólogo o psiquiatra, el trabajador social debe conocer los comportamientos que se generan y la mejor manera de realizar una labor de derivación en los casos en los que no ha sido diagnosticado, o bien, realizar la intervención bajo las directrices del profesional responsable en cada situación.

Otro factor que produce un cambio en la personalidad es *la adicción al alcohol y las drogas*. Se trata de un fenómeno complejo, que debe ser visto y tratado desde dos aspectos: un problema de salud para las personas que lo padecen, un grave problema social, pues guarda una estrecha interrelación con la delincuencia, la prostitución, malos tratos en las familias, sobre todo el consumo de determinadas drogas. Las toxicomanías producen en las personas consumidoras: ansiedad, dependencia a ellas, irritabilidad, inestabilidad, incomunicación, desarraigo cultural, etc. Además otro elemento a tener en cuenta, como demuestran las investigaciones realizadas, es que el consumo se produce, muchas veces, en las edades tempranas de la adolescencia, sobre todo las denominadas "drogas de diseño", cuando la personalidad se encuentra todavía en proceso de maduración.

Relacionado con lo anterior se encuentran todos los fenómenos sociales ligados a las tecnoadicciones... Las nuevas tecnologías tienen un enorme atractivo ya que el acceso a las mismas es sencillo y no está restringido a quienes poseen poder económico. Nos brindan el acceso a herramientas que abren un abanico de posibilidades (intelectuales, laborales, de ocio, comunicación...) para quienes sepan aprovecharlas, aunque su mala utilización lleva al desarrollo de sintomatologías peligrosas, ligadas a situaciones de abuso y dependencia. Esta situación puede verse agravada principalmente en los más jóvenes, los denominados "nativos digitales". Jóvenes que entran diariamente unas ciento cincuenta veces como media en su móvil. Reciben un promedio de cuatrocientos mensajes. Viven permanentemente conectados. Lo que en sus vidas, viene a significar que esa conexión se da en tres entornos diferentes: su cuarto propio (la habitación de casa), el aula y la calle. Simultáneamente a esta conexión permanente, como ya venimos indicando, se está produciendo una desconexión entre el mundo real y el virtual. Hay una "vida en la pantalla", diferente de la vida real. (López, 2017).

Para concluir este apartado resaltar que la consideración de los diferentes aspectos relacionados con la personalidad adulta, que de manera resumida hemos abordado, puede servir de guía en las orientaciones que deben ser tenidas en cuenta en la intervención con el sistema individual en Trabajo Social. Aunque la intervención en nuestro ámbito específico de aplicación tiene como objeto "la persona en su entorno", como ha sido destacado, es imposible separar en el individuo los aspectos psico-sociales, pues constituyen un área de interacciones e influencias recíprocas, siendo necesario para un trabajador social poder contar con un nivel básico de conocimientos psicológicos, tales como:

- Factores de la personalidad, tales como: extraversión-introversión, estabilidad-inestabilidad, capacidad y estrategias de afrontamiento de problemas.
- Las habilidades de la inteligencia emocional.
- La autoimagen y autoconcepto.
- La calidad de las relaciones sociales.
- Ciclo vital o fase en la que se encuentra la persona.

- Acontecimientos vitales que producen cambios.
- Las personalidades difíciles.
- Cambio de la personalidad por las toxicodependencias.

3.4. ACTIVIDAD PRÁCTICA Nº 3

"APLICACIÓN PRÁCTICA DEL SISTEMA INDIVIDUAL INTEGRADO"

Objetivos de la práctica:

1. Comprender y reflexionar sobre los contenidos teóricos impartidos en el capítulo.
2. Reflexionar sobre los conocimientos teóricos aprendidos relativos a "El sistema individual integrado"
3. Aplicar y analizar la teoría expuesta al visionado de una película.

Actividades

1. Visión de la película: "Les invisibles" Louis Julien Petit.
2. Enumera los principales contenidos de la película desde la perspectiva del Trabajo Social.
3. Enumera los principales problemas o dificultades que presentan los sistemas individuales según las variables individuales, sanitarias, sociales, económicas y del entorno social.
4. Analiza las intervenciones de las profesionales del ámbito social en el Centro de Día.
5. Analiza el funcionamiento del Programa de Inserción Lasboral
6. Analiza las diferentes situaciones de pobreza y sus causas.
7. Explica las diferentes patologías del rol y pon un ejemplo de cada caso.
8. Explica la importancia de la teoría del vínculo afectivo y su aplicación al Trabajo Social

3.5. MATERIALES RECOMENDADOS

- Bertalanffy, L. (1977). *Teoría General de Sistemas.* Fondo de Cultura. Económica.
- Germain, C et Guitterman, A. (1996) *The Life Model of Social Work Practice.* Columbia University Press.
- Fernández García, T y Ponce de León, L. (2012). *Trabajo Social Individualizado. Metodología de Intervención,* Capítulo nº 1. La persona: sus necesidades y problemas. UNED Ediciones Académicas
- Goleman, D. (1997). *La inteligencia emocional.* Ed. Kairós.
- Howe, D. (1997). *La teoría del vínculo afectivo para la práctica del Trabajo Social.* Ed. Paidós.
- Maalouf, A. (1999). *Identidades asesinas.* Alianza.
- Rojas Marcos, L. (1995). *Las Semillas de la Violencia.* Espasa.
- Erikson. E. H. (1980). Ocho edades del Hombre. En Infancia y Sociedad. Hormé.
- López Pérez, P. (2017). Integrar eficazmente las nuevas tecnologías para evitar los riesgos que entraña el abuso de las redes sociales virtuales. *Almenara. Revista Extremeña de Ciencias Sociales.* nº 9

- Pérez, J. A. y Dasi, F. (1996). Nuevas formas de racismo. En Morales, J. F. y Olza, M. (comp) *Psicología y Trabajo Social.* Ed. Macgraw- Hill.
- Fernández García, T. y Ponce de León Romero, L. (2012). Capítulo nº 1. La persona: sus necesidades y problemas, en *Trabajo Social individualizado. Metodología de Intervención.* UNED Ediciones Académicas
- Redero Bellido, H. y San Miguel del Hoyo, B. (2002) Comprender la violencia, prevenir la violencia: Retos para el Trabajo Social. *Alternativas* nº 10, IV Congreso de Escuelas de Trabajo Social. Alicante

Capítulo 4

TÉCNICAS E INSTRUMENTOS PROFESIONALES PARA LA INTERVENCIÓN EN TRABAJO SOCIAL CON EL SISTEMA INDIVIDUAL

4.1. TÉCNICAS DE ANÁLISIS, INTERVENCIÓN Y REGISTRO DE INFORMACIÓN

Según el Diccionario de la Lengua Española, la técnica es el "conjunto de procedimientos y recursos de los que se sirve una ciencia". Cuando nos referimos específicamente a las técnicas del Trabajo Social hablamos de las herramientas que hacen operativo al método.

Las definiciones de diversos autores nos aclaran qué debemos entender por técnicas en Trabajo Social:

Monserrat Colomer (1987, p. 123): la técnica es "el saber práctico que permite la utilización racional de unos instrumentos para obtener un resultado determinado".

Fernández y Ponce de León (2012, p. 293) lo definen como "el conjunto de habilidades, destrezas, procedimientos y recursos adquiridos mediante el aprendizaje y la práctica profesional, que permite la obtención, el análisis, el tratamiento y el registro de la información que guía el proceso metodológico de Trabajo Social".

Este capítulo aborda las principales técnicas que pueden ser utilizadas en el proceso metodológico de Trabajo Social con el sistema individual. En primer lugar, se trata la entrevista por su versatilidad y aplicación a las distintas fases del proceso de intervención profesional, y la entrevista domiciliaria como técnica básica para conocer al individuo y/o familia en su entorno socio-ambiental. Un segundo apartado se ha dedicado a las técnicas propias del Trabajo Social: la historia, la ficha y el informe social, así como escalas y técnicas que podemos considerar fundamentales para el proceso. Se incluye en este apartado técnicas relativas a las Tecnologías de la Información y Comunicación (TIC) ya que la revolución tecnológica se aplica a todos los ámbitos de la vida personal, social, laboral… por lo que se debe incluir dentro de nuestra formación académica y nuestra actividad profesional.

4.2. LA ENTREVISTA

El término entrevista proviene del francés "*entrevoir*", que significa "verse uno a otro". En sus orígenes fue una técnica exclusivamente periodística, sin embargo, hoy día es un instrumento de trabajo imprescindible de muchas disciplinas, la medicina, el derecho, psicología, trabajo social…

Kadushin (1983) la ha distinguido de la conversación por una serie de aspectos: tiene un fin determinado, un contenido orientado a la consecución de ese fin, que es aceptado por las personas participantes, hay una persona que la dirige hacia el objetivo, siendo la relación entre el entrevistador y el entrevistado no recíproca.

En nuestra disciplina es la principal técnica que dispone el trabajador social (aunque no la única), ya que representa la relación interpersonal entre el cliente y el profesional del trabajo social, y se constituye en el elemento básico del trabajo social individual, pues el intercambio de información permitirá sentar las bases de la intervención por su versatilidad, ventajas y flexibilidad en la interacción trabajador social y cliente (Kadushin, op. cit)

Para Rossell (1990) desde una orientación psicodinámica, la entrevista en Trabajo Social debe ser entendida desde una doble perspectiva:

- Una técnica que requiere la utilización consciente e intencionada de conocimientos, procedentes de la teoría, de la experiencia y de otras fuentes de información.
- Un proceso con diferentes fases a través del cual tiene lugar la interacción personal trabajador social-cliente.

De esta forma, a través de la entrevista el profesional establece una relación de confianza, identifica necesidades y fortalezas y colabora en la planificación de intervenciones adecuadas.

4.2.1. Tipos de Entrevista

Existen diferentes tipos de entrevistas en Trabajo Social según los objetivos que se persigan, el número de personas entrevistadas, la fase del proceso metodológico en el que se inserte, o bien según el modelo teórico de aproximación.

La entrevista según la fase del proceso metodológico en el que se inserte puede ser considerada:

- *La entrevista en la fase de investigación.* Va dirigida a obtener la información necesaria de la persona, familia, el entorno y las situaciones problemáticas, que permita una comprensión de los diferentes factores que están influyéndose, por lo que el objetivo debe dirigirse en esta dirección. Es decir, determinar ciertas características y condiciones del entrevistado, conocer opiniones, creencias, comportamientos, sentimientos frente a determinados hechos o situaciones.

- *La entrevista diagnóstica.* Se utiliza para profundizar en la comprensión de los problemas y las necesidades del cliente. Persigue devolver al cliente los resultados que se han obtenido de la investigación, precisa tomar las decisiones necesarias en relación con la jerarquización de problemas que van a ser tratados y la elaboración de un contrato de trabajo conjunto.
- *La entrevista de intervención.* Tiene como finalidad lograr un cambio en el cliente, en su medio, o en ambos, es decir, mejorar su funcionamiento como consecuencia de los cambios introducidos. Puede utilizarse para revisar el cumplimiento de los acuerdos y tareas que se han realizado.
- *La entrevista en la fase de evaluación.* Tiene como objetivo la valoración conjunta del trabajo realizado.

Las entrevistas según el objetivo que se persiga en la intervención en Trabajo Social pueden clasificarse de la siguiente manera:

- *De información y asesoramiento.* En este tipo de entrevista el profesional ofrece una información sobre algún aspecto profesional que demanda el cliente de forma puntual, acerca del procedimiento de un servicio, los alcances de un programa, los resultados de una gestión, los beneficios y derechos que asisten a usuarios de un servicio, entre otros.
- *De orientación.* Las entrevistas de orientación tienen como objetivo ofrecer orientación sobre las diferentes posibilidades de elección de los clientes; para ello, deberá realizarse una valoración de la situación.
- *De asesoramiento.* Las entrevistas de asesoramiento tienen como finalidad aconsejar sobre la mejor de las elecciones adaptadas a las necesidades, recursos personales, etc. Para ello el trabajador social deberá no sólo realizar una valoración inicial de la situación, sino también facilitar un espacio profesional para la realización del consejo.
- *De intervención o tratamiento.* Se refiere a las entrevistas que tienen lugar durante todo el proceso metodológico de Trabajo Social, no limitándose, exclusivamente, a la fase de intervención propiamente dicha.
- *De derivación.* Una vez valorada la situación del cliente, el trabajador social puede ver la necesidad de derivar la intervención a otro profesional, debido a la especialidad, a la disponibilidad, a una mejor adecuación de los recursos institucionales, etc. En esta situación el trabajador social debe compartir con el cliente las informaciones sobre el profesional más adecuado, la institución o el servicio para afrontar su situación problemática.

Las entrevistas necesitan del contacto directo con la persona, sin embargo, hay profesionales que han optado por realizarlas vía online por comodidad o porque las circunstancias así lo requieran (por ejemplo durante la situación de pandemia durante 2020), siendo una buena estrategia para trabajar con clientes o usuarios que se les dificulta estar presencialmente, aprovechando la oportunidad que la tecnología ofrece y haciendo un uso correcto de la misma que facilita la intervención.

Por último, las entrevistas pueden ser clasificadas según el número de personas participantes en: Individuales, Familiares y Grupales.

4.2.2. Tipos de entrevista según el modelo teórico de aplicación

La entrevista en Trabajo Social no es una mera técnica a utilizar, sino que constituye una herramienta fundamental de la disciplina y debe conocerse en profundidad para poder aplicarla. Esta técnica está condicionada por el modelo teórico de aplicación:

- *La entrevista desde el modelo psicodinámico.* Utilizando un enfoque directivo, este tipo de entrevista centrará su atención en aquellos aspectos relacionados la personalidad y las situaciones del pasado que puedan estar influyendo en la misma.
- *La entrevista desde el modelo de modificación de conducta.* Irá encaminada a recoger información sobre aspectos de la conducta para intervenir en el modelamiento de los comportamientos.
- *La entrevista desde la perspectiva de resolución de problemas.* Se centrará en la obtención de datos relacionados con el problema, su naturaleza, que proporcionará las informaciones necesarias para orientar en la búsqueda de soluciones.
- *La entrevista sistémica.* Se realizará con toda la familia, respetando los principios de neutralidad y circularidad. En el enfoque sistémico, las entrevistas pueden enfocarse en comprender las interacciones y dinámicas familiares, así como en identificar patrones de comunicación y roles dentro del sistema familiar
- *La entrevista desde el modelo de intervención en crisis.* Tenderá a conocer los factores que desencadenan la crisis para utilizar fórmulas de afrontamiento de los factores que desencadenaron la situación de crisis.

4.2.3. Fases de la Entrevista

La entrevista puede ser dividida según un determinado número de fases. Los autores definen distintas etapas, pudiendo dividirlas en cinco, cuatro fases o tres fases:

- Para Madrid (2004): preparación, inicio, cuerpo, terminación y evaluación.
- Para Rossell (op. cit.): primera fase, fase de exploración, fase de intercambio o clarificación, y fase final.
- Para Kadushin (op. cit.): introducción, fase de desarrollo y fase final o de registro.

Todos, de una forma u otra aluden a un proceso inicial de preparación de la entrevista, su desarrollo y una evaluación de los resultados.

4.2.3.1. Fase Inicial

Antes de empezar una entrevista conviene pensar en su finalidad y en los objetivos que se desean conseguir. Es importante crear un ambiente relajado, abierto y lo más natural posible para asegurarse que se puede crear una comunicación y establecer una relación de confianza con la persona que busca ayuda.

La entrevista debe ser algo más que la aplicación de una técnica, debe crearse un clima de confianza, porque el miedo al rechazo que puede experimentar el cliente al mostrar sus deficiencias, desaparece si el trabajador social crea un ambiente de respeto, comprensión y confidencialidad (Rossell, op. cit). Se ha denominado "*rapport,*", a la creación de un clima de confianza y respeto y de colaboración mutua, o de familiarización de la persona con la situación de la entrevista, es decir una conexión de empatía que se establece en esta fase. Los primeros minutos de una entrevista son decisivos para lograr el éxito, ya que éste depende, en gran medida del *"rapport"* que se establezca con el entrevistado (Acevedo Ibáñez, et al.)

Una buena planificación y una buena preparación son aspectos importantes que nos ayudarán a crear una relación positiva. Existen dos fórmulas para prepararnos para esta tarea (Trevithick, 2002):

- *Enfoque reflexivo.* Supone utilizar las habilidades de empatía para de introducirse de forma significativa en la vida de otra persona a través de los pensamientos, sentimientos, miedos, de la persona objeto de estudio, y de la realidad de sus circunstancias en cuanto a su vida familiar, trabajo, etc.
- *Enfoque de tareas y temas a completar.* Supone realizar un listado de tareas y temas que hay que completar.

Se corresponde con la recepción del cliente. Las condiciones previas a la entrevista estimularán durante su desarrollo las ansiedades y expectativas que facilitarán o dificultarán el contacto trabajador social-cliente, pues en esta fase están más activadas las ansiedades en el entrevistado y también en el entrevistador.

En la primera entrevista se debe tener en cuenta las siguientes recomendaciones (Fernández y Ponce de León, 2012):

- Realizar una presentación personal y de la organización en la que se trabaja.
- Utilizar un tono cordial, educado y respetuoso.
- Dejar que el cliente/usuario explique su situación.
- Utilizar un formato abierto.
- No realizar juicios y valoraciones.
- Mostrarse seguro y profesional.
- Crear un clima agradable, cálido y empático.
- Saber dirigir las resistencias iniciales.

El objetivo de esta primera fase es lograr la colaboración del cliente, que se sienta cómodo y que supere la angustia y los temores que puede proporcionar el primer encuentro, por lo que se hace necesario que el trabajador social utilice recursos como la sonrisa, el apretón de manos, expresiones amables. La entrevista debe ser poco estructurada, con preguntas abiertas evolucionando, paulatinamente, a las preguntas cerradas. La entrevista debe discurrir de lo impersonal a lo más personal, de lo reciente a lo pasado, de lo consciente a lo menos explícito (Olza, 1996)

Sullivan (1984) señala la importancia que tiene dejar que el entrevistado explique el motivo de la demanda o consulta para poder establecer una relación que permita una comprensión y un intercambio mutuos, sin que el entrevistador haga inicialmente preguntas cerradas o se precipite a llenar fichas u otros documentos.

En esta fase el trabajador social se encontrará con personas que tienen dificultades específicas para expresarse, para sintetizar la información, pero que con pocas palabras comunican un esquema de aquello que más les preocupa, o dan a entender que hay otros contenidos que el trabajador social deberá explorar.

El trabajador social se puede cuestionar si es conveniente explorar más allá de lo que expone inicialmente el cliente, en función de aquellos problemas que no pueden ser atendidos por el servicio. En cualquier caso, el cliente debe sentirse escuchado y orientado en otros problemas que pueden ser atendidos por otros servicios (Rossell, op. cit).

El objetivo del trabajador social en esta primera fase es ayudar al entrevistado a ser un aspirante a cliente, a necesitar el servicio más que usarlo, a ver hasta qué punto puede resultarle útil en la resolución de sus problemas, lo que incluye una clara identificación de la demanda que formula, el establecimiento de una buena relación con el entrevistador y, a través de él, con el servicio (Olza, op. cit). Para ello, debe motivar al cliente a continuar si es eso lo que desea y debe ofrecerle información sobre los recursos de su servicio y de otros disponibles de otras agencias.

El papel del trabajador social al final de esta fase es más directivo y activo, se acaba con un pequeño resumen que, a modo de retroalimentación, permite al entrevistado hacer precisiones sobre lo que se ha entendido.

4.2.3.2. Fase Intermedia

Constituye la fase de indagación y/o desarrollo, por ello el trabajador social necesita poner en juego tres tipos de habilidades (Olza, op. cit):

- *Saber escuchar*, utilizando técnicas no directivas y reforzadores, pues anima al entrevistado a formular su problema, además de asegurarle que se le presta atención.
- *Saber observar* lo que está sucediendo durante la entrevista, separando la información objetiva de lo que la rodea, con el fin de poder elaborar la hipótesis de la investigación. Supone tanto observar al otro, como auto-observarse para desarrollar una actitud de objetividad y adquirir libertad para investigar correctamente. Se debe observar el lenguaje y los conceptos utilizados, la comunicación no verbal y la expresividad en general.
- *Saber preguntar* lo que implica que cada pregunta tiene un por qué que la justifica. Ayuda a formular las preguntas, hacerlas acompañadas del nombre del cliente en vez de hacerlo de forma abstracta, formularlas en positivo, con claridad y sencillez, teniendo en cuenta las implicaciones del sujeto y sus posibilidades de respuesta.

En esta fase, el trabajador social empieza a tener información suficiente para poder orientar y delimitar el estudio de la situación, puede pedir al cliente que amplíe algún aspecto, o bien hacer preguntas para consolidar una hipótesis que se ha planteado, o bien tratar de verificar dicha hipótesis

Además, se llega a una cierta concreción, comprensión y delimitación de la situación del cliente, o se ve la necesidad de una nueva entrevista porque el entrevistado no está en condiciones favorables para continuar, porque no se dispone de más tiempo, o porque se cree más oportuno continuar otro día. Es también en esta fase cuando se obtiene un conocimiento necesario sobre la situación del cliente y los problemas principales.

Kadushin (op. cit) separa en esta fase intermedia dos bloques de atención preferente: *el campo de los datos y el de los sentimientos.*

- Para lograr amplitud y variedad de datos, propone conductas de apoyo que favorezcan el flujo comunicativo: parafrasear, resumir, cambiar de tema y formular preguntas.
- Para el manejo de sentimientos en profundidad propone: identificación con el cliente, sanción positiva, eufemismos o circunloquios y reflejo de sentimientos.
- Para la solución de problemas propone: identificación y clarificación de los hechos planteados, compartir informaciones, sugerencias para la toma de decisiones, soporte y apoyo.

Consideramos importante tener en cuenta que el comportamiento humano se circunscribe a dos ámbitos fundamentales: la racionalidad y la afectividad. Por ello las informaciones del cliente tendrán dos planos: el contenido de lo que dice y el significado afectivo que tiene para él. Es importante que el trabajador social tenga en cuenta el plano comunicativo-relacional del cliente, pues un contenido con gran carga emocional difícilmente aceptará los criterios de racionalidad. Por el contrario, si el contenido se sitúa desde la lógica y la razón será más difícil de entender desde el plano del significado más afectivo.

4.2.3.3. Fase Final

En ella se hace un resumen que permita al entrevistado aclarar aquellos aspectos que por parte del trabajador social no han sido bien comprendidos. Algunos autores insisten en la frecuencia con la que el entrevistado suele comunicar en esta fase, a la vista de que la entrevista se acaba, la explicación de algún detalle que considera interesante o repite aquello que más le preocupa. En algunas ocasiones es en este momento de la despedida cuando el entrevistado revela el hecho más importante que da sentido a la entrevista; esta información nueva puede tener un sentido de culpa o de vergüenza (Rossell. op. cit), por tanto, es fundamental mantener la atención en esta fase, pues puede darnos información importante, y además, el descenso de la atención percibida por el cliente puede dificultar futuros encuentros.

También en esta fase se toman los acuerdos de las actividades que tienen que realizar cada uno. Por último, conviene no acabarla de forma brusca, e incluso seguir conversando brevemente una vez finalizada, con el fin de resituar al cliente en la realidad cotidiana (Olza, op. cit).

A continuación, presentamos un modelo de registro de entrevista, que puede servir de base:

REGISTRO DE ENTREVISTA INDIVIDUAL

Identificación cliente____________________________________
Fecha: ____

ENTREVISTA	VALORACIÓN
1) Resumen de lo tratado ____________________ ____________________ ____________________	1) Físico / Postural ____________________ ____________________ ____________________
2) Acuerdos trabajos conjunto 2.1. Tareas cliente ____________________ ____________________ ____________________ 2.2. Tareas trabajador social ____________________ ____________________ ____________________	2) Verbal / Comunicación ____________________ ____________________ ____________________
3) Próxima entrevista Temas ________________ ____________________ ____________________	3. Psicológico /emocional. ____________________ ____________________ ____________________
Fecha ________________ ____________________ ____________________	Observaciones __________ ____________________ ____________________

4.2.4. Principales Características de los Entrevistados

Los individuos, según su personalidad, se enfrentarán a la entrevista de diferente forma, lo que si no se considera puede afectar positiva o negativamente al desarrollo de la misma. Es importante que el trabajador social conozca las características más sobresalientes de los principales grupos de la personalidad humana que se han establecido, aunque cualquier clasificación sobre este tema puede resultar reduccionista, pues no existen dos individuos complemente iguales.

Son cuatro los principales grupos que se han analizado en relación con las características de los entrevistados (Acevedo Ibáñez y al, op. cit): tímido, agresivo, manipulador y mentiroso.

- *La persona tímida.* Encara la entrevista con miedo, ansiedad e inseguridad. Se observa fácilmente que el volumen de voz es bajo, no mira directamente a los ojos del entrevistador, su postura corporal se encuentra encogida, le cuesta mantener la conversación. La manera más adecuada para tratar al sujeto tímido es brindándole apoyo, pues el sujeto tímido necesita ser tratado con calma, afecto y comprensión.
- *La persona agresiva.* Tiene una personalidad antagónica a la del sujeto tímido, por ello debe ser tratado de manera contraria. Conviene dejarle hablar antes de que el trabajador social pueda dirigir la entrevista hacia su objetivo. No necesita el afecto y el apoyo del trabajador social, puesto que lo que pretende demostrar es su independencia y que puede conducir cualquier situación que se le planteé en la entrevista. En ocasiones, la actitud agresiva es más aparente que real, transcurrido un tiempo el trabajador social se tiene que dar cuenta de que forma debe conducir la entrevista hacia los objetivos previstos.
- *La persona manipuladora.* Tiene un objetivo claro "poder manejar la entrevista y al entrevistador según sus propios intereses". El trabajador social necesita distinguir cuándo intenta manipularlo y cuando se trata de un individuo amable y sincero. Para ello debe recordar que el sujeto manipulador insiste constantemente en la adulación. Para conducir con éxito la entrevista, la técnica que el trabajador social debe utilizar es controlar las necesidades de ser adulado y no olvidar los objetivos de la entrevista que se persiguen.
- *La persona mentirosa.* Existe una tendencia generalizada a destacar los aspectos positivos de nuestra persona y a disfrazar los aspectos menos positivos. Por otra parte, se ha comprobado que el intento de engaño es una conducta específica más que un rasgo de personalidad, que se encuentra muy relacionada con las situaciones en las que las que se produce, por lo que el trabajador social debe prestar atención a los posibles motivos de la mentira. La técnica más adecuada para conducir la entrevista de un sujeto mentiroso es la confrontación, para poder verificar si la información es veraz o no.

4.3. LA ENTREVISTA DOMICILIARIA

Una entrevista muy usual en Trabajo Social por sus características y adaptabilidad a cada situación es la entrevista domiciliaria. Para Ander Egg la *entrevista domiciliaria* en Servicios Sociales "es aquella visita que realiza el trabajador social a un hogar tratando de tomar contacto con la persona y/o su familia, en el lugar donde vive, con fines de investigación, tratamiento, ayuda o asesoramiento"

(Ander Egg, 1981: 374), de esta forma permite al profesional del trabajo social conocer la información directamente en el contexto natural del cliente.

En la Historia de la Acción Social encontramos una larga trayectoria de actividades caritativas, benéficas y filantrópicas destinadas a socorrer las necesidades humanas. La visita a domicilio tiene una trayectoria muy dilatada en la Historia del Trabajo Social, constituyéndose en parte identitaria de nuestra disciplina. En nuestro país en 1880 encontramos las obras de Concepción Arenal entre las que destacamos "El visitador del preso", "El visitador del pobre". En 1953 se creó en Barcelona la Escuela de Visitadores Sociales Psiquiátricos, con el fin de poder efectuar una acción educativa que con los años redundaría en una evolución de formas de comportamiento más adecuado.

En Francia existía una especialización profesional que se denominaba *enfermeras visitadoras* hasta la fusión en 1938 con el cuerpo de asistentes sociales. Esta fusión cambió radicalmente la fisonomía del cuerpo profesional de los asistentes sociales más próximos a la beneficencia y a la acción militante de tipo confesional; por el contrario las enfermeras visitadoras se encuadraban fundamentalmente en el sector público y tenían un carácter más profesional (Robertis, 1992.)

En las últimas décadas los profesionales sociales han considerado la *entrevista en el domicilio* como una estrategia básica para la obtención de información, a pesar que el profesional se encuentra en un lugar desconocido y en situaciones familiares que, muchas veces, dificultan el trabajo. Por el contrario, el cliente se encuentra en su ambiente, se muestra más natural, controla la relación, aumenta su seguridad, tanto en el nivel estructural y de funcionamiento como a nivel psicológico.

Consideramos que la *entrevista domiciliaria* es una técnica básica para conocer a la familia en su entorno socio-ambiental. Así mismo nos permite captar la relación del individuo y la familia, y conocer el medio donde vive. Es importante tener presente que el conocimiento de la realidad no es del todo objetivo, ya que la presencia del profesional condiciona a la persona/familia.

El profesional debe tener la capacidad de amoldarse a las características de la persona/familia, estableciendo con ellas un equilibrio entre acercamiento-distancia, que favorezca en todo momento la intervención. La implicación con la familia debe medirse constantemente: no se es un familiar, tampoco un extraño; en cualquier caso, se debe mantener la habilidad profesional que nos permita aumentar nuestra información sobre aquellos objetivos que se persigan.

4.3.1. Estrategias de Intervención Domiciliaria

La finalidad de la *entrevista domiciliaria* marcará las estrategias a tener en cuenta. Por otra parte, el carácter de las entrevistas en el domicilio se diferencia según la fase en la que nos encontremos: obtención de información, tratamiento; también depende del objetivo que se persiga: educación, asistencia sanitaria, problemas con el entorno, etc. En cualquier caso, la entrevista en el domicilio debe tener en cuenta las siguientes características.

- *Flexibilidad.* Adaptarse a las posibilidades de la familia.
- *Mantener distancia apropiada.* Hacer uso de la habilidad profesional necesaria para no mostrar ni frialdad excesiva ni un amiguismo hipócrita.
- *No tomar notas.*
- *Prever momentos para los niños.*
- *Planificar espacios.* Para obtener información, poder observar, entrevistar a los diferentes miembros de la familia.
- *Delimitar los plazos de intervención.* Reflexionar de antemano los objetivos de la visita.
- *Observar la comunicación analógica.*
- *Reforzar los aspectos positivos.*

Estas estrategias deben posibilitar al profesional el análisis de la situación atendiendo a los siguientes aspectos:

- Con qué criterios educativos se desarrolla la vida cotidiana en el hogar.
- Cuáles son las pautas de conducta, normas y valores, y cómo se transmiten.
- Qué potencialidades y deficiencias conforman el mundo relacional de la persona/familia, cómo incide en el desarrollo de los niños.
- Qué capacidades y habilidades posee la persona/familia para afrontar los problemas en la cotidiana.
- Análisis de las necesidades de la persona/familia.

La técnica principal de la entrevista domiciliaria es la observación, en sus distintas formas, obtenida sobre de la realidad de forma que, además de la observación de las reacciones del cliente cuando entramos en su entorno habitual podemos obtener más información sobre:

- Características de la vivienda: número de metros, condiciones de habitabilidad, equipamientos, adecuación de los espacios.
- Organización doméstica: limpieza, orden y aseo de la vivienda.
- Hábitos higiénico-sanitarios y de alimentación.
- Las conductas y comportamientos de los miembros del grupo familiar en su propio ambiente.
- Las normas, pautas y roles de funcionamiento familiar.

- Las gratificaciones, límites y obstáculos.
- Las interacciones de sus miembros.
- Datos relativos al entorno o medio social.
- Las relaciones de la persona/familia con el exterior.

El trabajador debe tener en cuenta algunos aspectos de la entrevista en el domicilio:

- Planificación de horarios y cita previa.
- Consenso en visitas y horarios.
- Periodicidad y tiempos de intervención.
- La familia debe conocer con qué objetivo acude el profesional.

Por último, queremos señalar algunos objetivos esenciales para un óptimo desarrollo de la entrevista en el domicilio, como son:

- Diseñar previamente cada entrevista
- Motivar por parte del trabajador social a la persona/familia.
- No emitir verbalmente ningún juicio sobre la casa y el entorno.
- Respetar los valores y la cultura de la familia.
- Reforzar los aspectos positivos que presenta la persona/familia.
- Empatizar con la persona/familia.

A continuación mostramos un ejemplo de registro de entrevista domiciliaria

REGISTRO DE ENTREVISTA DOMICILIARIA

❒ Identificación del cliente: ______________________________

❒ Dirección: ______________________________

❒ Fecha de la entrevista: ______________

❒ Objetivos:

- 1. Temas tratados/ resumen
  - 1.1 Estructura y Composición familiar/ Presencia de los miembros en la entrevista
  - 1.2. Relaciones entre sus miembros
  - 1.3. Roles, normas y pautas de funcionamiento
- 2. Características de la vivienda
  - 2.1. Organización domestica
  - 2.2 Hábitos higiénico-sanitarios
- 3. Características del entorno. Situación/ Ubicación
  - 3.1. Infraestructura
  - 3.2. Relación de la familia con el entorno
- 4. Otras observaciones de interés

4.4. TÉCNICAS PROPIAS EN TRABAJO SOCIAL

El trabajo social utiliza dentro de su tarea diaria una serie de documentos específicos de nuestra disciplina que permite facilitar la labor de comprensión de la gran cantidad de información que el profesional debe recopilar, así como transmitir a aquellos a los que va destinada (Pérez, 2000). Estos instrumentos son la Historia Social, la Ficha Social y el Informe Social

4.4.1. Historia Social

Según la definición del Código Deontológico del Consejo General de Trabajadores Sociales la Historia Social es un "documento en el que se registran exhaustivamente los datos personales, familiares, sanitarios, de vivienda, económicos, laborales, educativos y cualesquiera otros significativos de la situación socio-familiar de una persona usuaria, la demanda, el diagnóstico y subsiguiente intervención y la evolución de tal situación" (Consejo General de Trabajadores Sociales, 2012).

La Historia Social es el primer documento "oficial" de nuestra disciplina, siendo Mary Richmond la que estableció la necesidad de recopilar la información se obtenía en las visitas domiciliarias. Por tanto, la Historia Social es el soporte documental que permite recabar los datos básicos de los usuarios de los servicios. Se trata de un instrumento que permite registrar datos de la evolución de un caso individuo/familia facilitando la comprensión de su trayectoria. Además de aportar los datos para la identificación individual, puede servir también para posibilitar el conocimiento de las demandas que presentan los usuarios/clientes de los servicios, características de los usuarios, perfil de la población atendida, etc., que puede servir para la mejor planificación de los servicios. Tiene un carácter diacrónico y dinámico, de forma que se recoge toda la información que afecta a un caso/expediente.

Incluye datos de identificación del cliente, de la Historia Familiar, de estructura, composición, trayectoria y funcionamiento familiar, el Genograma, así como las problemáticas y su evolución. Sirve de soporte también para el registro de entrevistas, programaciones y documentos relativos al caso. Por lo tanto, el objetivo de la historia social es la intervención social.

Los trabajadores sociales suelen contar con modelo propio, dependiendo del registro de la información más pertinente que debe desarrollarse dentro de la institución y/o servicio en el que se encuentran. Cada vez más los profesionales cuentan con una historia social en un soporte informático, el más conocido y utilizado por los trabajadores sociales es el Sistema de Información de Usuarios de Servicios Sociales —SIUSS— que se encuentra estructurado en los siguientes bloques: datos del usuario; datos socio-familiares; datos de hábitat; intervención social: demanda, valoración, recurso idóneo, recurso aplicado... Como afirma Pérez (op. cit) la Historia Social sería asimilable a la Historia Clínica en Medicina.

4.4.2. La ficha social

La ficha social es una herramienta fundamental en el trabajo social ya que es el instrumento de trabajo y soporte documental donde extraemos los datos cuantificables obtenidos de la Historia Social. De esta forma en la ficha social no encontramos los mismos datos que en la Historia Social, sino aquella susceptible de sistematización, lo cual permite establecer las condiciones para relacionar variables, aspectos comunes, demandas usuales... es decir proporciona una base de datos estructurada y actualizada que ayuda a los profesionales a realizar evaluaciones precisas y a brindar apoyo efectivo a quienes lo necesitan.

4.4.3. El informe social

Según la definición del Código Deontológico del Consejo General de Trabajadores Sociales el Informe Social es "un dictamen técnico que sirve de instrumento documental que elabora y firma con carácter exclusivo el profesional del trabajo social. Su contenido se deriva del estudio, a través de la observación y la entrevista, donde queda reflejada en síntesis la situación objeto, valoración, un dictamen técnico y una propuesta de intervención profesional" (Consejo General, op. cit.)

Se trata de un documento escrito que es elaborado por el trabajador social, sirviendo para el registro de datos y para la información documental. En él se constan, estrictamente, los datos de los clientes y los hechos relevantes recogidos a través de un estudio e investigación, que resulten pertinentes para la elaboración de un diagnóstico o un dictamen posterior.

Centrándonos en el nivel individual, el informe social sirve para *comunicar* todo lo referente a una historia social y sus problemas, que puede ser utilizado por otros profesionales; asimismo, puede tener utilidad en la investigación social como recopilación de datos de una realidad. Por otra parte, ayuda a *reflexionar* al profesional sobre los problemas presentados por el cliente, analizando dichos problemas o situaciones carenciales en un diagnóstico, y, a la vez, para sistematizar la información que dé coherencia a la intervención profesional (Escartín, Palomar y Suárez; 1997).

Existen diversos tipos de informe según respondan a diferentes objetivos (E.U.T.S., San Sebastian, 1990):

- Dar a conocer la existencia de una situación social determinada.

- Facilitar información a otros profesionales.
- Obtener algún tipo de prestación o recurso social.
- Proporcionar nuevos recursos sociales.
- Aportar información para dictamen interprofesional.

El Informe Social es una técnica importante de la práctica profesional, debe contener información basada en hechos objetivos y reales que se hayan comprobado fehacientemente por el profesional, por lo que debe cumplir una serie de requisitos (Escartín y al., op. cit.):

- *Claridad y precisión en el lenguaje.* Tiene que utilizarse un vocabulario sencillo, empleando términos técnicos, pero, a la vez, comprensible para el que lo lea. Evitando las frases hechas, las palabras rebuscadas y las redundancias.
- *Objetividad.* Debe ajustarse a la realidad. No mezclar las propias impresiones con los datos concretos. No presentar datos sin ser comprobados, en estos casos tiene que utilizarse el condicional.
- *Buena presentación.* A máquina, ordenador, cuidando los márgenes espacios, etc.
- *Buena redacción.* Debe emplearse los verbos en tercera persona lo que ayuda a ver los hechos con mayor objetividad, asimismo el tiempo verbal debe usarse en presente, lo que contribuye a que el lector vivencie la situación.
- *La redacción debe realizarse lo más próximo posible a la entrevista, visita, a la presentación o seguimiento del caso.* Para evitar al máximo errores en la trascripción, el olvido y la mezcla de datos con interpretaciones personales.
- *La forma de redacción puede ser de dos tipos: narrativa* condensada para describir conversaciones, o *extensa* adecuada para informes de seguimiento.
- *Sumario o resumen.* En forma de extractos breves suele utilizarse para la redacción de historias, visitas, gestiones o actos concretos.
- *Confidencialidad.* Los informes sociales deben guardar el principio de la confidencialidad.

Los contenidos del Informe social pueden variar según los objetivos que se persigan, un ejemplo de informe social podría ser el siguiente (Cáceres et al., 2009):

Informe social

Logotipo de la Institución

Nº de Expediente o Nº de PIA:

Fecha de realización.

Emitido por:

Dirigido a:

Solicitado por:

Motivo del Informe:

0. Modos de Obtención de datos y contraste de la información.
1. Datos de identificación de la persona de referencia.
2. Datos básicos de la unidad de convivencia.
3. Situación de salud.
4. Situación socio-económica y laboral.
5. Situación formativa y cultural. Nivel de instrucción.
6. Relaciones sociales, ocio y tiempo libre.
7. Dinámica familiar o del núcleo de convivencia.
8. Datos de la vivienda y de la zona de residencia.
9. Historia social.
10. Valoración técnico profesional.
11. Recursos internos de la familia o del núcleo de convivencia.
12. Propuesta de intervención.
13. Evaluación, Seguimiento y temporalización.

Firma del trabajador/a social, nº de colegiado y sello de la institución

4.5. CUESTIONARIOS, TEST Y ESCALAS DE VALORACIÓN

A continuación, se incluyen algunas escalas de valoración útiles para el trabajador social en distintas situaciones de atención a personas mayores, menores, familias y domiciliaria. En todo caso, el uso de unas u otras dependerá del ámbito en el que se ejerza la labor profesional y los aspectos que necesite conocer en la fase de investigación.

Los resultados de dichas escalas nos permitirá establecer adecuadamente los objetivos de intervención y las tareas o actividades necesarias así como los criterios de derivación a servicios específicos.

4.5.1. Escalas de valoración de discapacidad/dependencia

4.5.1.1. Escala de Valoración de Actividades Básicas de la Vida Diaria- índice de Barthel

Las preguntas de esta escala evalúan el grado de dependencia que tiene la persona para realizar las actividades básicas de la vida diaria: bañarse, vestirse, aseo personal, etc.

La máxima puntuación es de 100 puntos:

- presenta dependencia total 0-20 puntos;
- dependencia grave 21-40 puntos;
- dependencia moderada 41-55 puntos;
- dependencia leve más de 60
- independencia 100 puntos

(Martín et al., 1996).

Parámetro	Situación del paciente	Puntuación
BAÑO/DUCHA	Totalmente independiente. Entra y sale solo del baño.	5
	Dependiente	0
VESTIDO	**Independiente** Se viste, se desnuda, y se ajusta la ropa. Se ata los zapatos, botones, cremalleras	10
	Ayuda Necesita ayuda, pero al menos realiza la mitad de tareas en un tiempo razonable sin ayuda	5
	Dependiente	0
ASEO PERSONAL	**Independiente** Se lava la cara, manos, y dientes. Se afeita, se peina	5
	Dependiente	0
USO DEL RETRETE	**Independiente** Usa el retrete o cuña. Se sienta, se levanta, se limpia y se pone la ropa sólo	10
	Ayuda Necesita ayuda para mantener el equilibrio, limpiarse, o ponerse/quitarse la ropa	5
	Dependiente	0
USO DE ESCALERAS	**Independiente** Sube o baja escaleras sin supervisión, aunque use la barandilla o bastones	10
	Ayuda Necesita ayuda física o supervisión para subir o bajar escaleras	5
	Dependiente	0

Parámetro	Situación del paciente	Puntuación
TRASLADO SILLÓN-CAMA	**Independiente** No necesita ayuda. Si usa silla de ruedas lo hace independientemente	15
	Mínima ayuda Necesita una mínima ayuda (física o verbal) o supervisión	10
	Gran ayuda Es capaz de sentarse, pero necesita mucha asistencia para el traslado	5
	Dependiente no se mantiene sentado	0
DESPLAZAMIENTO	**Independiente** Camina al menos 50 metros solo o con ayuda de bastón, excepto andador	15
	Ayuda Puede caminar al menos 50 metros, pero necesita ayuda o supervisión (física o verbal)	10
	Independiente en silla de ruedas Propulsa su silla de ruedas al menos 50 metros	5
	Dependiente	0
CONTROL DE ORINA (Se evalúa la semana anterior)	**Continente** No presenta episodios de incontinencia. Si necesita sonda o colector, se cuida sólo	10
	Incontinente ocasional Episodios ocasionales, con una frecuencia máximo (1/24 hs)	5
	Incontinente Episodios de incontinencia con frecuencia de 1 vez al día	0
CONTROL DE HECES (se evalúa en el mes anterior)	**Continente** No presenta episodios de incontinencia. Si usa enemas o supositorios, se arregla sólo	10
	Incontinente ocasional Episodios ocasionales 1 vez/semana. Ayuda para usar enemas o supositorios.	5
	Incontinente	0
ALIMENTACIÓN	**Independiente** Capaz de usar cualquier instrumento. Come en un tiempo razonable	10
	Ayuda Necesita ayuda para cortar, extender la mantequilla, usar condimentos	5
	Dependiente	0

Puntuación total: _______

4.5.1.2. Inventario de las actividades de la vida diaria en la demencia Escala IDDD (Interview for Deterioration in Daily Living un Dementia). (Teunisse et al, 1991[3])

Esta escala, al igual que el Índice de Barthel, evalúa el grado de dependencia en las actividades de la vida diaria tanto básicas como complejas, pero a través de la información aportada por un familiar o cuidador. Así, en sus 33 ítems encontramos preguntas que evalúan no solo la actividad en sí, sino la voluntad e iniciativa que tienen las personas para realizarlas, de forma que la persona cuidadora puede ayudarnos en la valoración para detectar demencias leves o moderadas en procesos de envejecimiento. El sistema de puntuación de la escala se mide de la siguiente manera:

1. No necesita ayuda o no hay cambios en la ayuda que necesita,
2. A veces necesita ayuda/ necesita ayuda con más frecuencia,
3. (Casi) siempre necesita ayuda/ necesita ayuda con mucha más frecuencia.

CUIDADO PERSONAL	
1.	¿Tiene usted que decirle que realice su higiene personal?
2.	¿Ha de ayudarle a realizar su higiene personal?
3.	¿Ha de decirle que se debería secar cuando se lava?
4.	¿Ha de ayudarle a secarse?
5.	¿Ha de decirle usted que debería vestirse?
6.	¿Debe ayudarle a vestirse?
7.	¿Debe ayudarle a abrocharse los zapatos, usar cremalleras o botones?
8.	¿Debe decirle que debería realizar su higiene de la boca o peinarse? (iniciativa).
9.	¿Debe usted ayudarle en la higiene de la boca?
10.	¿Debe usted ayudarle a que se arregle el cabello y se peine?
11.	¿Debe decirle que coma?
12.	¿Debe ayudarle usted a preparar comidas sencillas?
13.	¿Debe ayudarle a cortar carne u otros alimentos?
14.	¿Debe usted ayudarle en los actos de comer y beber?
15.	¿Debe decirle que vaya al wáter?
16.	¿Debe ayudarle a desvestirse, usar el wáter y el papel higiénico?
ACTIVIDADES COMPLEJAS	
17.	¿Debe usted ayudarle a orientarse en su domicilio?
18.	¿Debe usted ayudarle a orientarse en las calles no familiares?
19.	¿Tiene iniciativa de comprar como antes?
20.	¿Ha de ayudarle a comprar?
21.	¿Debe usted, o el empleado de la tienda, decirle que debe pagar?
22.	¿Ha de ayudarle usted, o el empleado de la tienda, a escoger el dinero?
23.	¿Tiene interés en aficiones, al leer el periódico, libros o correo con la misma frecuencia que antes?
24.	¿Debe usted ayudarle en la lectura?
25.	¿Debe usted ayudarle a escribir una carta o postal, o a rellenar un impreso?
26.	¿Es capaz de empezar una conversación con otra persona con la misma frecuencia que antes?

27. ¿Debe usted ayudarle a que se exprese verbalmente?
28. ¿Es capaz de poner atención en una conversación con otra persona con la misma frecuencia que antes?
29. ¿Debe usted ayudarle a comprender una conversación?
30. ¿Tiene iniciativa en usar el teléfono con la misma frecuencia que antes?
31. ¿Debe usted ayudarle en el uso del teléfono?
32. ¿Debe usted ayudarle a buscar cosas?
33. ¿Debe usted decirle que apague el gas o cualquier electrodoméstico?

4.5.2. Escalas de valoración de situaciones personales/familiares

4.5.2.1. Percepción de la función familiar. Cuestionario APGAR Familiar

Esta escala es una es una herramienta diseñada para evaluar la funcionalidad familiar percibida por un individuo y determinar áreas de fortaleza y áreas de mejora. Esta escala fue desarrollada por Gabriel Smilkstein en 1978 y lleva el nombre de sus cinco dimensiones: Adaptabilidad, Participación, Gratificación, Afecto y Resolución de problemas.

	Casi nunca	A veces	Casi siempre
1. ¿Está satisfecho con la ayuda que recibe de su familia cuando tiene un problema?	0	1	2
2. ¿Conversan entre ustedes los problemas que tienen en casa?	0	1	2
3. ¿Las decisiones importantes se toman en conjunto en casa?	0	1	2
4. ¿Está satisfecho con el tiempo que usted y su familia pasan juntos?	0	1	2
5. ¿Siente que su familia le quiere?	0	1	2

Los individuos se clasifican en:

- Normo funcionales de 7-10 puntos
- Disfuncionales de 0-6
- Graves de 0-2
- Leves de 3-6

Una puntuación más alta indica un mejor funcionamiento familiar percibido, mientras que una puntuación más baja puede indicar áreas de disfunción o dificultades familiares. Es importante tener en cuenta que esta escala evalúa la percepción subjetiva del individuo sobre el funcionamiento familiar y puede no capturar todas las dimensiones de la dinámica familiar. Por lo tanto, se recomienda su uso junto con otras herramientas de evaluación y entrevistas familiares para obtener una imagen más completa y precisa del sistema familiar.

4.5.2.2. Escala Geriátrica de Depresión (Yesavage), versión corta

Se suma un punto cada respuesta afirmativa, para el cómputo total de la escala que tiene en cuenta 0-5 normal, 6-9 probable depresión, 10 o más depresión establecida.

		SI	NO
1.	¿Está básicamente satisfecho con su vida?	0	1
2.	¿Ha renunciado a muchas de sus actividades e intereses?	1	0
3.	¿Siente que su vida está vacía?	1	0
4.	¿Se encuentra a menudo aburrido/a?	1	0
5.	¿La mayor parte del tiempo está de buen humor?	0	1
6.	¿Teme que le pase algo malo?	1	0
7.	¿Se siente feliz la mayor parte del tiempo?	0	1
8.	¿Se siente a menudo abandonado/a?	1	0
9.	¿Prefiere quedarse en casa en lugar de salir y hacer cosas	1	0
10.	¿Cree tener más problema de memoria que el resto de la gente?	1	0
11.	¿Piensa que es maravilloso vivir?	0	1
12.	¿Le cuesta iniciar nuevos proyectos?	1	0
13.	¿Se siente lleno/a de energía?	0	1
14.	¿Siente que su situación es desesperada?	1	0
15.	¿Cree que mucha gente está mejor que usted?	1	0
	PUNTUACIÓN TOTAL		

4.5.2.3. Escala de sobrecarga del cuidador de Zarit (Caregiver Burden Interview)

Mide la sobrecarga de la población cuidadora de personas dependientes. Es un cuestionario autoadministrado que consta de 22 ítems, con respuesta tipo escala liket (1-5). Los valores correspondientes a las opciones de respuesta son: 1=Nunca; 2=Rara vez; 3=Algunas veces; 4=Bastantes veces; 5=Casi siempre

Los puntos de corte recomendados son:< 46 No sobrecarga; 46-47 a 55 Sobrecarga leve;> 55-56 Sobrecarga Intensa.

Lo más importante de esta escala es su revisión sistemática, ya que los extremos de las puntuaciones nos darán mucha información acerca de la posibilidad de generarse un momento de sobrecarga puntual en la persona cuidadora. De igual modo, las revisiones periódicas de la escala, cuando la persona experimenta un cambio de puntuación en 5 puntos, aunque no cambie de corte implica la necesidad de prestar atención a los cambios acontecidos en su situación familiar y poder prevenir empeoramientos en las dinámicas familiares.

Ítem	**Pregunta a realizar**	**Puntuación (1-5)**
1	¿Siente que su familiar solicita más ayuda de la que realmente necesita?	
2	¿Siente que debido al tiempo que dedica a su familiar ya no dispone de tiempo suficiente para usted?	
3	¿Se siente tenso cuando tiene que cuidar a su familiar y atender además otras responsabilidades?	
4	¿Se siente avergonzado por la conducta de su familiar?	
5	¿Se siente enfadado cuando está cerca de su familiar?	
6	¿Cree que la situación actual afecta de manera negativa a su relación con amigos y otros miembros de su familia?	
7	¿Siente temor por el futuro que le espera a su familiar?	
8	¿Siente que su familiar depende de usted?	
9	¿Se siente agobiado cuando tiene que estar junto a su familiar?	
10	¿Siente que su salud se ha resentido por cuidar a su familiar?	
11	¿Siente que no tiene la vida privada que desearía debido a su familiar?	
12	¿Cree que su vida social se ha visto afectada por tener que cuidar de su familiar?	
13	¿Se siente incómodo para invitar amigos a casa, a causa de su familiar?	
14	¿Cree que su familiar espera que usted le cuide, como si fuera la única persona con la que puede contar?	
15	¿Cree que no dispone de dinero suficiente para cuidar a su familiar además de sus otros gastos?	
16	¿Siente que será incapaz de cuidar a su familiar por mucho más tiempo?	
17	¿Siente que ha perdido el control sobre su vida desde que la enfermedad de su familiar se manifestó?	
18	¿Desearía poder encargar el cuidado de su familiar a otras personas?	
19	¿Se siente inseguro acerca de lo que debe hacer con su familiar?	
20	¿Siente que debería hacer más de lo que hace por su familiar?	
21	¿Cree que podría cuidar de su familiar mejor de lo que lo hace?	
22	En general: ¿Se siente muy sobrecargado por tener que cuidar de su familiar?	

4.5.2.4. Escala de apoyo social percibido (Escala Duke)

Valora el apoyo social percibido entendido como la creencia de que uno está cuidado, es valorado y sentimiento de pertenencia a una comunidad. Con respuesta tipo escala liket (1-5). Los valores correspondientes a las opciones de respuesta son: 1=Mucho menos de lo que deseo; 2=Menos de lo que deseo; 3=Ni mucho ni poco; 4=Casi como deseo; 5= Tanto como deseo

	1	2	3	4	5
1.– Recibo visitas de mis amigos y familiares					
2.– Recibo ayuda en asuntos relacionados con mi casa					
3.– Recibo elogios y reconocimientos cuando hago bien mi trabajo					
4.– Cuento con personas que se preocupan de lo que me sucede					
5.– Recibo amor y afecto					
6.– Tengo la posibilidad de hablar con alguien de mis problemas en el trabajo o en la casa					
7.– Tengo la posibilidad de hablar con alguien de mis problemas personales y familiares					
8.– Tengo la posibilidad de hablar con alguien de mis problemas económicos					
9.– Recibo invitaciones para distraerme y salir con otras personas					
10.– Recibo consejos útiles cuando me ocurre algún acontecimiento importante en mi vida					
11.– Recibo ayuda cuando estoy enfermo en la cama					

Esto nos ayuda a identificar a aquellas personas que pueden estar en riesgo de aislamiento y/o exclusión.

La puntuación obtenida es un reflejo del apoyo percibido, no del real. A menor puntuación mejor apoyo, situándose en 32 puntos la media entre apoyo normal o apoyo social percibido bajo si está por debajo de dicha puntuación.

4.5.3. Escala de Recursos Sociales OARS

Valora la disponibilidad de los recursos sociales. Explora aspectos estructurales de las relaciones sociales, apoyo instrumental y emocional, así como la satisfacción de las relaciones sociales. Se realiza en formato de entrevista estructurada, se anotan las respuestas y se evalúa en función de la siguiente escala:

1. Recursos sociales excelentes: las relaciones sociales son muy satisfactorias y amplias; al menos una persona le cuidaría indefinidamente.
2. Buenos recursos sociales: las relaciones sociales son satisfactorias y adecuadas y al menos una persona le cuidaría indefinidamente, o podría obtener ayuda por un corto espacio de tiempo.
3. Recursos sociales ligeramente deteriorados. Las relaciones sociales son insatisfactorias, de mala calidad, escasas; pero al menos una persona le cuidaría indefinidamente o podría recibir ayuda por un corto espacio de tiempo.
4. Recursos sociales moderadamente deteriorados. Las relaciones sociales son insatisfactorias, de mala calidad, escasas; y sólo se podría conseguir ayuda en un espacio corto de tiempo, o de vez en cuando.
5. Recursos sociales bastante deteriorados. Las relaciones sociales son insatisfactorias, de mala calidad, escasas; y sólo se conseguiría una ayuda puntual.
6. Recursos sociales totalmente deteriorados. Las relaciones sociales son insatisfactorias, de mala calidad, escasas; y no se conseguiría ayuda en caso de necesidad.

Apellidos________________________ Nombre________ Entrevistador/a ______________________________Fecha_______
Ahora me gustaría hacerle unas preguntas sobre su familia y amigos ¿Es usted soltero, casado, viudo, divorciado o separado? 1. Soltero 2. Casado 3. Viudo 4. Divorciado 5. Separado. No contesta
¿Vive con su cónyuge en el lugar de residencia? Si ❒ No ❒ No responde ❒
Durante el último año ¿con qué frecuencia salió de su residencia para visitar a la familia o amigos en fines de semana, vacaciones, de compras o excursión? 1. Una vez a la semana o más. 2. Una o tres veces al mes. 3. Menos de una vez al mes o sólo en vacaciones. 4. Nunca. No responde.
¿Con cuántas personas tiene la suficiente confianza para visitarlos en su casa? 1. Cinco o más. 2. Tres o cuatro. 3. Una o dos 4. Ninguna. No responde.

¿Cuántas veces habló por teléfono con familiares, amigos u otros durante la última semana?
1. Una vez al día o más.
2. Dos veces al día.
3. Una vez.
4. Ninguna.
No responde.

¿Cuántas veces durante la semana pasada le visitó alguien que no vive con usted, fue usted de visita o realizó alguna actividad con otra persona?
1. Una vez al día o más.
2. Dos a seis veces.
3. Una vez.
4. Ninguna
No responde.

¿Hay alguna persona en la que tenga confianza?
1. Si
2. No
NS/NC

¿Con qué frecuencia se siente solo?
1. Bastante a menudo.
2. Algunas veces
3. Casi nunca
NS/NC

¿Ve a sus familiares y amigos tan a menudo como quisiera o está algunas veces triste por lo poco que viene a verle?
1. Tan a menudo como deseo.
2. Algunas veces me siento triste por lo poco que vienen
NS/NC

¿Hay alguien que le ayudaría en cualquier cosa si se pusiera enfermo o quedara incapacitado? *
1. Si
2. No
En caso afirmativo
a. ¿Hay alguien que cuidaría de usted tanto tiempo como lo necesitase o sólo un corto espacio de tiempo y ocasionalmente?
   1. Alguien que cuidaría de mí indefinidamente.
   2. Alguien que me cuidaría durante un breve espacio de tiempo.
   3. Alguien que me ayudaría de vez en cuando.
No responde.
B. ¿Quién es esa persona?
Nombre____
Relación_______________________________________
* En los casos de personas mayores en residencias, la persona debe ser ajena al Centro

4.6. NUEVAS TECNOLOGÍAS Y TÉCNICAS DE INTERVENCIÓN

Las tecnologías se han convertido a día de hoy en un recurso básico de trabajo, convirtiéndose en una herramienta que ha permitido impulsar el crecimiento, ampliando las oportunidades y en muchas ocasiones la mejora de la intervención social y la prestación de servicios. Es difícil encontrar un sector o disciplina que escape al avance tecnológico y desde luego la nuestra no es una excepción.

Además, no podemos obviar lo digital en el ejercicio de la profesión, pues en muchas ocasiones ha facilitado la tramitación de prestaciones, ayudas, gestión de subvenciones, búsqueda de información, ampliación de conocimientos... La tecnología ha venido para quedarse siendo un instrumento de trabajo para todas las profesiones y el Trabajo Social no está exento de esta realidad. Las tecnologías digitales ofrecen nuevas herramientas y métodos para abordar los desafíos sociales y llegar a las personas de manera más efectiva.

Uno de los retos actuales de la profesión es la capacidad de adaptación del Trabajo Social a la sociedad de la información. "Las TIC son una oportunidad para la intervención social" (Santás, 2010). La profesión debe ir evolucionando y adaptándose a los nuevos cambios; implementando en su intervención herramientas comunicativas on-line, que permite nutrir el cambio, la evolución e innovación. (Cedeño et al. 2019).

Como afirman Cedeño et al. en su estudio publicado en 2019, el 85% de los profesionales señalaron que en su quehacer profesional hacen uso de la tecnología, utilizándola como una herramienta de apoyo para su intervención. Además, hay que tener en cuenta los espacios virtuales (redes sociales, webs, foros...) que se utilizan para promocionar o difundir información de utilidad tanto a la profesión como a la sociedad, y que las TICs irrumpen de manera transversal como herramientas facilitadoras de la accesibilidad y la participación de todas las personas en el ejercicio de sus derechos.

Algunas de las formas en que las nuevas tecnologías están impactando en la intervención en Trabajo Social:

- El acceso inmediato a la información que proporciona internet, lo que permite una continua actualización sobre políticas, investigaciones y recursos disponibles.
- Facilidad de comunicación, entre profesionales y con clientes con las herramientas como el correo electrónico y mensajería instantánea.
- La entrevista a través de videollamada/videoconferencia, muy utilizada especialmente a raíz de la situación de pandemia, donde era imposible tener una visita presencial ni en domicilio ni el despacho. Después, se ha recuperado la situación de presencialidad, pero esta modalidad se continúa utilizando a través de diversas plataformas (Zoom, Whatsapp, meet...)

En este sentido, siguiendo las premisas de Arriazau y Fernández-Pacheco (2013), las intervenciones sociales on-line serían muy recomendables en los casos de personas que tengan dificultades en el proceso comunicativo y que puedan, a través de intérpretes, aplicaciones de lecto escritura y apoyo visual facilitar la comunicación. Pionero de ello fue el servicio SVIsual (Servicio de Video interpretación en Lengua de Signos Española. https://www.svisual.org/) que permite la comunicación de las personas sordas con un intérprete de lengua de signos online. También en situaciones de incapacidad temporal o permanente que impida trasladarse a la institución.

- Aplicaciones de geolocalización para las visitas domiciliarias, que permiten un mejor control de las visitas así como una mayor seguridad en las mismas.
- Recopilación y análisis de datos, permitiendo a los profesionales tomar decisiones más informadas y evaluar el impacto de sus intervenciones. El uso de encuestas en línea a través de aplicaciones como Google Forms permite la recopilación segura de datos, la evaluación de necesidades y/o de programas y servicios existentes, así como también pueden ser una forma efectiva de involucrar a la comunidad en la toma de decisiones.
- Uso de redes sociales para crear grupos de apoyo virtual donde las personas pueden conectarse con otras para compartir experiencias similares y recibir apoyo emocional y práctico.

Sin embargo, es importante reconocer que el uso de tecnología en el trabajo social también plantea desafíos, como la brecha digital que puede generar con algunos clientes y la desigualdad en el acceso a determinados servicios, la privacidad, confidencialidad y la seguridad de los datos, y la posibilidad de que la tecnología dificulte la calidad de la relación profesional-cliente. Los trabajadores sociales deben ser conscientes de estos desafíos y trabajar para abordarlos de manera ética y efectiva en su práctica profesional, debiendo encontrar un equilibrio correcto entre el uso de la tecnología y el mantenimiento de conexiones personales significativas. Es importante reconocer que la tecnología no es una solución única para todos los problemas sociales y que debe utilizarse como una herramienta complementaria en un enfoque holístico y centrado en la persona para el trabajo social.

"Sólo en el caso de que el Trabajo Social como disciplina y sus profesionales se apropien de las TIC y de las oportunidades que brindan, podrá continuar siendo un agente de cambio social." (Santás 2010).

4.7. ACTIVIDAD PRÁCTICA Nº 4

"LA INTERVENCIÓN EN TRABAJO SOCIAL CON EL SISTEMA INDIVIDUAL: TÉCNICAS DE ANÁLISIS, INTERVENCIÓN Y REGISTRO DE LA INFORMACIÓN"

Objetivos de la práctica:

1. Comprender y reflexionar sobre los contenidos teóricos impartidos en el capítulo
2. Describir las diferentes fases de la entrevista individual.
3. Saber utilizar la técnica de la historia social
4. Utilizar la Escala de Sobrecarga del cuidador de Zarit.

Actividades

1. Describe las principales fases de la entrevista individual.
2. Elabora una Historia Social del caso que encontrarás en la práctica nº 5.
3. Utiliza la Escala de Sobrecarga del cuidador de Zarit.

4.8. MATERIALES RECOMENDADOS

- Acevedo Ibáñez, A., Florencia, A y López, M. (1986). El proceso de la entrevista. Conceptos y modelos. Ed. Limusa.
- Kadushin, A. (1983). The Social Work Enterview. Columbia University Press.
- Lenturias, FJ.; Yanguas, JJ. Arriola, E. y Uriarte, A. (2001). La valoración de las personas mayores: Evaluar para conocer, conocer para intervenir. Ed. Cáritas Española.
- Cáceres, C., Civicos, A. y Puyol, B. (2009). "La ética del Trabajo Social", en Fernández, T. (coord.) Fundamentos de Trabajo Social. Alianza Editorial.
- Consejo General de Colegios Oficiales de Diplomados de Trabajo Social y asistentes sociales (2012). Código deontológico de Trabajo Social, http://cgtrabajosocial.com/files/500eb869a38d1/codigo_deontologico.pdf, consultado 12 de Febrero de 2014.
- Fernández García, T. y Ponce de León, L. (2012). Trabajo Social Individualizado. Metodología de intervención. Capitulo nº 9 Principales técnicas e instrumentos en el Trabajo Social individualizado, 291-344. UNED, Ediciones Académicas.
- Olza, M. (1996). "La Entrevista", en Morales y Olza (comp.). Psicología Social y Trabajo Social. Ed. McGaw-Hill.

Capitulo 5

LA INTERVENCIÓN EN TRABAJO SOCIAL CON EL SISTEMA INDIVIDUAL: FASE INICIAL

5.1. CONSIDERACIONES GENERALES SOBRE EL PROCESO METODOLÓGICO DE INTERVENCIÓN EN TRABAJO SOCIAL CON EL SISTEMA INDIVIDUAL

> *"Como trabajadores sociales, tenemos un deber muy claro. En primer lugar, lograr la claridad en nosotros; buscar luego cualquier signo de claridad en los demás para instrumentarlos finalmente y reforzar todo lo que haya sano en ellos".* Gregory Bateson

El proceso de intervención en Trabajo Social es complejo pues, por un parte, debe ir orientado hacia una finalidad inmediata o concreta; así como, por otra, persigue una más abstracta, orientada a la consecución del Bienestar Social. Si lo característico del Trabajo Social es la comprensión del ser humano en su dimensión global, en tanto que persona con problemas individuales, como miembro de una familia, perteneciente a varios grupos (amigos, trabajo, etc.,), formando parte de la vida social local (barrio, pueblo, ciudad, etc.,), así como de la sociedad de la que forma parte, es necesario considerar la intervención desde un enfoque global e integrador. Este enfoque es la *Teoría General,* que trata de identificar los pasos que pueden ser comunes en las distintas fases del proceso metodológico de intervención en Trabajo Social, independientemente del sistema o sistemas con los que se actúa.

Dicha teoría permite, igualmente, integrar los diferentes modelos de intervención, dependiendo de la aplicación a cada situación particular, así como favorece que el foco de intervención contemple la variedad de sistemas combinados complementariamente: individual, familiar, grupal y comunitario Este enfoque pone el énfasis en la atención personal, distinguiendo intervenciones realizadas en períodos de corta y larga duración (Johnson, 1992).

En relación con los modelos teóricos-prácticos, conviene señalar las consideraciones de abordar la intervención desde un enfoque global encuadrado en lo que se ha sido denominado por Payne (1995) como *Teorías Amplias.* De esta forma, se destacan las ventajas sobre la utilización de los Modelos Sistémico y *Ecológico,* ya que permiten integrar los problemas que se producen en el área de interacción de la persona con su medio social, lo que no excluye el empleo de otros modelos de intervención dependiendo de cada situación determinada. Ambas teorías combinadas han dado lugar a lo que se ha denominado la perspectiva *Ecosistémica o Socioecológica*, que recoge las aportaciones de dichas teorías.

Consideramos la conveniencia de utilizar *dos teorías de aplicación*, atendiendo a la clasificación de Payne (1995), como son *la intervención en crisis* y *la intervención centrada en la tarea*, pues son dos métodos de Trabajo Social enfocados en el proceso de resolución de problemas, desarrollados a lo largo de intervenciones breves, que tratan de mejorar las capacidades de las personas para enfrentarse a las situaciones conflictivas de la vida. Igualmente, destacar la conveniencia de utilización del modelo teórico *"case management"*, gestor de casos, por lo que supone la consideración de dar un tratamiento integral a cada caso, en los aspectos que se relacionan con la coordinación de los servicios y en el desarrollo de planes integrales que favorezcan la atención de forma global.

El modelo de intervención en crisis, desarrollado a raíz de las investigaciones de Caplan (1985) está pensado para afrontar una serie de sucesos que impiden el funcionamiento normal de la persona, proponiéndole tareas prácticas para lograr el ajuste; se centra en la respuesta emocional para aumentar la capacidad del cliente para solucionar los problemas cotidianos. Será analizado al abordar las diferentes estrategias de intervención, ya que su ámbito de aplicación nos será de gran utilidad en las diferentes situaciones de crisis.

Tomaremos la segunda teoría el *Modelo Participativo o Centrado en la Tarea* como marco de referencia de aplicación del proceso metodológico de Trabajo Social, por ser una proposición pragmática ampliamente validada por las investigaciones de Red et Epstein. Permite adaptarse a cualquiera que sea la estrategia de intervención en Trabajo Social que se lleve a cabo, pues todas las estrategias de intervención requieren de la realización de una serie ordenada de tareas. Asimismo, contempla al cliente en una posición de agente activo del cambio deseado.

Las investigaciones realizadas a partir de la aplicación del *Modelo Participativo o Centrado en la Tarea* avalan las intervenciones en las que se establecen límites de tiempo, por una serie de razones (Red et Epstein, 1972):

1. Evita que los clientes se marchen antes de terminar la intervención.
2. El cliente tiene derecho a saber los límites de tiempo.
3. Proporciona confianza al cliente sobre la intervención.
4. Aumenta la motivación del cliente.
5. Disminuye la dependencia del cliente.

Se trata de un modelo de intervención sistematizado con referencias temporales claras, que trata de planificar conjuntamente con el sistema cliente una propuesta de trabajo para un período razonable, que tiene en cuenta las situaciones-problema que se quieran abordar y los deseos de cambio, todo ello se encuentra fundamentado en el establecimiento de un compromiso de trabajo conjunto. Este compromiso vincula a ambas partes, trabajador social-cliente, y su cumplimiento es verificado periódicamente.

También ofrece una estructura de trabajo que puede ser utilizada en la intervención de determinadas situaciones-problemas que requieren de una duración temporal de largo plazo, en situaciones tales como: los problemas relacionados con la salud mental, el alcoholismo, las toxicodependencias, etc.; así mismo puede ser aplicado en otras intervenciones que necesitan de un tiempo más prolongado, como son: la protección materna e infantil, las adopciones, la asistencia educativa, el aprendizaje de habilidades de personas en situaciones de exclusión, etc. El *Modelo Participativo o Centrado en la Tarea* puede adaptarse a estas situaciones, utilizándose en aspectos concretos de intervenciones complejas, siempre que se tenga en cuenta las situaciones-problema que se quieran abordar y los deseos de cambio del cliente, y sobre la base de un compromiso de trabajo conjunto.

No obstante, es necesario señalar que, al modelo propuesto, *Participativo o Centrado en la Tarea*, se han realizado algunas introducciones o modificaciones consideradas convenientes al marco de referencia, como consecuencia de nuestra experiencia práctica.

El proceso metodológico de intervención en Trabajo Social comprende tres fases, que pueden ser definidas según el número de sesiones o entrevistas en la intervención con el sistema individual pueden ser (Tolson, Reid et Garvin, 1994):

- *Fase Inicial.* De Estudio y Valoración[1] de la situación del sistema individual, la finalidad de esta fase es la preparación de la intervención. Puede ocupar cualquier período de tiempo que comprenda *una* o *dos* sesiones.
- *Fase Media.* De Programación de la Intervención y la Ejecución, el objetivo es planificar y ejecutar la intervención. Dura generalmente *seis* sesiones.
- *Fase Final o de Terminación.* El propósito es evaluar el trabajo, tanto el realizado por el cliente como por el profesional y planificar el seguimiento que se llevará a cabo. Comprende *una* o *dos* sesiones.

---

1 Utilizamos el término de valoración en lugar de diagnóstico, con el fin de evitar todas las connotaciones médicas que este concepto contiene, así como para eludir el carácter estigmatizador del mismo. Hemos descartado utilizar el de evaluación, que es utilizado también en la literatura profesional, porque puede ser confundido con la evaluación de la intervención que se realiza en la Fase Final.

En cualquier caso, la utilización del tiempo en cada una de las fases es una cuestión orientativa como se verá a lo largo del proceso metodológico de intervención en Trabajo Social. Como hemos destacado, las distintas fases no se suceden unas a otras siguiendo un orden lógico y una secuencia lineal, sino que, a menudo, se interfieren, se superponen de alguna manera. Esto es así, porque para ayudar al cliente a sentirse mejor, el trabajador social, a la vez que escucha lo que éste demanda, debe iniciar la relación de ayuda y hacer una valoración inicial de la situación-problema. Simultáneamente, debe intervenir para que el cliente se sienta comprendido, respetado y aceptado, de manera que el hecho de necesitar ayuda no suponga para él una pérdida de su autoestima; o bien en las situaciones de clientes que realmente se sienten desvalorizados como personas, les permita aceptar que el hecho de encontrarse con dificultades y precisar ayuda profesional, no implica, de ninguna manera, una discriminación de su valía personal.

También, una vez que la relación profesional avanza se desarrolla una mayor confianza entre el trabajador social y el sistema cliente emergiendo nuevas situaciones problemas que no han sido valoradas y tratadas en la Fase Inicial, que serán, a su vez, el fundamento para estructurar la relación de trabajo entre ambos.

5.2. NUEVOS ENFOQUES Y ORIENTACIONES EN LA PRÁCTICA DEL TRABAJO SOCIAL

Complementarias a las teorías y modelos anteriormente destacados han surgido con fuerza en la literatura profesional una serie de enfoques y orientaciones básicas para la intervención, que enfatizan las capacidades de las personas y familias con las que se interviene en Trabajo Social, tratando de evitar el carácter estigmatizador de las intervenciones fundamentadas en el diagnóstico de situaciones problemáticas. Son las perspectivas: *del poder y las fuerzas de la persona o familia, "el empowerment" y resiliencia.*

5.2.1. El enfoque del poder y de las fuerzas de la persona o familia

No se trata de un modelo teórico sino de una perspectiva o enfoque, que se nos presenta como una orientación básica para la intervención. (Aylwin y Solar, 2002). El enfoque *del poder y de las fuerzas de la persona o familia* destaca el papel central de las personas y familias para cambiar una situación. La perspectiva de las fuerzas propone que los recursos de las personas, familias y de sus ambientes, más que sus patologías y problemas deben ser el foco central del proceso de ayuda a una persona y/o familia. (Weick y Saaleby, 1995). Desde esta orientación la propuesta de intervención supone proceder a la identificación, uso y aumento de los recursos de la persona y su medio ambiente (Sullivan cit. Aylwin y Solar, op. cit.).

El diagnóstico basado en problemas cataloga al individuo/familia como problema, reforzando así la perspectiva individual de los déficits. El enfoque del *poder y las fuerzas de la persona o familia* supone superar el énfasis en el déficit, o problemas individuales o familiares, pues estos deben ser vistos desde la perspectiva de falta de oportunidades, ignorando, muchas veces, las causas estructurales que subyacen para otorgar poder a las familias.

5.2.2. "El empowerment"

Relacionado con el enfoque del poder y de las fuerzas de la persona o familia se encuentra el *"empowerment"*, término anglosajón que no tiene una traducción en castellano suficientemente consensuada, que ha sido traducido como "potenciación", "capacitación" o "fortalecimiento" (Segado Sánchez Cabezudo, 2011). "El *empowerment* es un proceso de mutualidad y colaboración mediante el que la persona o familia, sus miembros de forma individual y el propio trabajador/a social, logran la toma de conciencia y el poder propio, a lo largo de un proceso en el que se formulan unos objetivos y se desarrolla un trabajo para alcanzarlos" (Segado Sánchez Cabezudo, op. cit: 106)

El *"empowerment puede* ser definido por el proceso mediante el cual las personas/familias adquieren poder y dominio sobre sus vidas, se caracteriza por dos dinámicas interdependientes e interactivas, como son "*empowerment personal*" y "*empowerment social*" (Aylwin y Solar, op. cit.)

El *"empowerment personal"*, es similar a la autodeterminación, donde las personas toman la carga y control de sus vidas, aprenden nuevas formas de pensar sus problemas, adaptando nuevos comportamientos que les dan más satisfacción. El *"empowerment social"* reconoce que las definiciones y características de la persona atendida no pueden ser separadas de su contexto y que el *"empowerment"* está relacionado con la falta de oportunidades. La persona con *"empowerment"* social es aquella que tiene los recursos y oportunidades para jugar un rol importante en su ambiente y en su construcción (Aylwin y Solar, op. cit.)

Los ocho principios que deben guiar la intervención profesional desde la perspectiva del "*empowerment*" son (Segado Sánchez Cabezudo, op. cit.):

1. Las fortalezas y capacidades de las personas son el punto de partida.
2. Interculturalidad. Aunque la diferencia cultural puede ser fuente de tensión y conflictos es también una fuente de cohesión, de identidad y de fuerza.
3. Valoración en tres dimensiones personal, interpersonal y comunitaria. Los objetivos de la intervención deben estar interconectados y responder a los tres niveles.
4. Favorecer la conexión entre poder, recursos y capacidades. Los trabajadores sociales deben conectar a las personas con los recursos que necesitan para que puedan tener acceso al poder por ellas mismas.
5. Reciprocidad y mutualidad. Este principio garantiza la participación e intervención de todos los miembros de la familia.
6. Este poder es compartido.
7. Uso de roles cooperativos que apoyen y asistan a las personas y familias.
8. El trabajador social que asume la perspectiva del *"empowerment"* nunca pierde su orientación hacia el cambio social, los cambios estructurales y la justicia social.

En definitiva, podemos afirmar que la práctica profesional basada en promover el "*empowerment*" significa creer que el poder de las personas, familias se logra cuando escogen alternativas que le dan mayor control sobre sus situaciones- problema y, por ende, sobre su propia vida. El rol del trabajador social es dar coraje, facilitar, estimular y desarrollar los poderes de las personas, señalar los recursos y poderes que se encuentran accesibles en los ambientes de las personas, así como promover la equidad y justicia en todos los niveles de la sociedad. Para ello ayuda a las personas, familias, a identificar qué es lo que quieren, explorar alternativas para obtener esos deseos y alcanzarlos.

5.2.3. La Resiliencia

Relacionado con la perspectiva del poder y de las fuerzas se encuentra el concepto de *resiliencia.* La *resiliencia* empezó a tener presencia en las ciencias sociales Trabajo Social, Psicología, Educación y Sociología, en la década de los ochenta. El término proviene de la Física, siendo definido como la capacidad que tienen todos aquellos materiales que pueden recobrar su forma original, después de haber estado sometidos a una presión enorme (Barranco, 2009)

El concepto de *resiliencia* se refiere a la capacidad de una persona o familia de enfrentar adecuadamente en su vida las tensiones o circunstancias difíciles en que se encuentre; supone conservar la integridad frente a situaciones adversas, a la vez que la capacidad de desarrollo y construcción positiva a pesar de vivir en circunstancias difíciles (Aylwin y Solar, op. cit.). En las familias resilientes se observan factores protectores que reducen las posibilidades de consecuencias negativas. Estos factores son aquellas habilidades que motivan al logro de la tarea esencial de la familia que es satisfacer las necesidades de sus miembros, y al mismo tiempo atenúan el impacto de los riesgos y crean oportunidades para la persona o familia, promoviendo la autoestima, la eficacia y el control. Estos factores protectores se relacionan directamente con las características individuales de los miembros del grupo familiar, con las relaciones interpersonales que se dan en su interior y con las relaciones de la familia con su entorno social (Aylwin y Solar, op. cit.).

Los pilares de la *resiliencia* son los que se desarrollan a continuación (Barranco, op. cit)

- Autoestima consistente. Es la base de los demás pilares, siendo el resultado del cuidado afectivo del niño o adolescente por un adulto significativo, "suficientemente bueno" y capaz de dar una respuesta sensible.
- Introspección. Es el arte de preguntarse a sí mismo y darse una respuesta honesta.
- Independencia. Es la capacidad de fijar límites entre uno mismo y el medio con problemas.
- Capacidad de relacionarse. Es la habilidad de establecer lazos e intimidad con otras personas.
- Humor. Es la capacidad de encontrar lo cómico en la propia tragedia.
- Creatividad. Es la capacidad de crear orden, belleza y finalidad a partir del caos y del desorden.
- Moralidad. Entendida como la consecuencia de extender el deseo personal de bienestar a todos los semejantes y la capacidad de comprometerse con valores.

- Capacidad de pensamiento crítico. Se trata de un pilar de segundo orden, que permite analizar críticamente las causas y responsabilidad de la adversidad que se sufre, y propone modos de enfrentarlas y cambiarlas.

5.3. OBJETIVOS DE LA FASE INICIAL

La Fase Inicial de Intervención en Trabajo Social comprende las etapas de Estudio e Investigación y Valoración. Como hemos destacado, es recomendable la utilización del término "valoración" por el de diagnóstico, pues este pone el énfasis en los aspectos negativos, carenciales, de las personas más que en sus activos, sus capacidades y potencialidades. Debe hacerse poniendo el énfasis en los aspectos positivos de la persona atendida, sus fortalezas, sus capacidades, etc. Las situaciones problema deben ser analizadas como la falta de oportunidades.

Los objetivos en esta fase pueden ser sintetizados en los siguientes (Northen, op. cit: 211).

1. Orientar a los individuos hacia la finalidad de la intervención, el uso de una estructura y el plan del servicio, así como los roles respectivos que cliente y trabajador social deben desarrollar.
2. Establecer una relación profesional que pueda convertirse en el eje de una intervención continuada a medio plazo.
3. Crear un clima de confianza que permita que emerjan los problemas y necesidades que se encuentran detrás de la demanda expresada inicialmente.
4. Motivar a los individuos a hacer un uso apropiado del servicio, lo que requiere el reconocimiento de la ambivalencia y las resistencias, y el empleo de todos los esfuerzos para aumentar una motivación positiva.
5. Desarrollar un contrato de trabajo en el que se tomen conjuntamente decisiones relacionadas con el contenido de las necesidades y los problemas que van a ser tratados; uno o dos objetivos relevantes para el cliente en los que se van a concentrar los esfuerzos de la intervención.
6. Utilizar una serie de técnicas con especial énfasis a las siguientes: el apoyo, la estructura, la exploración, la educación y clarificación, basadas en el conocimiento del sistema cliente y del proceso interaccional.

5.4. COMPONENTES DE LA FASE INICIAL

En la Fase Inicial de Estudio y Valoración se desarrollarán los siguientes aspectos:

- Proceso de acogida inicial: explicaciones del rol y el objeto.
- Análisis de la demanda.
- Programación de la investigación.
- Conocimiento del sistema individual. Selección de variables de análisis por áreas.
- Enumeración de las situaciones-problemas y necesidades detectadas.
- Dimensión, especificación y síntomas de las situaciones-problemas.
- Determinación de los elementos: persona, problema, otros sistemas y recursos.
- Jerarquización de las situaciones-problemas más importantes.
- Establecer un contrato y los límites de tiempo.
- Elaboración del Informe de Valoración Profesional.

Cardona y Campos (2009) han elaborado un "Inventario para el análisis de la relación de ayuda entre el trabajador social-cliente durante la fase de estudio y valoración de la situación problema", que consta de 137 ítems o criterios de realización, formulando estrategias, técnicas y habilidades que configuran una relación de ayuda basada en la cooperación. Se encuentra dividido en siete áreas:

- La acogida inicial y generación de un espacio de confianza.
- El análisis de la demanda y el tipo de relación con el que se inicia el contacto.
- La comprensión de la situación-problema, subdividida en tres áreas: área personal-relacional, área ecológica relacional, área económico-laboral.
- El proceso de concretar los objetivos y construir un acuerdo mutuo.
- Deontología, principios y valores presentes en los primeros encuentros.
- Construir una alianza de ayuda.
- Definir el contexto de intervención profesional.

5.4.1. Proceso de Acogida Inicial: Explicaciones del rol y el objeto

Acoger es distinto de recibir la demanda, valorarla y darle un recurso. El Proceso de Acogida Inicial es el que tiene lugar desde el primer contacto hasta el establecimiento de una relación estable de Trabajo Social. Es muy importante dedicarle, tiempo, espacio y formas de comunicación que hagan posible el establecimiento de esa relación (Pérez, 2007). Es necesario, pues, poner en práctica los principios de la relación de ayuda: empatía, respeto, autenticidad, coherencia, etc., que han sido tratados anteriormente.

Cuando los clientes acuden por primera vez al trabajador social, con frecuencia, saben muy poco sobre el trabajo que éste realiza y los servicios que la institución puede ofrecer; así mismo los clientes están más necesitados de información acerca del por qué están allí cuando son derivados por otros profesionales. Las explicaciones en torno al *rol* y el *objeto* cumplen con una serie de funciones básicas: alivian, parcialmente, el miedo de los clientes ante la situación; a la vez, ayudan a los clientes a participar desde la primera fase (Tolson et al, op. cit). Este aspecto supone para el trabajador social la obtención de información sobre las siguientes materias:

- El cliente necesita saber el nombre del trabajador social y los servicios que puede ofrecerle la institución en la que se halla.
- Descripción de la situación, cómo y por qué el individuo/familia ha accedido al trabajador social: iniciativa propia, derivado por otro servicio interno, o externo del que se encuentra.
- Descripción de otras experiencias con trabajadores sociales: tipo y propósito de la intervención, y el grado de satisfacción de las mismas.

Desde nuestro punto de vista, las explicaciones del *rol* y el *objeto* permiten al trabajador social comprender mejor la situación, corregir situaciones erróneas o ampliar información sobre su rol profesional y lo que puede ofrecer la institución y el servicio. El poco conocimiento de la población sobre la variedad y complejidad de las funciones que puede desempeñar el trabajador social hace necesario, que, desde los primeros contactos, se establezca una imagen completa y cualificada del rol profesional.

Además, debemos tener en cuenta que la intervención puede darse en dos tipos de situaciones, según se encuentren por iniciativa propia, u obligados. Como hemos destacado el cliente es aquella persona que entra en contacto libremente con una organización y que puede romper libremente ese contacto sin demasiados perjuicios; el usuario es aquella persona que está física o moralmente obligada a recurrir a una determinada institución y que no puede interrumpir ni finalizar esa relación sin sufrir perjuicios más o menos graves (École Supérieure d'Action Sociale, 1993):

En este momento del Proceso de Acogida Inicial el trabajador social debe tener en cuenta los siguientes aspectos:

1. Determinar cómo y por qué se encuentra allí, "el rol y el objeto".
2. Tener en cuenta las posibilidades de intervención en el marco institucional: tipo de institución, normativa aplicable, servicios y programas disponibles, etc.
3. Distinguir el tipo de persona: cliente y/o usuario.
4. Determinar las expectativas del cliente/usuario.

5. Crear un clima de confianza, invitando al cliente/usuario a expresar sus sentimientos ante la situación.
6. Informar al cliente/ usuario cuál es su papel dentro de la institución y cuáles son los servicios que puede obtener.
7. Informar sobre la posibilidad de marcharse o quedarse para que no se sienta presionado. A menudo, este constituye el primer paso para adquirir la confianza que se requiere para convertirse en cliente en el caso de ser usuario.
8. Sugerir que, mientras que el cliente/usuario puede rechazarle como asesor, hay otros profesionales que pueden ayudarle en este problema.
9. En las situaciones de ser usuario el trabajador social ha de desarrollar una gran habilidad para transformar una situación involuntaria en un marco adecuado para la ayuda, planteando ventajas, inconvenientes, posibles beneficios, etc.
10. Crear una relación de referencia, es decir, una relación entre el profesional y la persona que pueda convertirse en el eje de la intervención a medio plazo.

5.4.2. Análisis de la demanda

La práctica del Trabajo Social con el sistema individual pone en evidencia la existencia de cuatro áreas generadoras de malestar psicosocial (Cardona Cardona y Campos Vidal, op. cit):

1. Necesidades. Se entiende por necesidad a la situación-problema, definida objetiva y subjetivamente, en la cual se pone en juego la supervivencia material de las personas afectadas, afecta fundamentalmente a la insatisfacción de las necesidades de reproducción de la vida material.
2. Dificultades. Se comprende por dificultad a la situación-problema, definida objetiva y subjetivamente, en la que las personas o familias no encuentran los medios internos ni externos y/o las estrategias de afrontamiento adecuadas para cambiar dicha situación, sea por falta de conocimiento, información, recursos, acceso a medios externos o cualquier otra fuente. Se trata, pues, de una situación-problema que puede ser superada, modificada o transformada, aunque el cliente no encuentra los mecanismos para el cambio.
3. Problemas. Debe ser analizado por la situación-problema definida objetivamente en el momento actual, no tiene ningún tipo de solución y, en consecuencia, es irreversible e inamovible. Desde esta perspectiva los problemas

generan múltiples y combinadas dificultades, necesidades y conflictos vinculados a las características singulares de la situación-problema.

4. Conflictos. Debe ser entendido por la situación-problema, definida objetiva o subjetivamente, en las que dos o más personas o sistemas significativos implicados, manifiestan visiones divergentes sobre la naturaleza de la situación generadora de malestar y, en consecuencia, compiten sobre la manera más favorable de resolución, manteniendo visiones unilaterales que satisfacen sus intereses particulares.

Estas cuatro áreas no se dan nunca de forma pura, sino que la naturaleza compleja de las situaciones del malestar psicosocial indica que suelen ser el resultado de múltiples combinaciones, a pesar de la existencia de un área hegemónica: las necesidades generan conflictos, los problemas se encuentran ligados a dificultades y necesidades, o bien los conflictos son generadores de problemas, necesidades y dificultades (Cardona Cardona y Campos Vidal, op. cit).

Un aspecto muy importante en la fase de acogida inicial lo determina la "demanda". Se relaciona con el acto que realiza el cliente con el fin de encontrar una solución a su situación-problema. De esta manera, la demanda es la solicitud que el cliente realiza al trabajador social, y su significación genérica es que esa persona encuentra alguna laguna o vacío en algún aspecto de su existencia, que espera poder llenar con la respuesta a su demanda.

La demanda puede adoptar múltiples formas (Ituarte 1992: 22):

- *Ser explícita y concreta.* Se refiere a la demanda en la que existe una expresión clara sobre las causas por las que se formula y no suele haber reticencia a facilitar información. Ello no quiere decir que la demanda explícita se corresponda con el problema o necesidad.
- *Ser demanda implícita.* Cuando el cliente no muestra una demanda explícita, dejando entrever algunos problemas relacionados, o algún área problemática.
- *Ser inespecífica y ambigua.* Cuando la persona se dirige al trabajador social da la impresión de no saber lo que quiere, o de no saber explicarlo, pidiendo o planteando cosas contradictorias.
- *La ausencia de demanda.* Estas situaciones no deben identificarse con la ausencia de necesidad o de problema. Muchas intervenciones del trabajador social son producto de la derivación de otros profesionales que han detectado una situación problemática.

Queremos resaltar que, en ocasiones, la demanda puede esconder o enmascarar la existencia de una problemática mucho más profunda; así una demanda de tipo económico puede ocultar problemas más graves familiares y sociales. También el trabajador social debe tener en cuenta el carácter globalizador que tienen los problemas sociales y la multiplicidad de variables que los determinan; debe evitar caer en análisis simplistas sobre una demanda claramente explicitada sin tener en cuenta la superposición e interrelación de los problemas sociales. Para poder comprenderla y valorarla adecuadamente, esto es, para que la intervención profesional responda realmente a la situación problemática del cliente, el trabajador social deberá analizarla convenientemente, teniendo en cuenta los diferentes contextos en los que se desenvuelve la persona.

La demanda puede referirnos a la existencia de problemas psico-sociales que hacen que la persona esté pasando por momentos de dificultad; además nos informa acerca de la existencia de algún factor de insatisfacción en la persona. La demanda es un elemento de información acerca de (Ituarte, op. cit: 22):

1. Lo que la persona demandante considera que es problemático para ella y su entorno.
2. La manera en la cual encara sus dificultades, algo propio y en relación consigo sí misma; o, por el contrario, algo que le viene de fuera.
3. Las expectativas que esa persona tiene respecto a la solución de sus dificultades y del papel que deben de cumplir tanto ella misma como las posibilidades de su medio social.
4. Finalmente, la forma que cree que puede ser ayudada por el trabajador social dentro de la institución que representa.

Ante la primera demanda presentada por un cliente individual-familiar, se debe tener en cuenta:

1. Quién realiza la primera demanda: usuario-cliente por sí mismo, por la familia, o bien derivado por un servicio propio, o bien externo a la institución en la que nos encontramos.
2. De qué forma la realiza: demanda explícita y concreta, implícita, inespecífica y ambigua, ausencia de demanda.
3. Revisión de la información y la documentación previa que se dispone y de la cual partimos para la realización de fase de investigación-estudio.

5.4.3. Programación de la Investigación

Una vez realizado el Proceso de Acogida Inicial y el Análisis de la demanda, y comprometidos trabajador social y cliente en una relación de trabajo cooperativo nos encontramos en disposición de realizar la Programación de la Investigación.

Para comprender y actuar es preciso primero conocer y analizar, con el fin de poder ofrecer la ayuda adecuada. El trabajador social debe recoger la información apropiada al caso que se le presenta para que le permita comprender al individuo, las interrelaciones entre sus diversos subsistemas, y éste en interacción con su medio social.

Además, es especialmente interesante que desde la primera fase se desarrolle en las entrevistas el contenido de la relación de ayuda, pues a través de ella se produce la intervención en Trabajo Social e irá aumentando el vínculo profesional.

A. Estrategia de Investigación. Según Hernández (Hernández, Fernández y Baptista, 2007) las estrategias de investigación que utilizaremos en la Fase Inicial, de investigación, son consideradas, a nivel macrosocial, como investigación transaccional o transversal ya que la recolección de datos es realizada en un tiempo único y su finalidad es describir variables, analizar la interrelación que existe entre ellas. Nuestra investigación, siendo de ámbito microsocial, se adapta a estas características y podemos añadir que concreta y especifica las situaciones problema del individuo para poder ejecutar una intervención adecuada y apropiada al caso.

Las estrategias de investigación se clasifican, según el conocimiento del caso, en:

- ➢ *Exploratoria.* Se tiene poco conocimiento de un problema y tratamos de establecer un primer contacto que nos permita una investigación posterior más profunda. Se trata de una exploración inicial de las situaciones problema en general que presenta un usuario/cliente cuando no consta ninguna información previa del caso. Este tipo de estrategia puede ser el antecedente a un estudio más profundo y específico.
- ➢ *Descriptiva.* Se investiga en profundidad la extensión de un determinado problema social, pero no se busca la causalidad. Se trata de descubrir la naturaleza y extensión de un problema social particular y concreto, para determinar el tipo más adecuado de respuesta. Esta estrategia de investigación parte de tres objetivos centrales referentes al sistema persona, el problema y el entorno
- ➢ *Explicativa.* Se trata de identificar la relación causa-efecto entre dos fenómenos sociales. Este último tipo de estrategia requiere de la elaboración de la hipótesis y los objetivos de investigación estarán directamente relacionados con la hipótesis de la cual se haya partido.

B. Selección de Hipótesis de Investigación y Objetivos. Las Hipótesis se incluyen siempre en la Estrategia Explicativa. Son posibles soluciones a un problema que se expresa como una generalización. Se trata de enunciados que constan de elementos, expresados según un sistema ordenado de relaciones y que pretenden describir o explicar condiciones o sucesos aún no confirmados por los hechos.

Los Objetivos de Investigación en la estrategia explicativa, como ya hemos indicado, deben tener estrecha relación con la hipótesis en el caso de ser planteada. En la estrategia descriptiva los objetivos deben ser referidos a:

- Conocer el Sistema-Cliente.
- Conocer la situación/es-problema/s, determinando la frecuencia, gravedad y duración.
- Conocer el entorno/recursos. Sistemas de apoyo familiar, redes informales y los recursos del entorno.

C. Selección de Unidades de Análisis y Variables. La Unidad de Análisis se refiere a la identificación de quién va a ser objeto de la investigación. En Trabajo Social existen varios tipos de unidades de análisis: Individuos, Familias, Grupos y Comunidades/Organizaciones.

Las Variables en cuanto a su función pueden ser:

Variables Independientes. Son aquellas variables que tienen valores concretos y que el investigador modifica metódicamente dentro de las condiciones que se mantienen relativamente constantes. En Trabajo Social las variables independientes se identifican con la causa o antecedente de la situación.

Variables Dependientes: Son aquellas variables cuyos valores quedan definidos por las independientes. En Trabajo Social se suelen identificar con el efecto o consecuencia que ha producido la causa de la situación.

Variables Colaterales. Son aquellas que no son causa o efecto directo del problema, pero que guardan relación produciendo un agravamiento del problema.

La selección de variables se encuentra condicionada por los objetivos e hipótesis planteada y por las características particulares del sistema individual/familiar que se esté investigando. Más adelante, veremos una selección de variables por Áreas que nos ayudará a plantear adecuadamente la investigación.

D. Selección de los métodos, las técnicas y fuentes para la obtención de información. Los métodos, como se recordará de otras asignaturas, pueden ser tipificados, en líneas generales según la siguiente clasificación:

- *Cuantitativos.* Suponen la recogida de información objetiva, real y comprobable (ingresos familiares, grado de minusvalía, etc.).
- *Cualitativos.* Suponen la obtención de información sobre componentes subjetivos, captan valoraciones, actitudes, conductas y motivaciones.

Asimismo, debe indicarse para cada variable de análisis la técnica que se va a realizar para la obtención de información y la fuente que se empleará para ello. Las técnicas más frecuentes en la fase de investigación pueden ser:

- ✓ Directas: entrevista individual o familiar, observación, entrevista domiciliaria, genograma, ecomapa, mapa de redes, cuestionarios de valoración, etc.
- ✓ Indirectas: revisión y análisis documental de expedientes, consulta con otros profesionales, toma de contacto con otras personas, organizaciones e instituciones.

En relación con las fuentes se puede destacar que la principal fuente de información es la persona, pero también se pueden utilizar otras:

- ✓ Los miembros que forman la familia.
- ✓ Otros miembros familiares.
- ✓ Profesionales relacionados con el caso.
- ✓ Organizaciones e instituciones sociales.
- ✓ Fuentes médicas (médico de cabecera, valoraciones de salud, informes médicos, de salud mental, etc.).
- ✓ La escuela (profesores, directores, otros educadores, etc.).
- ✓ El trabajo (compañeros, empleadores, etc.)
- ✓ Los vecinos, amigos u otras personas que convivan o hayan convido y puedan aportar información.
- ✓ Fuentes Documentales (partida de nacimiento, certificado de empadronamiento, vida laboral, certificados, títulos académicos y documentación relevante para el caso)

E. Calendario. También debe señalarse el calendario con la distribución temporal de las actividades que se llevarán a cabo.

El modelo de la Programación de Investigación que proponemos es el utilizado por García- Longoria y Esteban (2016):

PROGRAMACIÓN DE LA INVESTIGACIÓN.				
ESTRATEGIA:				
Objetivos	**Unidad análisis**	**Variables por Áreas**	**Técnica/Fuente**	**Calendario**
1.				
2.				
3. 4.				

Una vez sistematizada la programación de la investigación, procederemos a dar respuesta a nuestros objetivos aplicando todas las técnicas programadas con las fuentes indicadas para conocer y analizar las variables por áreas que hemos planificado.

Finalmente obtendremos el Informe de Resultados por Variables y Objetivos para poder elaborar, posteriormente, el Informe Profesional de Valoración y Diagnóstico.

5.4.4. Conocimiento del Sistema Individual. Selección de Variables de Análisis por Áreas

En la Fase Inicial, desde la perspectiva del "empowerment" la valoración se entiende como un "proceso" de recogida de información, organización, análisis y síntesis de los datos más relevantes relacionados con el sistema-cliente a través de una serie de áreas, que pueden ser categorizadas de la siguiente forma:

- *Área Sociodemográfica.* Incluye todas aquellas variables necesarias para identificar socio demográficamente a la persona: edad, género, estado civil, nacionalidad, nivel de idioma hablado y escrito, documentación etc.
- *Área personal-motivacional.* Comprende, entre otras, las siguientes variables: desarrollo cognitivo, capacidad de resolución de problemas, aptitudes psicológicas, motivación para el cambio, proyecto vital, identificación de habilidades, competencias y puntos fuertes, gestión de emociones, preferencias, gustos personales etc.
- *Área familiar.* Número de miembros que componen la familia, ciclo vital de la familia, relaciones entre los miembros y subsistemas del grupo familiar, red de apoyo familiar, conflictos familiares, organización de la vida familiar; historia familiar, antecedentes familiares de situaciones de desprotección de menores, de malos tratos, etc.
- *Área formativo- laboral y económica.* Estudios realizados en educación formal, otros estudios; vida laboral: situación laboral, temporal, actividad laboral sumergida; cursos de capacitación profesional; fuentes de ingresos: nivel de renta, trabajo asalariado, pensiones, percepción de ayudas económicas, de económica sumergida, de actividades marginales (prostitución, mendicidad y delincuencia); sin ningún tipo ingresos.
- *Área de salud.* Diferentes situaciones que puedan afectar a la salud: discapacidades; diferentes condiciones relacionadas con la edad, enfermedades crónicas, situaciones de dependencia; consumo de sustancias tóxicas, abuso de alcohol; crisis de ansiedad y depresión, trastornos del comportamiento, alteraciones de conductas alimenticias, etc.
- *Área cultural.* Pertenencia a una minoría étnica o cultural, sentimiento de orgullo de su propia cultura, relaciones habituales con personas de otras

culturas, influencia cultural, sentimiento de pertenencia e identitario, costumbres, hábitos, etc.

- *Área social.* Competencias y habilidades sociales, capacidad para relacionarse y comunicarse con otros, participación y relaciones sociales, redes informales, redes formales, problemas de rechazo, falta de integración social, aislamiento social.
- *Área del contexto medioambiental.* Vivienda: régimen de tenencia, disponibilidad de contar con una vivienda propia, compartida, sin vivienda, infravivienda, en centro de acogida, alberque; condiciones de habitabilidad, equipamiento y ubicación; infraestructura del barrio, espacios de ocio y esparcimiento, asociacionismo en la zona, problemas medioambientales en el entorno medioambiental, equipamiento urbano, recursos sociales en el entorno.
- *Área legal y jurídico*-administrativa. Documentación legal: DNI, empadronamiento, permiso de trabajo o residencia, partidas de nacimiento, defunción, matrimonio, declaraciones de renta, libros de familia, cuentas bancarias, vida laboral, escrituras y contratos de arrendamiento o propiedad, convalidaciones de títulos, etc. Judicial: antecedentes judiciales, certificado de antecedentes penales, medidas o conflictos judiciales, historial policial (detenciones)
- *Área de competencias digitales o digitalización.* Conocimientos informáticos, acceso a internet, redes sociales, Wi-Fi; conocimiento, acceso y manejo de la administración pública digital; capacidades, aptitudes y habilidades digitales; obtención de certificados digitales, búsqueda de empleo digital, elaboración de CV digital, etc.

5.4.5. Enumeración de las Situaciones-Problemas

Una vez elaborada e implementada nuestra investigación y el análisis posterior, podremos contar con un Informe de Resultados por variables que nos proporcionará el conocimiento necesario para fundamentar y justificar de manera consistente la clasificación de problemas que presenta la persona.

Los tipos de situaciones-problemas que pueden presentarse con el sistema individual se pueden clasificar según Northen (1982: 67-74):

- *Deficiente economía y recursos sociales.* Muchos de los clientes acuden al trabajador social motivados por carencias y problemas de tipo económico y material: deficientes ingresos, carencias con relación a la vivienda, empleo, ayuda legal, etc.

- *Deficiente conocimientos y experiencias.* El bajo nivel de conocimiento, experiencia o información, así como la falta de habilidades influye en los comportamientos o situaciones problemáticas de los clientes. En estas situaciones los trabajadores sociales pueden intervenir: ofreciendo información sobre recursos sociales, en la enseñanza y aprendizaje de determinadas habilidades o de diversos conocimientos.
- *Reacciones emocionales al estrés.* Los clientes pueden sufrir estrés ocasionado por una transición en la fase del ciclo vital, un acontecimiento imprevisto, una catástrofe natural; o bien, diversos acontecimientos que pueden provocar una situación de crisis.
- *Enfermedad o incapacidad.* La enfermedad física o psíquica se ve acompañada de algunos problemas emocionales, familiares y económicos. La enfermedad lleva asociados una serie implicaciones emocionales: soledad, aislamiento, dependencia, etc. Las relaciones familiares también se ven afectadas por la enfermedad o minusvalía de un miembro que debe ser atendido.
- *Pérdida de relaciones.* La pérdida de relaciones se produce por: la separación de los hijos de los padres, debido a separación, divorcio, emigración, institucionalización o encarcelación. Otras perdidas se refieren a la muerte y a la pérdida de una persona significativa. La pérdida de relaciones importantes provoca sentimientos de soledad, culpa, abandono, etc.
- *Insatisfacción de las relaciones sociales.* La cantidad y calidad de las relaciones influye en la personalidad que se forma. La ausencia de relaciones significativas puede estar influida por problemas: intrapsíquicos, timidez, baja autoestima, agresividad por parte de los padres, etc.
- *Conflictos interpersonales.* Los problemas interpersonales se producen con frecuencia en la familia, debido a problemas de comunicación, conflictos ente los miembros de la pareja, límites muy permeables con respecto a la familia extensa, etc. Las relaciones con amigos, compañeros de trabajo, vecinos también pueden ser una fuente importante de conflicto.
- *Conflicto cultural.* Un aspecto importante lo constituyen los problemas ocasionados por enfrentamientos entre culturas diferentes. La incomprensión de etnias o culturas minoritarias lleva a enfrentamientos con la cultura dominante, rechazo y prejuicios contra inmigrantes, gitanos.
- *Conflictos con organizaciones formales.* Con frecuencia los clientes se encuentran enfrentados a las instituciones: un joven rechaza la escuela, una negativa a realizar el servicio militar, un atentado contra la disciplina de un centro.

- *Mal funcionamiento familiar/grupal.* En ocasiones, el funcionamiento de los miembros de la familia no permite el crecimiento individual y como grupo de sus miembros, no cumpliéndose las funciones familiares adecuadamente. Otras dificultades se producen en el nivel de los grupos: liderazgo, autoritarismo, etc.
- *Otras situaciones-problemas.*

Red et Epstein (1972) establecen además de los señalados otras situaciones problemas:

- *Las dificultades en el desempeño del rol.* Se encuentran con frecuencia en los roles familiares, pero puede afectar a otro tipo de roles. Los clientes que perciben problemas en el desempeño de un rol son conscientes de la distancia existente entre la manera en que ellos desempeñan este rol y cómo querrían hacerlo. Una madre puede ver que exige mucho a su hijo, un marido que critica mucho a su mujer, un estudiante que no dedica demasiado tiempo a sus estudios. En este tipo de problema se analiza con detalle la distancia entre el comportamiento real y el que desearía tener.
- *Los problemas ligados al cambio.* Sobrevienen cuando una modificación en la situación social provoca dificultades relacionadas con el "status" y los roles. Los cambios de residencia, de trabajo, el matrimonio o el divorcio, suponen una modificación en el comportamiento social del individuo. Asimismo, deben ser tenidos en cuenta los cambios que tienen que ver con las fases del desarrollo psicosocial, pues como sabemos las personas se encuentran en un proceso continuo de maduración personal. Con frecuencia, nos encontramos que este tipo de problemas vaya acompañado de reacciones emocionales al estrés.

5.4.6. Dimensión, Especificación y Síntomas de las Situaciones-Problemas

La clasificación anterior no nos determina la dimensión o extensión de las situaciones-problemas, ni la especificación de las mismas. El trabajador social debe trabajar conjuntamente con el cliente en estos dos aspectos. En relación con la *dimensión* o *extensión de* cada situación-problema el trabajador social debe tener información suficiente, que permita comprender el alcance de cada una. Deberá ser capaz de responder a las siguientes preguntas para cada uno de las situaciones-problemas:

1. ¿Qué está ocasionando esta situación-problema?
2. ¿Dónde ocurre?
3. ¿Cuándo ocurre?
4. ¿Quién más está presente cuando ocurre?

5. ¿Con qué frecuencia ocurre?
6. ¿Duración o alcance de la situación-problema?
7. ¿Qué gravedad tiene la situación-problema?
8. ¿Qué ha sido intentado por el cliente o por otros para solucionar la situación-problema?
9. ¿Cuáles han sido los resultados de auto resolución?
10. ¿Cuáles son las expectativas del cliente para resolver la?
11. ¿Cuál es el significado cognitivo para el cliente?
12. ¿Cuál es la reacción afectiva del cliente hacia la situación-problema?
13. ¿Cuáles son los antecedentes de la situación-problema?
14. ¿Cuáles son las consecuencias de la situación-problema?
15. ¿Qué otros factores contextuales se relacionan con la situación- problema?
16. ¿Cuál es el impacto de otros sistemas en la situación-problema?

Las primeras nueve preguntas están propuestas para adquirir una buena descripción de la situación-problema y soluciones potenciales; las restantes se proponen para comprender el contexto de la situación, pues cada situación-problema está formada por una serie de factores biológicos, psicológicos, sociales, incluyendo obstáculos potenciales y recursos que pueden ser relevantes ante la situación-problema.

Además, el trabajador social debe trabajar en la *especificación de las situaciones problemas,* esto es, la investigación de la situación problemática en el cliente, explicando todas las áreas que se relacionan con la situación conflictiva (preguntas n ° 5, 6, 7). Para la *especificación de situaciones- problemas,* Tolson, Reid et Garvin, (1994) proponen determinar las dimensiones de: *frecuencia, gravedad y duración* de la manifestación o síntomas del problema.

- *Frecuencia.* Para determinar la frecuencia el trabajador social debe trabajar e investigar, siendo capaz de responder si una situación-problema es *frecuente, ocasional o puntual.*
- *Gravedad.* Para la gravedad utilizaremos las dimensiones de: *grave, moderado o leve.*
- *Duración* estará determinada por la dimensión temporal.

Por ejemplo, en la especificación de una situación-problema de "conflictos interpersonales" en las relaciones de pareja, la especificación podría ser la siguiente:

- *Frecuencia:* si las riñas y peleas de la pareja tienen una media de 3 veces a la semana, será frecuente.
- *Gravedad:* durante las peleas se producen agresiones violentas, malos tratos a la mujer y a los hijos, será grave por los efectos que produce y por la implicación de otras personas, en este caso los hijos.
- *Duración:* La pareja mantiene esta situación durante 3 años.

Consideramos fundamental, en la Fase Inicial, especificar la frecuencia, gravedad y duración de una situación-problema antes de llegar a la Fase Media de intervención, ya que estos aspectos nos serán de gran utilidad en el proceso de jerarquización. Estos datos pueden ser extraídos de dos formas (Tolson et al, op. cit):

- Trabajar con el cliente sobre la especificación de cada situación-problema, pidiéndole que nos determine la frecuencia, gravedad y duración.
- Se puede realizar esta misma línea de trabajo de forma retrospectiva, invitando al cliente a que explicite la frecuencia, gravedad y duración de la situación-problema en el mes o semana anterior. En la investigación retrospectiva de los hechos se corre el riesgo de que la persona no recuerde la magnitud de la situación problemática.

Para la investigación de determinadas carencias de tipo afectivo, emocional, de comportamiento, así como para los conflictos interpersonales debemos determinar además los *síntomas* o *manifestaciones* de la situación problema, pues cada uno produce una serie de efectos según la persona que lo padece. Por ejemplo, ante una situación-problema conceptualizada como "reacciones emocionales al estrés", que conduce a situaciones depresivas se manifiesta en cada cliente de forma diferente. En un cliente se manifiesta como incapacidad de dormir, llanto frecuente, incapacidad de hacer el trabajo de casa, pérdida de relaciones sociales; así los síntomas o manifestaciones del problema podrían ser:

- *Incapacidad de dormir:* el cliente ha dormido una media de sólo 4 horas cada noche durante la semana pasada.
- *Llanto frecuente:* el cliente ha llorado una media de dos veces cada día durante la semana pasada.
- *Imposibilidad de realizar el trabajo de casa:* el cliente ha empleado sólo una hora a la semana en estas actividades.
- *Pérdida de relaciones sociales:* el cliente no ha tenido ningún encuentro social en dos semanas.

La especificación completa de la situación-problema, tanto en lo que se refiere a frecuencia, gravedad o duración, como las manifestaciones o síntomas del mismo nos hará ser capaces de conocer la dimensión o extensión de las diversas situaciones problemáticas.

Para la especificación de una situación-problema conceptualizada como "deficiente economía y recursos sociales" en el que el cliente necesite una la vivienda, nos podría servir la siguiente clasificación:

- *Tamaño.* El cliente necesita una vivienda de dos dormitorios.
- *Localización.* Debe contar con varias formas de desplazamiento según las necesidades de sus miembros.
- *Coste.* No debe exceder de un precio determinado.

Dependiendo de la situación conflictiva algunas dimensiones de la situación-problema deben ser trabajadas tempranamente durante el proceso de especificación, pues ante una situación-problema conceptualizada como "reacciones emocionales al estrés", como puede ser una situación depresiva, el trabajador social deberá conocer de forma prioritaria las dimensiones que se relacionan con: salud física y psicológica, estado o comportamiento, autoestima y autoconcepto, personalidad.

En otras situaciones, conceptualizadas como las "dificultades en el desempeño de los roles" nos será útil conocer todo lo que se relacione con el comportamiento real en el desempeño del rol de padre, marido o trabajador y el que desearía tener, señalando la distancia entre ambos.

Por último, destacar la importancia de señalar en la clasificación de problemas de Northen los síntomas o manifestaciones de un problema determinado ya que en la Fase Media (planificación e intervención), como ya veremos en el siguiente capítulo, los objetivos de intervención estarán relacionados con estos síntomas o manifestaciones indicadas. Por ejemplo, cuando destacamos que existe el problema de "Deficiente Conocimiento y Experiencia", es necesario explicitar a qué nos referimos, es decir, los síntomas de este problema, a saber, "deficiente conocimiento sobre cómo regular su situación legal y administrativa", "desconocimiento y falta de experiencia en el acceso virtual y digital" y "deficiente formación académica y para el empleo". En este caso, nuestros Objetivos de Intervención en la Fase Media serían: "Conseguir la regularización jurídica y administrativa de la usuaria", "Capacitar a la usuaria en el manejo de las nuevas tecnologías de la información" y "Dotar a la usuaria de la formación académica necesaria para el empleo".

5.4.7. Determinación de los Elementos: Persona, Problema, Otros Sistemas y Recursos

Es necesario distinguir los conceptos de *contexto* y *medio ambiente.* El contexto es lo que rodea a la situación-problema, como hemos destacado, y el medio ambiente es lo que rodea al sistema, que puede estar constituido por el entorno inmediato y mediato. (Reid, 1992).

El medio ambiente se puede dividir en inmediato y mediato. En el medio ambiente inmediato se encuentran los amigos, parientes, vecinos y redes sociales, lo que hemos denominado como *mesosistema* En el medio ambiente mediato, se encuentra el barrio, las instituciones con las cuales se vincula y que le aportan servicios: servicios de salud, fuentes de trabajo, de seguridad social, vivienda, municipalidad, servicios de movilización colectiva, etc., lo que ha sido llamado *exosistema.* En una relación ecosistémica el individuo y la familia deberán contar en el medio ambiente con los recursos y apoyos necesarios para que le permitan funcionar adecuadamente.

En esta fase, como señala Mattaini (1997), es conveniente realizar conjuntamente con el cliente un *Ecomapa,* gráfico en el que se representan los intercambios positivos y negativos de las relaciones del cliente con su medio social en los dos niveles que se destacaron:

- Nivel de los microsistemas: familia, los otros con los que se vive, amigos, vecinos, compañeros.
- Nivel del mesosistemas: la interacción entre los microsistemas y redes sociales.
- Nivel del exosistema: las organizaciones sociales y de la comunidad.
- Nivel del macrosistema: los factores sociales, políticos y económicos que pueden estar influyendo.

También se puede identificar la red social a través del *Mapa de Redes Sociales* de una persona tanto en términos de ayuda natural como formal para determinar los recursos de apoyo percibidos como reales, potenciales y disponibles, dónde están las limitaciones, los conflictos, las carencias. Esto nos permitirá conocer no sólo los recursos que tiene el cliente, sino también enfocar la intervención en el entorno de la red social del cliente, tanto para potenciar los recursos que tiene, como para trabajar en aquellos aspectos de la red que presenten carencias.

En la intervención con el sistema individual individuos según la Teoría General es obligatorio considerar (Tolson et al, op. cit):

- El impacto de otros sistemas en la situación-problema.
- El impacto de la situación-problema en otros sistemas.
- El rol de otros sistemas en la resolución de la situación-problema: familia, amigos, comunidad.

Cuando existe una considerable interrelación entre una situación-problema y otros sistemas deberíamos considerar nuestra posición de trabajar exclusivamente con el sistema individual. Se debe trabajar con éste cuando se encuentra sólo, porque carezca de familia, por necesidades propias, por problemas intrapsíquicos, por elección del cliente; lo usual es trabajar con el sistema individual como sistema primario y con el sistema familiar como sistema secundario, o viceversa con la familia como sistema primario y el individuo como sistema secundario, así como con otros sistemas que pueden apoyar la intervención. En cualquier caso, aunque se decida trabajar con el individuo, debe tenerse en cuenta la posibilidad de trabajar con colaboradores, personas envueltas en las vidas de nuestros clientes, familia, amigos, otros profesionales. Se debe trabajar con colaboradores cuando tienen influencia sobre el cliente.

Neuburger (1994) señala que deben ser consideradas tres características esenciales para conceptualizar la demanda: síntoma, sufrimiento y alegación o petición de cambio. Adaptada a la realidad de servicios sociales la propuesta podría ser: *situación-problema, sufrimiento* y *demanda.* Según dicho autor el considerar estas tres características nos permite indicar el nivel de intervención.

✓ *Nivel Individual.* Cuando el síntoma o la situación-problema, el sufrimiento y la demanda se encuentran en la misma persona, será más indicado realizar la intervención con individuos.

✓ *Nivel Familiar.* Cuando la situación- problema, el sufrimiento y la demanda se encuentran repartidos en diferentes personas de la misma familia, será más conveniente la intervención con la familia.

✓ *Nivel de Red.* Cuando las tres características se encuentran repartidas entre diferentes sistemas humanos, la indicación de intervención será más idónea en la comunidad.

Una vez que se han obtenido información sobre el sistema, sobre la situación-problema, destacando las variables que señalan la dimensión, especificación y síntomas, el trabajador social debe tomar en consideración los recursos que tiene para la solución de los problemas. En este sentido, conviene señalar los recursos con los que se puede contar:

- Los recursos personales que posee el cliente, pues todo el mundo tiene habilidades, competencias y recursos propios que desconoce, siendo necesario el conocimiento de estos aspectos, para partir de ellos Es necesario un proceso de "empowerment", el proceso de incremento personal e interpersonal de fortalecimiento de las capacidades de las personas, sus habilidades y sus fortalezas, de reforzar y potenciar su valía personal.
- Los recursos del entorno del cliente, averiguar que otros sistemas pueden colaborar para afrontar las situaciones-problemas de forma realista, sin encubrirlos ni desplazarlos, redes informales de apoyo: miembros de la familia, amigos, compañeros.

- Los recursos institucionales supondrán siempre una perspectiva abierta a otras soluciones y otros servicios de organizaciones sociales y comunitarias, redes de apoyo formal que puede colaborar en el proceso de ayuda. Así mismo los recursos económicos deberán ser siempre un instrumento de trabajo integrados dentro de una Programación de Global de Intervención, serán siempre un medio no un fin en sí mismo, intentando hallar soluciones más duraderas que puntuales.

Dentro de la determinación de los elementos presentes en la situación conflictiva es igualmente necesario interrelacionar las diferentes situaciones-problemas entre sí, es decir, las variables, independientes, dependientes o intervinientes, que causan, producen, o bien intervienen en el mantenimiento de la situación-problema, con el fin de que nos permita una comprensión global de la persona y su situación, pues como sabemos los problemas sociales no tienen una sola causa.

Al finalizar este aspecto el trabajador social debería tener la siguiente información:

- *La situación-problema presente o la demanda* que le hace acudir al cliente al trabajador social.
- *Otras necesidades y situaciones-problemas* que pueda presentar la persona que esté en relación con su desarrollo psicosocial, determinando la especificación y alcance de los mismos.
- *La aceptación o no de la situación problemática* supone conocer el grado de aceptación de la situación, así como los mecanismos de defensa utilizados durante las entrevistas.
- *Los factores que influyen en su personalidad* supone señalar: introversión- extroversión, emotividad, autoconcepto y autoestima, madurez o inmadurez en relación con la fase del ciclo vital, la personalidad del cliente es un factor positivo o negativo en la causa o mantenimiento de la situación-problema, si ha habido cambios de comportamiento o de conducta en relación con la situación-problema señalada.
- *La homeóstasis* y *morfogénesis* los factores que pueden suponer cambio o crecimiento, o los que influyen en el mantenimiento de la situación problemática.
- *La comunicación* supone prestar atención y analizar la habilidad de las personas para escuchar, oír y comprender a los demás.
- *Salud física y psicológica.* Supone conocer la situación-problema en relación con la salud física y psicológica.
- *Formación y conocimientos.* Se trata de conocer en qué medida influye la situación-problema en la formación y los conocimientos que tiene el cliente;

o bien analizar si tiene formación y conocimientos para comprender su situación-problema.

- *Las relaciones familiares*: Supone tener un conocimiento del grupo familiar, relaciones entre los miembros, red de apoyo familiar, conflictos familiares, cohesión, adaptabilidad al ciclo vital familiar.
- *Relaciones sociales:* redes informales de apoyo, redes de apoyo formal que pueden prestar ayuda en el proceso de intervención.
- *El medio ambiente* supone comprender y evaluar el ambiente, considerado en términos de oportunidades y gratificaciones, o de obstáculos y limitaciones de cara al logro de los objetivos personales.
- *La conveniencia o no de trabajo con otros sistemas implicados.* Puede trabajarse complementariamente con otros sistemas familia, amigos, otras organizaciones, etc.
- *Los recursos necesarios y disponibles para aliviar sus necesidades*

Finalmente, señalar que la valoración es multifactorial y compleja, puesto que aunque se deba atender a una serie áreas y variables de investigación, como hemos expuesto, la importancia relativa que tiene cada uno de ellas, varía no sólo en función de cada persona y su situación, sino, a menudo, de los distintos factores que intervienen en el proceso de ayuda. Así pues, el trabajador social debe conocerlos y comprenderlos antes de la intervención, aún sabiendo que el conocimiento se incrementará a lo largo del proceso metodológico de intervención en Trabajo Social

5.4.8. Jerarquización de las Situaciones-Problemas

Una vez establecida la enumeración, especificación de las situaciones-problemas y necesidades detectadas, es necesario realizar conjuntamente con el cliente la jerarquización de las mismas, sabiendo que el cliente tiene la última palabra.

El razonamiento por parte del cliente sobre la *jerarquización de las situaciones-problemas* principales comprende dos aspectos: en primer lugar, el derecho del cliente hacia la autodeterminación debe ser respetado; en segundo, el trabajo es más efectivo cuando se incluyen en la intervención aquellas situaciones-problemas que el cliente quiere cambiar, al tiempo que se incrementa la motivación (Tolson, et al, op. cit).

Se ha destacado el carácter de circularidad del sistema puesto de manifiesto por el modelo sistémico, siendo la situación-problema más sensible al cambio la que constituye la elección de entrada a su sistema. De esta forma, se utilizará el deseo del cliente y su esperanza de cambio (Ranquet, 1996).

Las situaciones problemáticas se refieren a comportamientos no deseados, falta de habilidades, necesidad de ayuda para la comprensión de uno mismo, o bien la adaptación y mejora de las posibilidades del medio; por tanto no deben de ser identificados como objetivos, que son las aspiraciones explicitadas y deseadas por el cliente. El trabajador social debe evitar mezclar los problemas con los objetivos, como primer paso en la jerarquización, pues los clientes, frecuentemente, esconden las situaciones-problemas tras los objetivos que desean (Tolson et al, op. cit.). Por ejemplo, una mujer separada afirma que necesita encontrar un trabajo, porque su marido no le pasa la pensión por los hijos. Para ella encontrar un empleo es la situación-problema, pero este no el objetivo, aunque el trabajador social puede reconocerlo sobre la base de la situación-problema. El trabajador social reconocerá como problemático la "falta de conocimientos o experiencia para encontrar un trabajo". El empleo puede ser utilizado, a menudo, para solucionar situaciones-problemas como la soledad y el sentimiento de abandono. En esta misma consideración nos encontramos, muchas veces, con las solicitudes relativas a los recursos económicos y materiales, dichas solicitudes serán un medio, pero nunca constituirán un fin en sí mismo en el proceso de intervención.

El trabajador social pide al cliente que priorice las situaciones- problemas que han sido identificadas, este proceso es repetido hasta que todas las principales han sido jerarquizadas por el cliente. Frecuentemente, es necesario repetir la lista varias veces durante el proceso de priorización. Si el trabajador social considera que la jerarquización es errónea, le invita a reconsiderar las prioridades que ha señalado confrontando la jerarquización con la que él considera más adecuada a cada situación, en cualquier caso el cliente tiene la última palabra.

Queremos destacar que la experiencia práctica ha demostrado la conveniencia de intervenir en aquellas situaciones-problema que el cliente siente como prioritarias, por varias causas:

1. El cliente tiene más confianza en las posibilidades ayuda del trabajador social cuando ha sido ayudado en otras situaciones-problemas.
2. El trabajador social puede utilizar la Fase Media de intervención para trabajar con el cliente en las situaciones-problemas no reconocidos.

La situación-problema que será objeto de la intervención recibe el nombre de *problemas diana*, se trata de problemas reconocidos explícitamente por el cliente y sobre los que desea comenzar (Reid et Epstein, op. cit). Aquellas que reciben una consideración de uno, dos o tres, generalmente, se convierten en los problemas diana, pues es bastante difícil centrarse en más de tres a la vez. El número, en cualquier caso, depende de la complejidad de las situaciones-problemas y el deseo del cliente de trabajar conjuntamente con el trabajador social.

Una vez que hemos establecido conjuntamente con el cliente la jerarquización de las situaciones-problemas, el trabajador social deberá ser capaz de responder a las siguientes cuestiones:

- ¿Se ha seleccionado al menos un problema sobre el que el cliente debe ser ayudado o quiere ayuda?
- ¿Es alguno un objetivo?
- ¿Han sido todas las áreas de problemas jerarquizadas?
- ¿Debería esta jerarquización ser confrontada?

5.4.9. Establecimiento de un Contrato y de Límites de Tiempo

El trabajo realizado precedentemente y sobre el que se fundamentará la intervención es esquematizado en un documento a modo de contrato. El contrato en Trabajo Social es el acuerdo explícito que se establece entre el trabajador social y cliente, referido a los problemas diana y los objetivos de intervención.

La técnica del contrato ayuda a definir con precisión y conocimiento los compromisos recíprocos que asumen el cliente y el trabajador social para llevar a cabo el proyecto de intervención. El contrato es el fruto de una relación equilibrada dentro de la tríada institución-profesional-cliente, mediante la cual se establecen los contenidos, objetivos, compromisos y responsabilidades mutuas (Rueda Estrada, 1998).

El contrato en la intervención en Trabajo Social debe incluir (Tolson et al, op. cit: 69):

- Las situaciones-problemas jerarquizadas sobre los que se quiere trabajar.
- Los objetivos que se desean conseguir.
- El número de sesiones.
- La frecuencia y duración de las sesiones.
- Compromisos de cada una de las partes: trabajador social-sistema cliente.

Los contratos pueden ser orales o escritos, los orales son más frecuentes, sin embargo los escritos son más efectivos, pues proporcionan tanto una definición de los acuerdos como los objetivos establecidos.

El objeto del contrato debe ser determinado y posible, los objetivos deben ser formulados respecto a una conducta observable y verificable, siempre debe ser legal, no debe violar la ley, ni ir contra el código moral y ético del trabajador social. Los contratos deben estar redactados teniendo en cuenta:

- El nivel educativo y cultural del cliente.
- La capacidad de comprensión del cliente.

- La redacción de objetivos claros.
- El acuerdo mutuo.

Otro elemento importante del contrato es determinar conjuntamente con el cliente el *número de sesiones o entrevistas* que se utilizarán en la Fase Media del proceso de ayuda.

5.4.10. Elaboración del Informe de Valoración Profesional

Una vez obtenidos los resultados de la investigación o estudio, nos encontramos en la *etapa de valoración* o diagnóstico, es decir, estamos preparados para establecer la enumeración y especificación de situación/es problema/s y necesidades detectadas y los acuerdos alcanzados con el cliente sobre los que se fundamentará la intervención. Debe tenerse en cuenta que durante todo el proceso vamos incrementando nuestro conocimiento de la persona y de su situación, de su modo de enfrentarse a las dificultades y problemas. Por ello, en cierta manera, *"el proceso valoración se continúa en el tiempo"*. Sin embargo, salvo que en un momento determinado nos encontremos con un hallazgo que cuestione el "diagnóstico" previo, no es conveniente cambiar éste continuamente. Por el contrario, se trataría más bien de completar lo ya realizado, con los nuevos descubrimientos que vayamos haciendo en el curso de la intervención en Trabajo Social.

G. Hamilton (1992) distingue dos aspectos principales:

- El diagnóstico considerado como la comprensión de la situación que el cliente presenta.
- La evaluación, que es la consideración del funcionamiento de la persona o grupo respecto a las propias necesidades, las capacidades que posee y la forma como utiliza los recursos internos y externos.

Tanto el diagnóstico como la evaluación están mediatizados por los valores y los esquemas de pensamiento predominantes en una época y en un contexto social determinado (G. Hamilton, op. cit.). Este mismo autor señala que existen tres niveles en el diagnóstico:

- *Nivel descriptivo.* Es aquél en el que se hace una síntesis descriptiva de la "situación-cliente" y del problema que plantea.
- *Nivel causal.* Se intenta establecer relaciones de posible causa-efecto que tienen o han tenido incidencia en el problema actual.
- *Nivel de evaluación.* En él se ponderan los elementos personales y sociales que pueden utilizarse para introducir mejoras y los elementos que posiblemente incidirán de forma negativa.

Todos los datos de la fase de estudio quedan reflejados en el Informe de Valoración Profesional. Es un instrumento utilizado por el profesional con carácter interno. En él quedan reflejados tanto las conclusiones del estudio realizado, como los aspectos interpretativos de la situación en los que se fundamentará la intervención. Contiene los siguientes aspectos (García Longoria y Esteban, op. cit):

A. Resumen de los datos más destacados del Estudio. El sistema cliente, su familia, factores psicológicos, culturales, sociales, formativos, laborales, hábitat, etc. Debe incluirse los antecedentes del problema, es decir como se ha llegado a la situación actual.

B. *Enumeración de Problemas y Necesidades detectadas.* Según la clasificación de Northen, destacando las variables de frecuencia, gravedad y duración y los síntomas o manifestaciones de cada uno de los problemas detectados.

C. Recursos con los que se cuenta. Se destacan los recursos personales, los del entorno del cliente, y los institucionales.

D. Hipótesis de diagnóstica. La hipótesis diagnóstica supone un resumen de los problemas enumerados que intenta dar una explicación a la situación-problema. En el caso de estrategias explicativas se debe señalar si se confirma o se rechaza la hipótesis planteada. En el caso de otras estrategias se formula la Hipótesis Diagnóstica, para lo que se identifican los problemas que se consideran como causa o causas, así como los que afectan a la situación, indicando la relación en ellos.

E. Jerarquización de los problemas y contrato con el cliente. En este momento es necesario señalar que problemas se van abordar en primer lugar de acuerdo con la estrategia acordada con el sistema-cliente, es decir, si se va a intervenir sobre la causa, el efecto, o bien los problemas colaterales. Este trabajo es sistematizado en un documento a modo de "contrato".

5.5. APLICACIÓN PRÁCTICA DEL PROCESO METODOLÓGICO DE INTERVENCIÓN: FASE INICIAL

A continuación, presentamos un caso práctico que hemos aplicado a la Fase Inicial, a modo de ejemplo que permita contextualizar mejor el proceso metodológico.

Descripción del caso:

Mohamed es un hombre de 26 años, originario de Túnez, llega a España, tras un largo viaje desde su país hasta Argelia, por vía marítima. Viajó durante 48 horas en una patera junto a 18 personas más. La razón por la que decidió marcharse de su país fue por recomendación de un amigo que viajó a España, es decir, por "el efecto llamada" y por motivos económicos, ya que su intención era encontrar trabajo y tener un futuro mejor que el que le esperaba en su país. Es el mayor de 4 hermanos, tiene 2 hermanos y una hermana pequeña y sus padres han fallecido. Todos ellos residen en Túnez y solo mantiene comunicación telefónica de forma continuada con su hermana pequeña. La comunicación con el resto de sus hermanos es esporádica. No pudo finalizar sus estudios primarios por motivos económicos y de necesidad familiar al morir sus padres. Tiene carné de conducir sin homologar en España y desempeña la profesión de pintor, aunque también ha realizado trabajos como peón de agricultura. Su idioma materno es el árabe y desconoce el español tanto escrito como hablado. Sufre crisis de ansiedad y estrés por las dificultades de su viaje.

Una vez presentado el caso práctico, iniciaremos la Fase Inicial del Proceso Metodológico de Intervención con el sistema individual.

ACOGIDA Y ANÁLISIS DE LA PRIMERA DEMANDA

El usuario fue recogido junto a sus compañeros por Salvamento Marítimo cuando estaban cerca de Cabo de Gata. Tras llegar al puerto de Almería fueron trasladados al Centro de Atención Temporal a Extranjeros (CATE) donde permanecieron hasta que el equipo técnico de nuestra asociación se hizo cargo de su acogida permanente en nuestro país. A partir de dicho momento fueron dados de alta en el Programa de Atención a Inmigrantes.

En este caso no existe demanda como tal, es decir hay ausencia de demanda, ya que el usuario ha sido derivado por la Secretaría General de Inmigraciones y Emigraciones, del Ministerio de Empleo y Seguridad Social.

Nos encontramos ante un joven en situación de vulnerabilidad y necesidad por las siguientes causas:

En primer lugar, su situación administrativa es irregular, carece de recursos económicos propios y su situación se ve agravada por su desconocimiento tanto del lenguaje como del contexto del país de acogida.

En segundo lugar, presenta circunstancias de dificultad puesto que carece en nuestra ciudad de redes de apoyo tanto familiares como redes sociales, esto deriva en que no tenga un entorno de acogida inmediato puesto que su amigo vive en Orihuela. Por ello, hemos informado como favorable su ingreso en una vivienda de acogida temporal del Programa de Atención a Inmigrantes, debido a que se debe prevenir el deterioro personal del usuario, así como una posible situación de calle, reduciendo en medida de lo posible su situación de vulnerabilidad.

En tercer lugar, sufre una situación de estrés con crisis de ansiedad por las dificultades y los conflictos ocurridos durante su viaje y la travesía hasta llegar a España en una patera con un contexto de hacinamiento.

En este momento, se ha de realizar un proceso de investigación de tipo descriptivo, pues previamente en un contacto anterior se conocía el caso de manera superficial (estrategia exploratoria), para poder conocer en profundidad las áreas implicadas en la demanda inicial y determinar la intervención más adecuada según la hipótesis diagnóstica que formulemos.

Esta circunstancia, nos obligará, como trabajadores sociales, a impulsar y trabajar el vínculo profesional y la relación de ayuda con esta persona desde el momento de la acogida, de tal forma que fortalezcamos su colaboración y cooperación en el proceso metodológico de intervención individual.

Tras la realización de la acogida y análisis de la primera demanda, el trabajador/a Social procederá a plantear la programación de la investigación según el modelo presentado en el capítulo.

PROGRAMACIÓN DE LA INVESTIGACIÓN

REGISTRO DE PROGRAMACIÓN DE LA INVESTIGACIÓN				
Estrategia: Descriptiva, ya que se tiene algún conocimiento del caso y tratamos de establecer un contacto más intenso para llevar a cabo una investigación más profunda.				
Objetivos	**Unidad de análisis**	**Variables**	**Técnicas/ Fuentes**	**Calendario**
(Conocer a la persona) 1. Indagar las circunstancias personales y familiares del usuario.	Usuario.	**Área Sociodemográfica:** Edad, estado civil. **Área personal/motivacional**: Motivación, habilidades, capacidades, preferencias y aficiones. **Área familiar:** Antecedentes personales y familiares, relaciones y conflictos familiares. **Área jurídica administrativa**: Documentación, permiso de residencia, empadronamiento.	**Técnicas** Entrevista Revisión documental Historia de vida Genograma Observación **Fuentes** Usuario Documentación	1 sesión 11/09/20XX

REGISTRO DE PROGRAMACIÓN DE LA INVESTIGACIÓN				
Estrategia: Descriptiva, ya que se tiene algún conocimiento del caso y tratamos de establecer un contacto más intenso para llevar a cabo una investigación más profunda.				
Objetivos	**Unidad de análisis**	**Variables**	**Técnicas/ Fuentes**	**Calendario**
(Conocer el problema) 2. Analizar sus posibles situaciones de dificultad y sus necesidades	Usuario.	**Área formativa/laboral:** antecedentes e historial laboral, nivel educativo y formación para el empleo. **Área del contexto medioambiental**: disponibilidad de vivienda **Área de salud:** consumo de sustancias y/o alcohol, salud emocional como ansiedad, depresión, estrés, trastornos de conducta y problemas de salud física. **Área de competencias digitales**: Capacidades y aptitudes digitales, acceso a internet, redes sociales, conocimiento de acceso digital a la Administración.	**Técnicas** Observación participante Entrevista Revisión de documentos **Fuentes** Usuario Documentos legales	2 sesión 11/09/20XX
(Conocer el entorno) 3. Estudiar su entorno cultural y las redes sociales y de apoyo	Usuario.	**Área social:** Redes de apoyo y redes sociales, comunicación, habilidades **Área cultural:** Influencia cultural, patrones culturales y/o religiosos, sentimiento de pertenencia.	**Técnicas** Entrevista personal Observación Mapa de redes sociales Ecomapa **Fuentes** Usuario	2 sesión 11/09/20XX

Implementada la programación de la investigación, el/la Trabajador/a Social estará en disposición de elaborar el informe de resultados por objetivos y variables. Con este informe de resultados se obtendrá el Informe de Valoración Profesional o Informe de Valoración Diagnóstico para concluir con la Fase Inicial de Investigación.

REGISTRO DE INFORME DIAGNÓSTICO O DE VALORACIÓN PROFESIONAL

Apellidos Nombre______________________________Expediente___________

Fecha____________________________

A. RESUMEN DE LOS DATOS MÁS DESTACADOS DEL ESTUDIO	• Mohamed es un hombre de 26 años, llega a España por vía marítima. Decidió marcharse de su país por recomendación de un amigo que viajó a España y por motivos laborales y económicos. Su familia (dos hermanos y una hermana) residen en Túnez y solo mantiene comunicación telefónica de forma continuada con su hermana pequeña. No posee titulación académica oficial. Tiene carné de conducir sin homologar en España. En su país ha desempeñado profesiones de escasa formación especializada (pintor y peón agricultura). Desconoce el español tanto escrito como hablado.
B. ENUMERACIÓN Y ESPECIFICACIÓN DE PROBLEMAS Y NECESIDADES DETECTADAS SEGÚN NORTHEM INCLUYENDO LA ESPECIFICACIÓN DE FRECUENCIA, GRAVEDAD Y DURACIÓN	• **Deficiente conocimiento y experiencia:** El usuario tiene carencias importantes en cuanto al conocimiento escrito y hablado del idioma español. Asimismo, no posee estudios reconocidos ni experiencia laboral especializada, también desconoce cómo regular su situación jurídico-administrativa en nuestro país. **Frecuencia**: Frecuente, no finalizó estudios primarios reglados ni tiene formación laboral. **Gravedad**: Grave, el nivel de español agrava su situación de búsqueda de empleo **Duración**: larga duración. • **Deficiente economía y recursos sociales:** Carece totalmente de ingresos económicos y no puede cubrir sus necesidades básicas. Carece de un recurso de alojamiento propio o en situación de alquiler y no tiene acceso a los recursos sociales previstos para la población con necesidades básicas puesto que no tiene documentación. **Frecuencia**: Frecuente, desde que llegó a España. **Gravedad:** Grave, la falta de ingresos no le permite acceder a una vivienda y a la atención de las necesidades más básicas. **Duración**: Larga duración. • **Pérdida de relaciones:** Ausencia de relaciones con su familia de origen. Los padres han fallecido, el contacto con sus hermanos es esporádico, aunque se interesa por ellos a través del único contacto que mantiene con su hermana a través de conversaciones telefónicas. **Frecuencia:** Frecuente, desde que salió de Túnez. **Gravedad**: Grave, no mantiene ningún contacto presencial con la familia de origen. **Duración:** Desde que salió de su país. • **Reacciones emocionales al estrés:** El usuario tiene alteración del sueño, crisis de ansiedad y estrés. **Frecuencia:** Diaria, desde que llegó a España. **Gravedad:** Grave, no le permite concentrarse en atender a sus necesidades. **Duración:** Desde que llegó a España

C. RECURSOS CON LOS QUE CUENTA	• **Por parte del Cliente:** Se observa buena predisposición y alta motivación del usuario para aprovechar las oportunidades que se le brinden y lograr su integración social. El usuario tiene un gran interés en cambiar su situación y está abierto a recibir ayuda, su objetivo es formarse. • **Por parte del entorno del Cliente**: Aunque escasos, mantiene contactos con sus hermanos y más frecuentes con su hermana. Asimismo, mantiene relaciones de amistad con un compatriota que le puede apoyar, aunque está en Alicante. • **Recursos Institucionales**: El usuario presenta los requisitos para beneficiarse del programa de Atención a Inmigrantes, por lo que se le podrá proporcionar, de manera temporal, los recursos necesarios para poder cubrir las necesidades básicas de la vida, como alimentación, ropa y vivienda, así como clases de español, servicio psicológico y jurídico si lo necesitase. Además, contamos con los Servicios Sociales Municipales, otras asociaciones de inmigrantes y recursos propios del entorno.
D. HIPÓTESIS DIAGNÓSTICA	• El deficiente conocimiento y experiencia que tiene el usuario, en cuanto a su falta de conocimiento del idioma, su nula formación académica y el desconocimiento de cómo regular su situación jurídico-administrativa está provocando la deficiente economía y recursos sociales puesto que no tiene ingresos económicos para satisfacer sus necesidades básicas y no posee una vivienda propia ni en régimen de alquiler. Estas situaciones problema están viéndose agravadas por las reacciones emocionales al estrés y la pérdida de relaciones con sus familiares y amigos.
E. JERARQUIZACIÓN DE PROBLEMAS	1. Deficiente economía y recursos sociales 2. Deficiente conocimiento y experiencia 3. Reacciones emocionales al estrés 4. Pérdida de relaciones

Es necesario indicar, respecto a la jerarquización de problemas, que se realiza con el usuario para priorizar los temas de interés y los temas más urgentes. Es por ello, por lo que puede coincidir o no con la clasificación de variable (problema) independiente, variable (problema) dependiente y colaterales que presentaremos en el Plan de Acción.

Es decir, en el caso que presentamos como ejemplo no coincide la jerarquización con la clasificación realizada en el Plan de Acción, como veremos en el siguiente capítulo y en la continuación del Proceso Metodológico. Se jerarquiza como primer situación problema en la que se debe trabajar "Deficiente economía y recursos sociales" por la inminente necesidad y urgencia de atender y cubrir las necesidades básicas del usuario antes de comenzar con una intervención normalizada. En dicha intervención, después de satisfacer las necesidades más urgentes, se llevará a cabo el Programa nº 1 "Deficiente conocimiento y experiencia" para poder implementar la intervención con la variable (problema) independiente por ser la causa de las situaciones problema que presenta nuestro usuario y el Programa nº 2 sobre la variable dependiente en su totalidad

En este momento del Proceso Metodológico, estaremos en disposición de comenzar la Fase Media de Intervención.

5.6. ACTIVIDAD PRÁCTICA Nº 5

"LA INTERVENCIÓN EN TRABAJO SOCIAL CON EL SISTEMA INDIVIDUAL: FASE INICIAL. CASOS PRÁCTICOS"

Caso Práctico.

Carine es una joven de 27 años de origen camerunés que llegó a España hace 10 junto a sus padres y sus dos hermanos pequeños. Con su familia de origen convivió en Barcelona durante 8 años, hasta que, tras una discusión fuerte con su padre, se fue de casa llegando a Valencia con una pequeña cantidad de dinero que le dio su madre. Convivió durante un tiempo con una prima de su madre, realizando pequeños trabajos de limpieza de hogar, de camarera sin contrato ni alta en seguridad social. Conoció a una pareja con la que se trasladó a Murcia, con la que comenzó a "beber" y a prostituirse de manera esporádica para obtener ingresos. En la actualidad, vive sola
en una habitación realquilada de una vivienda compartida con otra pareja y un hombre. Busca trabajo pues manifiesta su deseo de "cambiar de vida" y acude a nuestro servicio de acogida en la entidad sin ánimo de lucro en la que trabajamos pues se ha enterado que tenemos pisos de acogida para inmigrantes y desea salir de la casa en la que está pues no tiene dinero para pagar el "realquiler". Es la segunda vez que viene a vernos.

Objetivos de la práctica:

1. Aplicar el proceso metodológico de Trabajo Social a la intervención con individuos: fase inicial.
2. Analizar el sistema individual.
3. Utilizar los principales instrumentos y técnicas de esta fase.
4. Comprender y reflexionar sobre los contenidos teóricos impartidos en el capítulo.

Actividades:

1. Explique los diferentes tipos de demanda y pon un ejemplo de cada una de ellas.
2. Explique las estrategias de investigación y reflexiona sobre sus diferencias. Ponga un ejemplo de cuándo utilizar cada una de ellas
3. Lea detenidamente el caso propuesto. Reflexione sobre la situación/caso.
4. Analice la demanda.
5. Realice la Programación de la Investigación según los contenidos teóricos que han sido explicados en las asignaturas.
6. Elabore una entrevista para la obtención de información.
7. A partir del Registro de Resultados de la entrevista realizada, elabore el Informe Diagnóstico.

5.7. MATERIALES RECOMENDADOS

- Beaver, M. L. y Miller, D. (1998). *La práctica clínica del trabajo Social con personas mayores.* Ed. Paidós.
- Ituarte Tellaeche, A. (1992). *Procedimiento y proceso en Trabajo Social Clínico.* Siglo XXI.
- Johnson, L. C (1992). *Social Work Practice. A Generalist Approach.* Allyn and Bacon.
- Reid, W. et Epstein, L, (comp.) (1972). *Task- Centered Practice.* Columbia University Press.
- Reid, W. (1992). *Task Strategies. An empirical approach to Clinical Social Work.* Columbia University Press.
- Tolson, E., Reid, W. et Garvin, Ch. (1994) Generalist *Practice. A Task- Centered Approach.* Columbia University Press

Capítulo 6

LA INTERVENCIÓN CON EL SISTEMA INDIVIDUAL EN TRABAJO SOCIAL: FASE MEDIA

6.1. DIFERENCIACIÓN DE LOS CONCEPTOS DE TRATAMIENTO E INTERVENCIÓN EN TRABAJO SOCIAL

"La intervención profesional del trabajador social es la acción específica realizada por aquél en relación con los sistemas humanos y los procesos mediante los cuales se producen cambios" Johnson.

Los términos *tratamiento* e *intervención* son utilizados, frecuentemente, en Trabajo Social para definir y expresar un mismo aspecto de la actividad profesional. El término tratamiento procede de las primeras épocas, cuando se adoptó esta terminología procedente del campo de la medicina, con el fin de distinguirla de la ayuda espontánea o intuitiva. El término intervención se incorporó con la adopción del Método Básico de Trabajo Social.

El concepto de *Intervención* se define por oposición al de *Tratamiento,* término proveniente del modelo médico. En dicho modelo, que había servido de inspiración a los trabajadores sociales de las primeras épocas, se planteaba como el paciente que requería un tratamiento era una persona pasiva sin responsabilidad, ni en el problema, ni en la solución. La diferencia entre ambos modelos se fundamenta en una serie de elementos que son resaltados por Robertis y Pascal (1994):

- *El lugar.* La acción del trabajador social no comienza después de realizar un diagnóstico, sino que se inicia desde el primer contacto de este con el cliente, siendo estos primeros encuentros fundamentales en la relación que se establece.
- *El poder atribuido al trabajador social.* Este no es una persona que sabe y que va a procurar un remedio para curar un problema, sino que trata de ayudar a descubrir una situación problemática, con el fin de que el cliente en el curso de un proceso introduzca cambios que modifiquen o mejoren dicha situación.
- *La prioridad que adquieren los aspectos positivos y dinámicos de la situación del cliente.* Esta perspectiva supone trabajar no con individuos "enfermos" o

"desorganizados", sino contemplar las potencialidades y capacidades de las personas, poniendo el acento en los aspectos positivos como motor del cambio.

En la actualidad, se utiliza el concepto de intervención frente al de tratamiento por una serie de factores que son señalados por Johnson (1992: 66-67):

1. El uso de nuevas conceptualizaciones de la Psicología del *ego* y del funcionamiento social hizo surgir interrogantes en relación con la utilización del modelo médico en Trabajo Social, donde diagnóstico y tratamiento tienen fuertes connotaciones de la medicina y la enfermedad.
2. Con el fin de encontrar elementos comunes en la teoría y práctica del "*casework*", del Trabajo Social con grupo y comunidad, fue preciso revisar la terminología profesional, pues en el Trabajo Social con grupos y comunidad no puede utilizarse el término tratamiento, lo que llevó a la búsqueda de unidad entre diferentes niveles de la práctica profesional y el empleo de conceptos comunes.
3. La creciente diversidad de las modalidades de práctica, muchas de las cuales rechazan el modelo médico. Además, el concepto de intervención es utilizado en muchas profesiones de ayuda, por tanto, es más propio de estas disciplinas que el término tratamiento que conserva un sentido médico.
4. El auge en la utilización de la Teoría de Sistemas en las Ciencias Sociales, donde aparece el concepto de intervención. Desde la perspectiva sistémica se considera que la persona o personas se encuentran en una determinada situación y la noción de cambio aparece desde la intervención en los sistemas como una progresión lógica.
5. En los últimos tiempos se impone una práctica más activa en Trabajo Social. En efecto desde 1960, el Trabajo Social llega a estar involucrado con nuevos problemas, nuevos grupos de clientes, nuevas situaciones, que demandan en muchas situaciones estratégicas y técnicas diferentes a las clásicas, lo que lleva al Trabajo Social a plantearse cambios en su pensamiento y en su práctica.

De esta forma, el tratamiento se planteaba desde una perspectiva lineal: problema-causa-solución. La intervención contempla la diversidad de factores que afectan a una situación problemática; así como la multiplicidad de interconexiones del cliente con otras personas y organizaciones sociales, y el papel de estos en el proceso de intervención. También considera al cliente con un papel activo en la participación y solución de sus propios problemas; por otra parte, el rol del trabajador social es el de colaborador-coordinación del proceso. El trabajador social colabora con el cliente en la identificación de problemas y necesidades, en la clarificación de aquellos aspectos más problemáticos, en la búsqueda de soluciones, y en la interacción con otros actores y redes sociales.

6.2. LA FASE MEDIA DE INTERVENCIÓN EN TRABAJO SOCIAL CON INDIVIDUOS

La Fase Media de Intervención en Trabajo Social comienza con la elaboración del *Plan de Acción* global que integra todos aquellos aspectos que deberían ser intervenidos, relacionados con las situaciones-problemas que fueron descritas en el Informe Diagnóstico de Valoración Profesional. Incluye, por tanto, todas las variables descritas en la hipótesis-diagnóstica y contiene todas las programaciones de intervención como situaciones-problema deberían ser abordadas, determinando qué programaciones van a ser trabajadas y en función de qué consideraciones.

El Trabajo Social, como ha sido señalado, tiene en cuenta todas las variables y factores que inciden en una situación, de esta forma deben ser considerados todos problemas que pueden ser trabajados, derivando hacia otros servicios o agencias aquellos que no pueden ser abordados, realizando un seguimiento de los que fueron derivados.

La Fase Media de Intervención en Trabajo Social es la acción comprometida entre cliente-trabajador social sobre una situación problemática a efectos de realizar cambios en la misma, de acuerdo con unos objetivos fijados en una *Programación de Intervención* y controlados a través de un *Plan de Ejecución*, cuya implementación se evalúa en cada entrevista.

La Fase Media se caracteriza en las intervenciones de tiempo limitado por utilización de *seis* sesiones o entrevistas; de todas formas, esta es una cuestión meramente informativa, porque el cliente y trabajador social podrán acordar el número más conveniente de entrevistas, para lo que tiene que tener en cuenta los siguientes criterios:

- Los problemas que serán objeto de intervención.
- El compromiso del cliente y sus deseos de cambio.
- La consideración del tiempo como un factor muy importante, lo que supone la ampliación o disminución del tiempo en esta fase.

6.3. OBJETIVOS DE LA FASE MEDIA DE INTERVENCIÓN EN TRABAJO SOCIAL

La Fase Media de Intervención en Trabajo Social incluye los siguientes objetivos:

1. Elaborar un Plan de Acción Global que integre todas las Programaciones de Intervención, que incluya todos los problemas señalados en el diagnóstico.
2. Determinar qué Programaciones de Intervención se van a llevar a cabo y en función de qué consideraciones: los objetivos del servicio, la formación y especialización del trabajador social, los problemas seleccionados por el cliente, etc.
3. Especificar que otros servicios pueden realizar otras intervenciones, estableciendo un sistema de derivación hacia otras agencias y el seguimiento de los problemas que fueron derivados.
4. Realizar la Implementación de dicha Programación a través de un Plan de Ejecución cuya revisión sistemática tiene lugar después de cada entrevista.
5. Seleccionar los sistemas primarios con los que se va a trabajar, como de otros secundarios que pueden ser colaboradores, personas y organizaciones que pueden apoyar al cliente en el proceso de intervención.
6. Proporcionar una estructura de trabajo que promueva la participación del cliente en todo el proceso de intervención, teniendo en cuenta tanto sus motivaciones como sus resistencias al cambio.

6.4. COMPONENTES DE LA FASE MEDIA

La Fase Media de intervención en Trabajo Social supone la consideración de los siguientes aspectos:

- Elaboración del Plan de Acción.
- Programación/es de Intervención.
- Generar un listado de actividades.
- Extraer acuerdos.
- Planificar los detalles y simular actividades para su implementación.
- Establecer razones e incentivos.
- Revisión de los problemas principales.
- Incumplimiento de las actividades.
- Reestructuración.
- Otras actividades como son: Usar límites de tiempo y Revisión de acuerdos.

6.4.1. Elaboración del Plan de Acción

El Plan de Acción se formula incluyendo todos aquellos aspectos que deberían ser intervenidos para que la/s situación/es del sistema-cliente pueda modificarse positivamente. El Plan de Acción es global e incluye todos las variables descritas en la hipótesis diagnóstica e integra tantos Programas de Intervención como problemas se haya incluido en el Informe Diagnóstico Los programas serán ordenados según la jerarquización realizada en la entrevista de devolución diagnostica con el cliente.

Programa 1. Finalidad: Intervención sobre la causa/s del problema. Trabajar prioritariamente sobre la variable independiente, es decir sobre la causa que han generado los principales problemas detectados

Programa 2. Finalidad. Intervención sobre los efectos. Trabajar prioritariamente sobre la variable dependiente, es decir sobre los efectos que han originado el problema principal detectado, o que está presente con mayor intensidad en la situación-problema.

Programa 3, 4,5, etc. Finalidad: Intervención sobre situaciones colaterales que agravan el problema. Trabajar sobre las variables colaterales o intervinientes, es decir, sobre aquellos problemas que están influyendo en el desarrollo problemático de la situación, que agravan dicha situación.

Un instrumento de Registro del Plan de Acción es el que presentamos a continuación:

REGISTRO DEL PLAN DE ACCIÓN		
Programa 1 Finalidad: Intervención sobre la causa/s del problema. Trabajar prioritariamente sobre a/s variables independientes, es decir sobre los principales problemas que han generado la situación. Objetivos	**Programa 2** Finalidad: Intervención sobre los efectos. Trabajar prioritariamente sobre la variable dependiente, es decir sobre el problema principal detectado, que está presente con mayor intensidad en la situación-problema. Objetivos	**Programa 3, 4, 5** Finalidad: Intervención sobre situaciones colaterales que agravan el problema. Trabajar sobre las variables colaterales o intervinientes, es decir sobre aquellos problemas que están influyendo en el desarrollo problemático de la situación, aunque no se consideren su causa fundamental. Objetivos

Una vez elaborado el Plan de Acción será necesario determinar si van a trabajarse todos los programas a un tiempo, o bien si se decide incluir solo alguno de ellos, y en función de qué consideraciones. Igualmente, será necesario derivar hacia otros servicios o instituciones aquellos que no pueden ser abordados, así como realizar un seguimiento de aquellas situaciones en las que el trabajador social desempeñe una función de "gestor del caso".

6.4.2. Programación/es de la Intervención

La *Programación de la Intervención* proporciona un marco de trabajo, que ayuda al trabajador social a incardinar el proceso metodológico de intervención desde un punto de partida hasta otro punto final. Debe hacerse tantas programaciones de intervención como problemas diagnosticados se quieran abordar, pues, aunque la separación sea muchas veces artificial, ya que los problemas se interfieren unos a otros, es más útil desde el punto de vista metodológico distinguir y abordar los problemas de forma autónoma.

El trabajador social debe determinar al realizar la Programación de la Intervención con qué profesionales debe contar, tanto a nivel del equipo del servicio o programa en el que trabaja, como de otros profesionales que pueden participar en el proceso de intervención, tratando de establecer contextos de colaboración estables de relación y trabajo conjunto, a partir de los cuales se negocian y se fijan los objetivos, acciones, roles e instrumentos metodológicos de intervención, se realiza el seguimiento del proceso y se evalúa de forma conjunta y coordinada.

La Programación de Intervención debe recoger las siguientes variables:

- *La Finalidad.* Para la formulación de la Finalidad de Intervención es necesario establecer un cambio en la expresión del problema, de forma que se designe como algo a conseguir, no debe ser formulada de manera vaga o muy general.
- *Determinación de Objetivos de Intervención.* Los objetivos son pasos en el proceso que sirven en la consecución de los fines, que ayudan a la solución, se encuentran directamente relacionados con la especificación y síntomas de los problemas. Los objetivos, por tanto, deben estar relacionados con la finalidad programada. Siempre que sea posible deberán ser formulados en términos cuantificables. Es importante considerar que algunos objetivos no pueden ser alcanzados en tratamientos de tiempo limitado, sobre todo aquellos relacionados con el empleo de recursos externos. En estos casos el objetivo es la solicitud que se hace a la institución, independientemente de la consecución o no del recurso, pues los referidos recursos se encuentran determinados por una serie de elementos que se encuentran fuera de la relación profesional trabajador social-cliente. Por otra parte, no serán nunca un fin en sí por sí mismo en la intervención individual, sino un medio para alcanzar un objetivo.
- *Unidad de Atención.* Se refiere al sistema-cliente sobre la que se va a trabajar cada objetivo. En la intervención microsocial, si se trata de resolver problemas intrapsíquicos, dar información a una persona, el trabajo con un individuo sin apoyo familiar etc., la unidad de atención será el individuo. Cuando el principal problema reside en la interacción familiar, en los roles

de los miembros, en intereses comunes a un grupo familiar, la unidad de atención será la familia, como sistema primario. También complementariamente puede ser la unidad de atención un miembro del grupo familiar tratado individualmente como sistema secundario.

- *Tareas.* Cada objetivo se transformará en una serie de tareas o actividades. Una tarea o actividad es una acción creada con el propósito de reducir los problemas principales. La tarea es aquello que el cliente debe realizar fuera de la entrevista. El hecho de que las actividades sean planificadas para ser realizadas fuera de la entrevista, se produce porque los cambios se efectúan en el contexto de la vida real, en los diferentes ambientes, en las diversas situaciones de la vida de los clientes en las cuales se desenvuelve (Reid, 1992.)

Podemos distinguir varios tipos de tareas (Reid et Epstein, op. cit.):

- Tareas generales. Fijan las normas a seguir en el proceso de intervención tanto para el cliente como para el trabajador social. El trabajador social y el cliente deben fijar las reglas y compromisos que regularán el proceso de intervención: periodicidad de las entrevistas, horario, etc.
- Tareas operativas. Definen lo que el cliente debe hacer.
- Tareas unitarias. Suponen la realización de un solo tipo de acción.
- Tareas complejas. Se refieren a dos o más tipos diferentes de acciones.
- Tareas individuales. Realizadas sólo por el cliente.
- Tareas recíprocas. Son tareas realizadas complementariamente por el cliente y un miembro de la familia, un colaborador, basadas en el principio "quid pro quo".
- Tareas compartidas. Son las realizadas conjuntamente por el cliente, el trabajador social, un miembro de la familia, un colaborador, aunque cada uno puede tener un diferente papel.

Las tareas serán diseñadas conjuntamente con el cliente de manera colaborativa, como veremos a continuación. Siempre que se considere importante, el cliente debe realizar también aquellas tareas que supongan dirigirse a otra institución en demanda de información, solicitar un recurso, lo que los ingleses llaman *"the proper chanel"*, es decir, a saber a quién debe dirigirse, para saber qué y sobre qué. Conviene que, previamente, se haya informado al trabajador social de dicha institución. Con ello se pretende que el cliente adquiera mayor independencia y tenga la capacidad de conocer y utilizar mejor los recursos sociales.

- *La Estrategia, Los Modelos y la Técnica de Intervención.* Se refiere al enfoque que guiará la actuación profesional, puede verse en el próximo capítulo. El modelo de intervención se relaciona con el que va a ser llevado a cabo para el desarrollo de los objetivos propuestos. Cada uno de los objetivos puede ser abordado desde diferentes perspectivas metodológicas, la Teoría General permite integrar los diferentes modelos de intervención de Trabajo Social, utilizando aquellos elementos teóricos y metodológicos que se adaptan mejor a cada situación particular, así como se incluyen las técnicas que propone el modelo.

Por último, se incluye un *Calendario* en el que se registra la secuencia temporal en la que se va a abordar la intervención.

Un registro de Programación de la Intervención es la que presentamos a continuación:

PROGRAMACIÓN DE LA INTERVENCIÓN				
FINALIDAD				
Objetivos	**Unidad de Atención**	**Actividades o tareas**	**Estrategia/ modelo/ técnica**	**Calendario**

6.4.3. Generar un Listado de Tareas

Una vez que el trabajador social ha planificado la Programación de la Intervención debe establecer con el cliente la Implementación, que se va concretando en un *Plan de Ejecución.* El primer aspecto se denomina Generar *un listado de tareas.* Consiste en solicitar al cliente que proponga un listado de actividades o tareas que podrá llevar a cabo de cara a solucionar el *problema diana.* Las tareas deben ser sugeridas por el cliente, en el caso que esto no sea posible el trabajador social propone tareas para resolver los problemas principales.

El trabajador social pregunta al cliente por la forma que cree que puede ser resuelto el problema principal. *Generar un listado tareas* se refiere a que ambos, trabajador social-cliente, realicen un *"brainstorming"* en el que se presenten todas las alternativas posibles que puedan mejorar el *problema diana.* La razón de pedir al cliente la realización de actividades está fundamentada en que los clientes deben tomar parte en todo el proceso, por ello participarán, en la medida de sus posibilidades, en la búsqueda de alternativas de tareas en relación con dicho problema (Tolson, Reid et Garvin, 1994).

Por ejemplo, sobre un problema de relación de la pareja:

- Trabajador Social. ¿Qué crees que se podría hacer para mejorar las relaciones con tu pareja?
- Trabajador Social. ¿Qué haría usted en primer lugar para solucionar los problemas con su pareja?

Queremos resaltar el papel del trabajador social en este aspecto, pues debe tener la habilidad de implicar y motivar al cliente para que aporte soluciones en la resolución de sus problemas. Es importante encontrar tantas alternativas como sean posibles para el cliente. Durante estos procesos no deben de ser valorados los clientes, porque la evaluación tiende a reducir el número de alternativas posibles.

También el trabajador social puede aportar soluciones, en aquellas situaciones en las que no se han identificado todas las posibles. Debe prestarse especial atención a los recursos personales, los recursos del entorno del cliente, así como los recursos sociales que pueden servir como base para la ejecución de una tarea o hacer ésta más factible. Así mismo, el trabajador social debe anticiparse a los posibles obstáculos que dificulten la realización de la tarea.

Cuando un listado de actividades ha sido programado debe preguntarse al cliente:

- Trabajador Social. ¿Cuál o cuáles de ellas deben ser probadas primero?

Normalmente, las tareas serán consecuencia de la especificación y síntomas de los problemas, sin embargo, en algunos casos será necesario confrontar estas actividades. La selección de un listado de tareas depende del cliente, su capacidad de decisión y motivación, sus prioridades, etc. En algunos casos, necesitará de ayuda para realizar la selección de tareas, pues para algunas personas seleccionar lo que tienen que hacer puede ser difícil, sobre todo cuando ha mantenido una situación conflictiva durante cierto tiempo pueden "no saber cómo empezar". En cualquier caso, el cliente tiene la última palabra, igual que en la selección de problemas principales.

El número de tareas elegidas para ser revisadas en cada entrevista dependerá de la importancia del problema diana, de la capacidad y motivación del cliente, así como del tiempo disponible. El trabajador social no debe agobiar al cliente con actividades que no puede realizar. Cuando las tareas son seleccionadas según la capacidad del cliente y no presentan demasiada dificultad, los clientes ofrecen mejores comportamientos y se encuentran más motivados.

Las tareas deben ser llevadas a cabo según una secuencia, es decir, se estructurarán siguiendo un orden lógico. Si el trabajador social no sabe con exactitud el número de tareas que pueden ser llevadas a cabo, puede preguntarle al cliente:

- Trabajador Social. ¿Te estoy pidiendo demasiadas cosas para esta semana?
- Trabajador Social. Sé que estás cansado y deseando resolver el problema ¿deberíamos probar con otra tarea cuando hayamos terminado con ésta?

Una vez que las tareas han sido seleccionadas, es conveniente que el trabajador social anime al cliente en la realización de las tareas, ayudándole en la superación de sus dificultades y obstáculos.

- Trabajador Social. Esta tarea es un poco difícil ¿pero pienso que puedes hacerlo?

El trabajador social debe establecer una relación que anime al cliente a realizar las tareas acordadas, teniendo en cuenta su situación personal, los factores que influyen y dificultan el cambio deseado, y los obstáculos que se puede encontrar; de esta manera, siempre necesitará apoyo. La autoestima y la autovaloración crecerán más adelante cuando el logro de las tareas le proporcione tener un mejor concepto de sí mismo.

6.4.4. Extraer Acuerdos para Realizar la Tarea

El compromiso del cliente para realizar la actividad es muy importante, pues en las investigaciones sobre el Modelo Participativo o Centrado en la Tarea realizadas por Reid et Epstein (op. cit), ponen de manifiesto que sólo el 30% de las tareas fue totalmente llevado a cabo, cuando el compromiso del cliente fue tenido en cuenta como bajo o neutral. Por el contrario, el 65% de las tareas fueron realizadas cuando el compromiso del cliente fue considerado como muy alto. Del mismo modo, el trabajador social debería estar seguro que el cliente está interesado en realizar él mismo la tarea.

Algunas veces los clientes estarán de acuerdo con la tarea, pero debemos preguntarnos por el grado de su motivación. Las investigaciones han demostrado que con algunos clientes es mejor suprimir el escepticismo inicial, mientras que expresen algún grado de buena voluntad. Existen dos razones para ello: primero, las opiniones acerca de la motivación del cliente, pueden estar equivocadas, por ejemplo el 30% de las tareas fueron realizadas incluso cuando el compromiso fue considerado como bajo o neutral; en segundo lugar, se tienen más evidencias sobre el cumplimiento de la actividad para resolver un problema en la siguiente entrevista cuando las tareas han sido revisadas (Reid et Epstein, op. cit),

Generalmente, el acuerdo implícito se obtiene durante el proceso de selección de una tarea de entre un listado de actividades como se describió. En cualquier caso, conseguir estos acuerdos implícitos puede hacerse al principio de la Fase Media.

- Trabajador Social. ¿Es esta la tarea que quieres hacer esta semana?
- Trabajador Social. ¿Crees que esta tarea debe realizarse en primer lugar?

6.4.5. Planificar los Detalles y Simular Tareas para su Implementación

El siguiente paso en la Implementación se refiere a *Planificar los detalles.* Este aspecto consiste en determinar específicamente cómo debe de desarrollarse la tarea, lo que elimina posibles errores de comprensión sobre lo que se espera del cliente. Frecuentemente, resulta útil para completar con éxito una actividad. Conviene incluir al cliente en este aspecto, ya que incrementa su motivación (Tolson et al, op. cit).

Estas son algunas de las preguntas a considerar:

1. ¿Quién va hacer la actividad?
2. ¿Cuándo va a hacerla?
3. ¿Con qué frecuencia?
4. ¿Cuánto durará lo que va a hacer'?
5. ¿Dónde será hecha?
6. ¿Con quién será hecho?

Todas estas preguntas son aplicables a cada una de las actividades programadas. Sin embargo, la pregunta relativa a la frecuencia no es aplicable a una tarea que sólo debe ser hecha una vez.

En los casos en los que debe ser realizada un número significativo de actividades, la planificación de tareas debe ser realizada mediante un *Plan de Ejecución* escrito en cuatro columnas de información: *fecha, actividad/tarea, planificación de la tarea y revisión del problema.*

- *Fecha.* Se refiere a la semana o día que se ejecutará la tarea.
- *Actividad/ Tarea.* Se relaciona con la tarea que se va a realizar.
- *Planificación de la tarea.* En este apartado se registran los detalles de implementación de la actividad (qué, cuándo, con qué frecuencia, cuánto, dónde y con quién).
- *Revisión del problema.* Este apartado se relaciona con la revisión de las tareas que tiene lugar al comienzo de cada entrevista de la Fase Media. La revisión de la tarea nos permitirá comprobar cómo estás influyen en la mejora o mantenimiento de la situación-problema.

Tanto el trabajador social como el cliente deben tener una copia del *Plan de Ejecución* siempre que sea factible y cuando vayan a ser realizadas varias tareas. Esto incrementa la habilidad para resumir lo que se está realizando, así como proporciona un registro sistemático de lo que se va consiguiendo.

Un Registro del Plan de Ejecución es que presentamos a continuación:

REGISTRO DEL PLAN DE EJECUCIÓN			
Fecha	**Actividad/ Tarea**	**Planificación de la tarea ¿Qué, Cuándo, Con qué frecuencia, Cuánto, Dónde y con quién?**	**Revisión del problema/Tarea:** **1. Mucho peor de lo esperado.** **2. Algo peor de lo esperado.** **3. Esperado.** **4. Algo mejor de lo esperado.** **5. Mucho mejor de lo esperado.**

Del mismo modo, detalles específicos deberán ser programados para la realización de algunas tareas, sobre todo en aquellas en los que el cliente tenga que ponerse en relación con otra persona, poner en práctica determinadas habilidades, etc. En estas situaciones, será conveniente realizar una simulación o un "*rol playing*". *Simular tareas* consiste en representar las actividades que van a ser llevadas a cabo durante la semana incluyendo los detalles para realizarlas. *Simular tareas* tiene lugar después de cada entrevista, en la cual una o más actividades van a ser llevadas a cabo. Esta información es fundamental, pues proporciona al trabajador social la oportunidad para revisar tanto las peticiones del cliente como la compresión de las tareas (Tolson et al, op. cit).

6.4.6. Establecer Razones e Incentivos

Las razones e incentivos sirven al mismo propósito, pero no tienen el mismo significado. Una *razón* es la finalidad concreta para realizar una actividad, algo necesario para realizar una tarea. Por el contrario, un *incentivo* es una recompensa que se obtendrá por la realización de la misma (Tolson et al, op. cit).

Tanto las razones como los incentivos, proporcionan una motivación para realizar la tarea. La primera función de este aspecto consiste en recordar al cliente la razón para llevar a cabo la actividad. Generalmente, la razón se relaciona con resolver el problema principal del cliente. Si hay múltiples razones para llevar a cabo una actividad, se deben de recordar al cliente todas estas razones. Un camino alternativo se relaciona con pedir al cliente, que establezca él mismo estas razones.

– Trabajador Social. ¿Qué estamos intentando conseguir con esta actividad?

Cuando una tarea es muy onerosa o cuando el cliente es un niño los incentivos pueden ser muy atractivos. Los incentivos o las recompensas (estrellas, fichas, pegatinas, bonos) son muy utilizados en ciertos métodos psicológicos de modificación de conducta, sobre todo con niños y adolescentes. Dos reglas generales se utilizan con el uso de incentivos: la primera, el incentivo debe ser algo que el cliente quiere; en segundo lugar, encontrar incentivos debe ser una tarea clara y sistemática.

En otras palabras el trabajador social y el cliente deberían saber qué cantidad de razón proporcionará una actividad para la revisión de su comportamiento y la adquisición de nuevas aptitudes. Deben ser siempre empleadas las razones para llevar a cabo una tarea o actividad.

Si el trabajador social piensa que la tarea será difícil para el cliente y que este no está dispuesto a aceptar un incentivo, se debe intentar otra manera más persuasiva para motivarlo. El trabajador social deberá verse obligado utilizar sus mejores habilidades de motivación que se adapten a la situación del cliente. Deberá hacerle comprender al cliente que el mayor incentivo es la consecución de su objetivo y de su propio cambio.

Es fundamental que el trabajador social analice como se ha llevado a cabo la implementación, reflexionando si ha tenido en cuenta una serie de elementos, para ello es aconsejable que examine como se ha realizado a través de una serie de preguntas:

1. ¿Se ha animado al cliente para que genere un listado amplio de tareas? ¿Se han sugerido actividades que serán llevadas a cabo?
2. ¿Elige el cliente las actividades que van a ser realizadas? ¿Está de acuerdo explícitamente el cliente con estas actividades?
3. ¿Se ha planeado quién, qué, cuándo, con cuánta frecuencia, dónde y con quién?
4. ¿Se ha revisado la razón para la realización de las actividades? ¿Se han incluido incentivos? ¿Si no debiese haberlos considerado?
5. ¿Qué tipo de simulación se utilizó?

6. ¿Qué obstáculos para la realización de la actividad se han identificado? ¿Se tiene alguno de ellos? ¿Qué se ha hecho para superarlo?
7. ¿Se concluye cada entrevista simulando todas las actividades con detalle?
8. ¿Se hace el paso de la revisión de la actividad, si no debería haberlo hecho?
9. ¿Fueron todas las actividades planificadas durante las entrevistas precedentes revisadas?
10. ¿Fue alguno de los problemas y manifestaciones del problema revisado? ¿Qué indicó la revisión sobre actividades adicionales necesarias?

6.4.7. Revisión de Problemas Principales

Este aspecto se relaciona directamente con la revisión de las tareas que han sido, al menos parcialmente, cumplidas y tiene lugar al principio de cada entrevista. El objeto de la *Revisión de los problemas* es determinar si la realización de las actividades ha tenido algún impacto en el problema (Tolson et al, op. cit).

Cuando las tareas dependiendo de la manera que han sido planeadas tienen éxito un problema o la manifestación de un problema podría ser eliminado, al menos parcialmente. La *Revisión de un Problema* se lleva cabo teniendo en cuenta la especificación que se realizó durante la Fase Inicial del proceso. La revisión puede hacerse comparando la situación inicial con la actual, utilizando una escala similar a la que se utiliza en la fase de evaluación, que nos determine si respecto al problema que estamos trabajando la situación es de:

1. Mucho peor de lo esperado.
2. Algo mejor.
3. Lo Esperado.
4. Algo mejor.
5. Mucho mejor

La especificación y los síntomas de los problemas deben ser tenidas en cuenta cuando se revisen las tareas para determinar si permanecen igual o se han producidos cambios, anotándose los progresos realizados en la cuarta columna del *Plan de Ejecución.* Este proceso permite al trabajador social conocer qué situaciones problemáticas se mantienen, de igual manera qué tareas adicionales deben ser llevadas a cabo. Así mismo, ayuda a la especificación y los síntomas de los problemas deben ser tenidas en cuenta, cuando se revisen las tareas para determinar si permanecen igual o se han producidos cambios. Así mismo, ayuda a planificar otras tareas no planeadas anteriormente con el propósito de mejorar el problema seleccionado.

De todas formas, cuando las tareas son planeadas siguiendo una secuencia lógica, es irracional que las primeras eliminen un problema, puesto que las primeras actividades no le afectan directamente a éste.

En cualquier caso, es conveniente analizar por qué tareas programadas adecuadamente no han producido los efectos esperados, para ello el trabajador social debe reflexionar sobre las siguientes cuestiones:

1. ¿No ha habido ningún cambio porque la tarea no fue útil, o porque la tarea no tuvo el efecto deseado en el problema principal?
2. Si la tarea no fue realizada fue ¿por qué las expectativas eran poco claras, o porque no surgieron las oportunidades, o por la aparición de obstáculos inesperados, o porque la motivación fue insuficiente?
3. ¿Se tuvo en cuenta en la revisión de los problemas principales la causa por la que ésta no fue cumplida?
4. Si la tarea fue realizada pero no tuvo el impacto deseado en el problema, ¿qué otro tipo de actividades deben ser programadas?
5. ¿Deberían de estar implicados otros sistemas?

6.4.8. Incumplimiento de las Tareas

Ocasionalmente, nos encontramos con clientes que no han llevado a cabo las tareas acordadas en el *Plan de Ejecución*, aunque éstas han sido planificadas cuidadosamente y con sentido cooperativo. En estos casos de incumplimiento de las tareas, el trabajador social debe identificar la razón del mismo. Este tema debe ser tratado en las entrevistas de seguimiento.

Las posibles razones que pueden explicar este fenómeno serían:

1. El cliente no está interesado en cambiar el problema principal seleccionado.
2. El cliente no estar interesado en trabajar con el trabajador social.
3. El cliente se siente incapaz de cambiar nada.
4. El cliente puede no querer cambiar nada.

Una vez que las razones del incumplimiento de las tareas han sido identificadas, el trabajador social actuará de forma diferente en cada una de las situaciones.

1. Si el cliente no está interesado en cambiar el problema seleccionado, se identifica aquello que considera que es el problema principal. Algunas veces, los clientes asumen libremente que otras situaciones problemáticas más urgentes existen. Con otros clientes es necesario revisar no sólo los

problemas que fueron enumerados durante la Fase Inicial, sino también los nuevos que han ido surgiendo durante el proceso de intervención en Trabajo Social. Cuando aparece un nuevo problema toda la Fase Inicial de clarificación y especificación debe ser realizada en relación con este.

2. En la segunda situación, cuando el cliente no está interesado en trabajar con el trabajador social, se le pide que elija sobre la conveniencia de ser atendido por otro profesional de nuestro servicio, o puede ser derivado a otra institución diferente.
3. En algunos casos, el cliente se puede sentir incapaz de cambiar determinadas situaciones. Quiere y no puede, no sabe por dónde empezar. En dichas situaciones el trabajador social debe utilizar sus mejores habilidades para apoyar al cliente en sus deseos de cambio, identificando cuáles son los factores que lo dificultan para que sea capaz el de enfrentarse a dicho problema.
4. Si no hay nada que el cliente quiera cambiar se da por finalizada la intervención. Si el incumplimiento es el resultado de su negativa a realizar algún cambio en este momento, se sugiere el término de las entrevistas. Esta idea puede ser reprobada por los trabajadores sociales corporativistas, también por aquellos sistemas teóricos que asumen que las fuerzas homeostáticas son siempre contrarias al proceso de cambio. Siendo conscientes que las fuerzas homeostáticas están presentes, se considera que la estrategia más efectiva para superar estos obstáculos y resistencias al cambio, es reforzar nuestra posición y expresar el interés de la intervención para el cliente.

En ocasiones, se encuentran personas que identifican los problemas principales y las actividades o tareas cuando se ven amenazados con la suspensión de la relación profesional trabajador social-cliente, cuando el cliente no comprende que sin su participación es imposible mejorar su situación, el trabajador social debe darla por finalizada. La sugerencia para terminar debería ser hecha de tal manera que dejara la puerta abierta para que cliente pueda volver cuando lo considere necesario.

En los casos que el cliente sea un usuario, este puede no querer cambiar, pero finalizar la relación profesional no es posible. Esto sucede a menudo, cuando la intervención en Trabajo Social ha sido ordenada bajo mandato judicial. El trabajador social debe indicar al cliente que necesitará continuar revisando y trabajando en los problemas a menos que el usuario no quiera la ayuda, mostrándole sinceramente las consecuencias de la negación de la ayuda profesional. Esta posibilidad debe ser realizada sin juicio, ni castigo.

El trabajador social debe examinar las razones del incumplimiento de las actividades adoptando posiciones diferentes según cada situación:

1. ¿El cliente no ha realizado las actividades porque la selección de los problemas principales era inapropiada?
2. ¿El cliente no quiere la ayuda del trabajador social?
3. ¿El cliente quiere la ayuda, pero se encuentra en ese momento incapaz de hacer cambios?
4. ¿El cliente no quiere la ayuda de nadie?
5. ¿Han sido las acciones correctivas llevadas a cabo: identificación de los nuevos problemas, derivación del caso, motivación para el cambio o finalización de la intervención?

6.4.9. Reestructuración

Ocasionalmente, surgen causas que dificultan la Implementación de la Programación de la Intervención, aunque esta haya sido bien diseñada y estructurada. Las causas por las que una Programación de Intervención debe ser modificada son:

– *Un problema inesperado.* En el cliente puede surgir una situación urgente, un problema de salud, una crisis en el hogar o en el empleo, o una tarea poco importante puede convertirse en algo más importante.
– *La necesidad de trabajar ciertas aptitudes.* Algunas veces el cliente se muestra más preocupado el desarrollo de ciertas habilidades durante la intervención, pues se ha hecho más consciente que su aprendizaje puede ser la solución a aquellos problemas que han sido extraídos como principales. Por ejemplo, el cliente que tiene dificultades en el ejercicio de ciertas habilidades puede darse cuenta que necesita la intervención en relación con su nivel de autoestima.
– *Un mayor grado de confianza en la relación profesional.* Un cliente podría reconsiderar que un problema más importante existe, después que la relación trabajador social-cliente ha alcanzado un mayor grado de confianza, siendo más consciente de la importancia de una situación problemática menor por otra mayor.

Recibe el nombre de *Reestructuración,* cuando se cambia la estructura de la Programación de Intervención para acoplar el problema seleccionado (Reid et Epstein, op. cit)

Entendido por qué un problema aparece el proceso es el mismo, se le pregunta al cliente si desea ayuda en este nuevo problema, si la quiere se realiza la jerarquización, decidiendo cuál es la priorización comparada con los problemas que anteriormente habían sido seleccionados. En estos casos, se realiza las actividades de la Fase Inicial en relación con el nuevo problema, el contrato es revisado y las actividades son programadas en relación con el mismo.

Por el contrario, si deciden que quieren trabajar después del problema que ahora se está llevando a cabo, realizamos la Fase Inicial con el nuevo, mientras que se efectúa la Fase Media con el que había reconocido anteriormente como problema principal.

Es importante que el trabajador social sea flexible para adaptarse a las necesidades cambiantes de la vida de los clientes, a los factores inesperados. Se conocen dos tipos de errores que surgen cuando aparecen nuevas necesidades (Tolson et al, op. cit):

- El primer error se relaciona con ignorar el problema, algunas veces los trabajadores sociales tienen tan asumidos los problemas principales, que simplemente no escuchan los nuevos. En otras ocasiones, los trabajadores sociales los oyen, pero deciden que no son importantes.
- El segundo, tiene lugar cuando los trabajadores sociales asumen que los clientes no quieren nuestra ayuda con un nuevo problema.

Dos habilidades distinguen la competencia de los trabajadores sociales: la habilidad para reestructurar el trabajo, contactar sensiblemente con el cliente y sus necesidades; la otra aptitud es la identificación de los problemas principales en circunstancias difíciles. Ambas se adquieren con la práctica y requieren de un alto grado de participación y colaboración con los clientes.

El trabajador social debe ser consciente de la aparición de nuevos problemas, si el cliente ofrece nuevas informaciones que no fueron mencionadas en la Fase Inicial:

1. ¿Ha mencionado el cliente alguna materia no planeada?
2. ¿Se ha preguntado si esta materia debe ser estudiada y en qué grado de prioridad?
3. ¿Se han empleado las actividades de la Fase Inicial, exploración, especificación de un problema, se ha revisado el contrato?

6.4.10. Otros Elementos de la Fase Media: Utilizar Límites de Tiempo y Revisar Acuerdos

En la Fase Inicial se establecieron en la elaboración del contrato los límites de tiempo referidos al número de entrevistas de intervención. En la Fase Media la utilización del tiempo se refiere a: *el uso de estos límites* y *la revisión del tiempo* (Tolson et al, op. cit).

Es importante el tiempo como factor en las intervenciones de limitación temporal. El uso de los límites se refiere recordar al cliente el número entrevistas que se han realizado y las que quedan en la Fase Media de intervención según lo establecido en el contrato.

Cuando la situación lo requiera será necesario revisar el tiempo. Se pueden producir dos situaciones:

- *Una reducción de los límites de tiempo.* La reducción puede realizarse cuando los problemas principales han sido solucionados en menos tiempo. Podría parecer que la solución racional es terminar. Algunas veces, cuando un cliente ha trabajado conscientemente, puede ver esta situación como un castigo. El procedimiento es preguntar al cliente qué es lo que desea hacer, algunos quieren terminar, otros desearán discutir otros problemas o revisar los planteados
- *Una ampliación de los límites de tiempo.* Una extensión de tiempo consiste en planificar un número específico de sesiones adicionales generalmente de *cuatro* a *seis.* Dos criterios determinan si deberíamos ampliar los límites de tiempo: cuando emerge un nuevo problema principal, o cuando existen otros problemas que deben ser tratados con una extensión de tiempo. Si el cliente no ha trabajado activamente no deberíamos ampliar el tiempo, aunque debe tenerse en cuenta la manifestación de un cambio de actitud

Tanto clientes como trabajadores sociales pueden sugerir la extensión de tiempo. En los casos anteriormente citados los trabajadores sociales pueden sugerir la ampliación o extensión de tiempo, explicando al cliente las razones de la misma. Generalmente, los clientes están de acuerdo, en caso contrario se acepta su decisión.

Frecuentemente, los trabajadores sociales inician una ampliación de tiempo porque los clientes lo hacen primero. Cuando el cliente solicita aumentar en número de entrevistas de intervención el trabajador social debe reflexionar sobre las razones:

- ¿Qué beneficios obtendrá?
- ¿Cuántas entrevistas necesita?

Si los dos criterios establecidos anteriormente se encuentran y las expectativas del cliente son razonables, se debe aceptar una extensión por un número determinado de entrevistas.

Es importante que el trabajador social reflexione sobre si se ha establecido una relación con el cliente de dependencia que le impida a este ser capaz de continuar sólo trabajando en la mejora de su situación.

Planificar y limitar el tiempo empleado durante la intervención constituye una de las principales características del Modelo Participativo o Centrado en la

Tarea, las investigaciones de Reid et Epstein (op. cit) sobre esta cuestión han demostrado que el tiempo explícito favorece el proceso de intervención por las razones antes señaladas

Así pues, el trabajador social debe tener presente el tiempo establecido en el contrato, pues como se ha señalado éste juega un papel trascendente a lo largo de todo el proceso. Algunas reflexiones que el trabajador social puede realizar con la utilización del tiempo como factor importante:

1. ¿Se está recordando al cliente el número de entrevistas que le quedan según lo acordado en el contrato?
2. ¿Al cliente le beneficiaría que se le recuerde las entrevistas que quedan?
3. ¿Se ha extendido la intervención o se he indicado si le gustaría seguir, cuando el cliente no ha cumplido sus actividades y cuando los problemas principales permanecen sin resolver?

Revisar Acuerdos

Durante la Fase Media de Intervención en Trabajo Social obtenemos una gran información que no teníamos en la Fase Inicial sobre los clientes y todo aquello que le preocupa, otros sistemas y los colaboradores del cliente; también sabemos que algunos clientes necesitan ser entrenados en algunas aptitudes o habilidades. Esta información nueva no está limitada a las aptitudes de los clientes, pues el trabajador social ha adquirido más conocimientos acerca de la presencia del estrés, los recursos, los comportamientos de su vida, las relaciones sociales. Esta ampliación de información significa, en muchos casos, que los acuerdos y el contrato deben de ser revisados. De todas formas, los acuerdos deben de ser revisados después de cada entrevista.

Esta información nueva puede ser usada en dos sentidos:

- En primer lugar, se puede compensar las carencias planificando nuevas actividades.
- En segundo lugar, se debe preguntar al cliente si le gustaría la intervención en este sentido, en estos casos las carencias se convierten en un problema principal. Este segundo planteamiento, es preferible cuando la carencia de habilidades es claramente uno de los factores que mantiene los problemas principales.

En cualquier caso, las nuevas observaciones deben ser usadas cuando se diseñen nuevas actividades o tareas. Por ejemplo, con un cliente que tiene problemas de asertividad se podría programar tareas de implementación que requieran refuerzo y seguridad, o bien estas tareas podrían convertirse en actividades prácticas.

Periódicamente, la *revisión de la actividad* en cada entrevista contribuirá a incorporar nueva información Así pues, podemos observar especiales dificultades de relación, comunicación, autoestima, etc. Estas carencias también deberían ser tenidas en cuenta cuando se planean nuevas tareas o cuando se revisan las seleccionadas. Esta información adicional sobre del cliente nos enseña aspectos nuevos acerca de sus habilidades y su situación-problema. En muchos casos, aprenderemos como un problema en particular es vivido por el cliente.

Después de cada entrevista el trabajador social debe plantearse si tiene información nueva que suponga una nueva estrategia de intervención.

1. ¿Qué nueva información se tiene acerca del cliente? ¿Qué significa esta información para la intervención?
2. ¿Qué nueva información se tiene te acerca del problema principal? ¿Qué significa de cara a la intervención'?
3. ¿Qué nueva información se tiene acerca del rol de otros sistemas en la causa o mantenimiento de los problemas principales? ¿Qué significa en términos de intervención?
4. ¿Qué nueva información se tiene acerca del rol de otros sistemas en la causa o mantenimiento de los problemas principales? ¿Qué significa en términos de intervención?
5. ¿Qué más se sabe ahora acerca de la potencial contribución de otros sistemas para resolver los problemas principales? ¿Qué significa en términos de intervención?

Cuando las actividades requieren ayuda de otros sistemas, aprenderemos lo accesibles y útiles que son para nuestros clientes, así como tendremos más datos de los obstáculos y gratificaciones que presentan las relaciones con otros sistemas: familia, amigos, grupos, etc.

Toda esta información debe ser usada para reconsiderar las tres cuestiones planteadas en la Fase Inicial:

1. ¿Cuál es la causa o impacto de otros sistemas, familia, amigos, comunidad en cada uno de los problemas principales?
2. ¿Cuál es el impacto del problema principal en otros sistemas?
3. ¿Pueden otros sistemas contribuir a resolver los problemas principales?

La consideración sistemática de cada de una de estas cuestiones deberá permitir al trabajador social la obtención de información sobre sí otros sistemas: familia, amigos y comunidad, están influenciando el problema principal, o si el individuo es el sistema de intervención único. A veces, el trabajador social no puede intervenir con otros miembros de la familia porque ofrecen resistencias a cambiar y a ser ayudados por el trabajador social. En ocasiones, esta nueva información permitirá intervenir a nivel familiar y complementariamente con algún miembro nivel individual. Así mismo se obtendrá información relativa a los recursos del entorno del cliente que pueden servir de apoyo en la intervención.

6.5. APLICACIÓN DE UN CASO PRÁCTICO A LA FASE MEDIA DEL PROCESO DE INTERVENCIÓN EN TRABAJO SOCIAL

A continuación, presentamos el caso que hemos utilizado en el capítulo anterior aplicado a la Fase Media a modo de ejemplo.

En la Fase Inicial, concluimos con el Informe de Valoración Profesional o Informe Diagnóstico que es el nexo de unión entre ambas fases y da coherencia al Proceso. El Informe de Valoración Profesional, por tanto, da comienzo a la Fase Media que iniciamos con el Plan de Acción. Como ya hemos visto a lo largo del capítulo, el Plan de Acción recoge los problemas detectados en el Informe de Valoración Diagnóstico que han sido debidamente relacionados en la hipótesis diagnóstica y jerarquizados con el cliente/usuario.

PLAN DE ACCIÓN

Programa 1 Variable Independiente	**Programa 2 Variable Dependiente**	**Programa 3 Variables Colaterales**
Intervención sobre la causa del problema. *Deficiente conocimiento y experiencia.*	Intervención sobre los efectos. *Deficiente economía y recursos sociales.*	Intervenir sobre las situaciones colaterales. *Reacciones emocionales al estrés y Pérdida de relaciones.*
Finalidad: Aumentar el nivel formativo y la empleabilidad para el acceso al mercado laboral normalizado.	Finalidad: Mejorar la situación económica del usuario facilitando el acceso a una vivienda adecuada.	Finalidad: Reducir las reacciones emocionales y Restablecer los vínculos afectivos con su familia extensa.
Objetivos: • Incrementar el nivel de conocimiento del español y educación básica. • Mejorar las habilidades socio-laborales para la búsqueda activa de empleo. • Conseguir una situación de regularidad administrativa para el usuario.	Objetivos: • Apoyar al usuario en la búsqueda activa de empleo. • Promover el acceso a un recurso habitacional. • Facilitar el acceso a una prestación/ayuda económica normalizada.	Objetivos: • Mediar entre el usuario y su familia extensa. • Reforzar los lazos familiares. • Paliar los efectos de ansiedad que han provocado su viaje. • Facilitar el desarrollo de nuevas redes sociales.

Tras elaborar el Plan de Acción, la Fase Media debe continuar con las Programaciones concretas de Intervención, es decir, se desarrollan las programaciones, especificando con qué Unidad de Atención vamos a trabajar, qué actividades o tareas son necesarias para la consecución de los objetivos de intervención ya planteados y con qué modelo, técnicas y estrategias se va a intervenir. Por último, se detalla el calendario de trabajo.

En nuestro caso práctico introducimos, en la programación de la intervención, las estrategias de intervención que serán debidamente abordadas en el próximo capítulo.

<table>
<tr><th colspan="5">PROGRAMACIÓN DE LA INTERVENCIÓN. VARIABLE INDEPENDIENTE</th></tr>
<tr><td colspan="5">ÁREA DE INTERVENCIÓN: DEFICIENTE CONOCIMIENTO Y EXPERIENCIA
FINALIDAD DE INTERVENCIÓN: Aumentar el nivel formativo y la empleabilidad para el acceso al mercado laboral normalizado</td></tr>
<tr><th>Objetivos</th><th>Unidad de Atención</th><th>Actividades/Tareas</th><th>Modelo/Técnica/ Estrategia[2]</th><th>Calendario y Lugar</th></tr>
<tr><td>Incrementar el nivel de conocimiento del español y la educación básica</td><td>La usuaria</td><td>– Entrevista motivacional de apoyo e intervención.
– Selección con el usuario del recurso idóneo.
– Inscripción/coordinación recurso clases de español para extranjeros
– Entrevista de seguimiento y evaluación de los avances
– Inscripción/Coordinación recurso de Educación Secundaria para Adultos
– Seguimiento de los avances</td><td>– Modelo: Gestor de Casos y Participativo o centrado en la tarea
– Técnicas: Entrevista, coordinación, seguimiento, evaluación de todo el proceso
– Estrategia: Intervención con clientes en la capacitación y uso de recursos; Apoyo profesional durante todo el proceso y acompañamiento</td><td></td></tr>
</table>

2 Las estrategias de intervención se abordarán en el próximo capítulo.

PROGRAMACIÓN DE LA INTERVENCIÓN. VARIABLE INDEPENDIENTE				
ÁREA DE INTERVENCIÓN: DEFICIENTE CONOCIMIENTO Y EXPERIENCIA FINALIDAD DE INTERVENCIÓN: *Aumentar el nivel formativo y la empleabilidad para el acceso al mercado laboral normalizado*				
Objetivos	**Unidad de Atención**	**Actividades/Tareas**	**Modelo/Técnica/ Estrategia[2]**	**Calendario y Lugar**
Mejorar las habilidades sociolaborales para la búsqueda activa de empleo	La usuaria	– Búsqueda de un recurso de inserción socio-laboral y selección con el usuario del recurso más adecuado – Derivación área laboral – Taller búsqueda activa de empleo – Comienzo del itinerario de inserción socio-laboral – Entrevista de seguimiento y avances obtenidos	– **Modelo**: Gestor de Casos y Participativo o centrado en la tarea – **Técnicas**: Entrevista, coordinación, seguimiento, evaluación de todo el proceso – **Estrategia**: Intervención con clientes en la capacitación y uso de recursos; Apoyo profesional durante todo el proceso y acompañamiento	
Conseguir una situación de regularidad administrativa para el usuario	La usuaria	– Entrevista informativa asesor legal – Asesoramiento legal en extranjería – Acompañamiento en el proceso de empadronamiento – Tramitación de la documentación necesaria (certificado de arraigo, antecedentes penales…) – Coordinación con los profesionales del área legal y solicitud de documentos – Asesoramiento en el proceso de solicitud de Protección Internacional – Seguimiento periódico de los avances y los trámites necesarios.	– **Modelo**: Gestor de Casos – **Técnicas**: Entrevista, coordinación, seguimiento, evaluación de todo el proceso – **Estrategia**: Apoyo profesional durante todo el proceso y acompañamiento	

En el caso que exponemos a modo de ejemplo, hemos desarrollado el programa de intervención de la variable independiente, pero se pedirá al alumno que desarrolle los otros dos programas expuestos en el Plan de Acción, es decir el programa de intervención de la variable dependiente y el programa de intervención de la variable colateral.

De tal forma, una vez trabajadas e implementadas las correspondientes programaciones de la intervención, estaremos en disposición de ir realizando el seguimiento oportuno de los avances de la Programación de la Intervención con el Plan de Ejecución que exponemos a continuación.

Hemos detallado el Plan de ejecución del primer objetivo, por lo tanto, pediremos al alumnado que, de forma simulada, desarrolle el Plan de ejecución para los restantes objetivos.

PLAN DE EJECUCIÓN			
Fecha	**Actividad**	**Planificación de la tarea**	**Revisión del problema (1-5)**
11/09/20XX	Entrevista motivacional de apoyo y orientación.	Entrevista con el usuario para iniciar un primer contacto y analizar cómo se encuentra.	**Valoración: 4** La entrevista se realiza en un clima apropiado y buena motivación por parte del usuario.
15/09/20XX	Selección con el usuario del recurso idóneo.	Se evalúan los recursos disponibles en el entorno próximo.	**Valoración: 2** La usuaria observa que tiene que utilizar transporte público puesto que en su pedanía no se imparte español para extranjeros y eso es un obstáculo para ir a todas las sesiones.
28/10/20XX 10/12/20XX	Inscripción/coordinación recurso clases de español para extranjeros Entrevista de seguimiento y evaluación de los avances.	Se realiza la matrícula e inscripción de las clases de español para comenzar la próxima semana. Se evalúan los avances con el idioma pasados dos meses desde el comienzo.	**Valoración: 3** Comienza con el curso de español para extranjeros y pasados dos meses hay avances significativos, aunque no definitivos. La profesora de español nos explica que en dos meses más ya adquirirá competencias lingüísticas adecuadas.

PLAN DE EJECUCIÓN			
Fecha	**Actividad**	**Planificación de la tarea**	**Revisión del problema (1-5)**
22/3/20XX	Inscripción/Coordinación recurso educación secundaria de adultos.	Nos coordinamos con educación de adultos del municipio para realizar la matrícula correspondiente para el próximo curso académico. Se espera que haya adquirido las competencias en materia de lengua española necesarias para poder cursar estudios básicos.	**Valoración: 2** Se ha de esperar al próximo curso académico. Ha realizado la preinscripción en estudios básicos para obtener el título de educación secundaria para adultos.

Realizado el Plan de Ejecución de todas las actividades propuestas en las Programaciones de Intervención estaremos en disposición de comenzar con la Fase Final o Evaluación. Esta fase ya se ha ido realizando paulatinamente con ayuda del Plan de Ejecución que valora la implementación de las actividades/tareas programadas para la consecución de los objetivos de intervención propuestos.

6.6. ACTIVIDAD PRÁCTICA Nº 6

"LA INTERVENCIÓN EN TRABAJO SOCIAL CON EL SISTEMA INDIVIDUAL: FASE MEDIA. CASOS PRÁCTICOS"

Objetivos de la práctica:

1. Comprender y reflexionar sobre los contenidos teóricos impartidos en el capítulo
2. Aplicar el proceso metodológico de Trabajo Social a la intervención con individuos y familias: Fase Media.
3. Utilizar los principales instrumentos y técnicas de esta fase.

Actividades:

1. Siga utilizando el caso escogido en la práctica anterior para la realización de esta actividad.
2. Elabore del Plan de Acción.
3. Plantee las Programaciones de Intervención
4. Realice el Plan de Ejecución de dos actividades/tareas
5. Explique qué debe hacer el Trabajador Social ante el incumplimiento de las tareas por parte del cliente/usuario.
6. Diferencias entre intervención y tratamiento. Explique ambos conceptos.

6.7. MATERIALES RECOMENDADOS

- Beaver, M. L. y Miller, D. (1998). *La práctica clínica del trabajo Social con personas mayores.* Paidós.
- Ituarte Tellaeche, A. (1992). *Procedimiento y proceso en Trabajo Social Clínico.* Siglo XXI.
- Johnson, L. C (1992). *Social Work Practice. A Generalist Approach.* Allyn and Bacon.
- Reid, W. et Epstein, L, (comp.) (1972). *Task- Centered Practice.* Columbia University Press.
- Reid, W. (1992). *Task Strategies. An empirical approach to Clinical Social Work.* Columbia University Press.
- Tolson, E., Reid, W. et Garvin, Ch. (1994) Generalist *Practice. A Task- Centered Approach.* Columbia University Press.

Capítulo 7

LA INTERVENCIÓN EN TRABAJO SOCIAL CON EL SISTEMA INDIVIDUAL: ESTRATEGIAS DE INTERVENCIÓN

7.1. DIFERENTES ESTRATEGIAS DE INTERVENCIÓN EN TRABAJO SOCIAL CON EL SISTEMA INDIVIDUAL

> "Lo que hace a una persona distinta a otra es la diferente manera, con que cada una de ellas se enfrenta a una situación extrema".

La intervención directa en la Fase Media con individuos contempla una gran variedad de acciones tales como:

- Intervención con clientes en la capacitación y en el uso de los recursos disponibles tanto materiales como humanos.
- Intervención en situaciones de crisis.
- Intervención de Apoyo profesional de clientes en general o de especial dificultad.
- Intervención en el asesoramiento o consejo.
- Intervención en la utilización de tareas o actividades.
- Intervención en los procesos de control y seguimiento.
- Intervención en las relaciones con el entorno del cliente.

Dichas acciones fundamentan la estrategia de intervención de la Fase Media de Trabajo Social. Dichas estrategias de intervención en Trabajo Social hacen referencia al enfoque que se va a considerar durante la Fase Media de Intervención. Conviene destacar que, en esta fase, con frecuencia, las acciones que se realizan se superponen y se complementan unas a otras; de esta forma en muchas ocasiones puede utilizarse una combinación de estrategias concatenadas.

También es necesario considerar el modelo teórico de intervención que orientará el proceso, pues dicho modelo es como el mapa o la brújula que hace posible que el trabajador social no se pierda en el proceso de intervención, utilizando aquellos elementos teóricos y metodológicos que mejor se adapten a cada situación particular. De alguna forma, la elección de una estrategia de intervención determina el modelo de intervención que se empleará, aunque también es posible la combinación de modelos como en el caso de selección de la estrategia.

Podemos distinguir siete tipos de estrategias de intervención en Trabajo Social con individuos. En un intento de establecer una relación entre las estrategias de intervención con los diversos modelos de teóricos que pueden ser utilizados en la intervención, sugerimos el siguiente esquema a modo de orientación.

ESTRATEGIA DE INTERVENCIÓN	MODELO TEÓRICO
Intervención con clientes en la capacitación y utilización de recursos	– Provisión de Recursos – Resolución de problemas. – Case management.
Intervención en situaciones de crisis	– Intervención en crisis. – Psicosocial.
Intervención de Apoyo profesional.	– Psicosocial. – Funcional.
Intervención en el Asesoramiento o Consejo	– Modelo Sistémico. – Modelo Ecológico – Modelo Participativo.
Intervención en la utilización de Actividades o Tareas	– Modelo Participativo o centrado en la Tarea – Resolución de problemas. – Psicodinámico. – Modelo Sistémico. – Modificación de Conducta.
Intervención en Situaciones de Control y Seguimiento	– Funcional. – Resolución de problemas. – Participativo o centrado en la tarea.
Intervención en las relaciones con el entorno.	– Modelo Sistémico. – Modelo Ecológico

7.2. INTERVENCIÓN CON CLIENTES EN LA CAPACITACIÓN Y EL USO DE LOS RECURSOS DISPONIBLES TANTO MATERIALES COMO HUMANOS

Muchos clientes se enfrentan a la carencia de recursos para satisfacer sus necesidades básicas. Algunas veces dichos recursos: materiales, económicos y humanos, se encuentran disponibles en la sociedad, a través de instituciones públicas, privadas o mixtas; sin embargo, la complejidad de dicha sociedad dificulta su conocimiento y su obtención. Otras veces dichos recursos no se encuentran disponibles para todos, siendo necesario en tales situaciones que el trabajador social desempeñe funciones de gestor y defensa de los clientes. En muchas ocasiones los trabajadores sociales ayudarán a los clientes a conocer y utilizar los marcos relacionales del entorno comunitario.

Para la intervención en la capacitación y en el uso de los recursos el trabajador social deberá contar con un profundo conocimiento y el desarrollo de habilidades profesionales en cuatro áreas fundamentales (Johnson, 1992):

1. *Conocimiento de los sistemas de servicios y de la comunidad en la que trabaja y de su funcionamiento.* Debe tener información de la comunidad donde desarrolla su actuación profesional: instituciones, asociaciones y grupos de ayuda, con el fin de poder ofrecer la información, orientación y asesoramiento que se necesita en cada situación particular. En estos casos, siempre es conveniente contar con un *fichero de recursos,* que recoja información suficiente sobre aquellos aspectos que se necesitan en la actuación profesional, ya que será siempre de gran utilidad el conocimiento de los recursos que se prestan en el nivel comunitario; así como de las personas significativas de la zona que pueden prestar algún tipo de ayuda. El conocimiento de la comunidad debe proporcionar no sólo una relación de los sistemas de ayuda formal, de los programas o servicios públicos y de los profesionales que lo forman, sino también un conocimiento más amplio de las diferentes organizaciones de la comunidad que prestan apoyo. Las Asociaciones (de vecinos, de padres, de mujeres, de jóvenes, etc.), los grupos de apoyo o de autoayuda para exadictos o personas que viven en las mismas circunstancias, o que tienen las mismas características, el voluntariado organizado, las organizaciones religiosas ofrecen muchas posibilidades de intercambio y apoyo para una amplia variedad de situaciones de necesidad. En el trabajo con las organizaciones comunitarias el trabajador social debe desarrollar y mantener, en todo momento, las habilidades de coordinación y colaboración tanto interprofesional como multiprofesional.
2. *Conocimiento y habilidades en el uso de los procesos de derivación y tramitación.* La tramitación o la derivación se utilizan cuando el cliente necesita acceder a un recurso que no puede ser aportado por la organización social en la que trabaja el profesional y éste necesita ser remitido a otra organización. En estas situaciones el trabajador social debe contar con el consentimiento del cliente. El trabajador social debe comunicar al cliente los motivos por los que considera más adecuado la elección del nuevo servicio. Muchas veces la ayuda se limitará a proporcionar una dirección, otra debe realizar un contacto telefónico, o bien dirigirse personalmente a la institución. En los casos en los que el cliente debe solicitar el recurso se le ayudará a conocer y utilizar lo que los ingleses llaman *"the proper chanel"*, es decir, a saber, a quién debe dirigirse, para saber qué y sobre qué, y cómo debe hacerlo (Ranquet, 1996.).

3. *Conocimiento de los roles de gestor y defensor de los clientes y de las habilidades que se requieren.* El gestor ayuda a los clientes a obtener recursos. El trabajador social en estas situaciones debe tener un conocimiento y comprensión de la situación global del cliente; dicha información sobre las necesidades del cliente no debe quedar reducida al área material. Debe valorar dicha situación, conocer las alternativas posibles en relación con los recursos, aconsejar a la persona sobre cuál es el mejor recurso adaptado a sus necesidades, contactar con el servicio apropiado, así como asegurarse que el cliente obtiene la ayuda que necesita. El papel de defensa de los clientes supone abogar cuando éstos han sido rechazados. Implica realizar diferentes interpretaciones a las normativas y los reglamentos, estudiar los casos excepcionales, destacando los obstáculos que encuentran los clientes para la recepción y la utilización de los mencionados recursos, así como señalar las dificultades que para el cliente supone su denegación.
4. *Conocimientos para promover su participación y relación en el medio ambiente.* En este tipo de intervención en la capacitación y el uso de los recursos disponibles se encuentran, además, las intervenciones que tienen como objetivo ampliar el horizonte relacional de los clientes, ampliar sus marcos de vida y proporcionar la experiencia relacional con otras personas, grupos y organizaciones (Robertis, 1988). Existen una diversidad de acciones del trabajador social para ampliar las relaciones del cliente, cuando facilita el conocimiento de las instituciones comunitarias, de los grupos que se integran en ella, los servicios que se pueden utilizar; etc. Los conocimientos del trabajador social no se limitan al repertorio de recursos que se encuentran en la comunidad, sino que también incluye el aprendizaje de las habilidades necesarias para su participación y para negociar con los sistemas comunitarios, con el fin de que puedan obtener los recursos necesarios para su funcionamiento social.

En las situaciones en las que se tiene que utilizar un recurso tanto interno como externo, el trabajador social debe tener en cuenta una serie de cuestiones (Ituarte, 1992):

- En el caso que se considere que un recurso es adecuado, se analizará con el cliente los aspectos concernientes al mencionado recurso y se integrará en el conjunto de la programación de intervención, relacionándolo con sus problemas psico-sociales o con sus conflictos; así mismo se orientará sobre el uso que debe hacerse con el referido recurso.

- Cuando el trabajador social estime inadecuado o inapropiado la utilización de un recurso que solicita el cliente con la finalidad de la intervención, deberá hacerlo saber, explicándole abiertamente las razones por las que no es conveniente aplicar un determinado recurso externo, o que otro tipo de recurso es más adecuado utilizar en la presente situación. En estos casos, a menudo, el cliente puede presentar fuertes defensas frente a las propuestas del trabajador social; sin embargo, es importante que éste no ceda ante las presiones.

- En otras circunstancias es el trabajador social el que considera necesario acudir a un determinado recurso, por entender que puede ser útil al cliente para sí mismo, o para los objetivos de la intervención. En estos casos deberá exponer al cliente su razonamiento y explicarle en qué y de qué forma, cree que el uso de un determinado recurso externo puede ser de utilidad. Si el cliente acepta, se integrará el recurso en el conjunto de la programación de la intervención.
- Si el cliente lo rechaza, tendrá que analizar con él qué significado reviste la utilización de este recurso; habrá que analizar igualmente las dificultades adicionales que puede suponer el hecho de no usar ese recurso. Y finalmente, habrá que seguir trabajando con el cliente, modificando, si es preciso, alguna de las estrategias de la intervención.

7.3. LA INTERVENCIÓN EN SITUACIONES DE CRISIS

Es importante distinguir entre las situaciones difíciles u obstáculos que se presentan en la vida que se pueden resolver sin ayuda, y los problemas que muestran una incapacidad para superarlos sin ayuda y que, si no se tratan adecuadamente, pueden conducir a una situación de crisis.

Por otra parte, conviene también considerar que muchas personas o familias resuelven con sus propios medios sus dificultades y las sucesivas crisis que forman parte de la existencia, extrayendo de dichos acontecimientos experiencias que permiten crecer y madurar, y de esta forma, se encuentran mejor preparados para afrontar las siguientes crisis. Las personas en algún momento de su vida pueden necesitar ayuda para superar dificultades que sobrepasan el umbral de su resistencia: la muerte de un ser querido, una separación o divorcio en una pareja, el despido del trabajo, la jubilación, el nacimiento de un hijo con alguna discapacidad, etc.

Otras personas son más vulnerables a las crisis, debido tanto a factores personales como socioambientales, pues los intentos fallidos en la resolución de problemas hacen que tengan sentimientos de fracaso, incapacidad e incompetencia, que les lleva a contar con una imagen muy pobre de las capacidades que poseen. Es lo que se denomina el efecto “bola de nieve” o “personas en situación de crisis permanente”. Estas personas o familias requieren de otra estrategia de intervención diferente a la relacionada con la crisis, pues necesitan aprender habilidades y actitudes de adaptación que requieren de un período más largo de tiempo.

Podemos definir la crisis como la perturbación de una situación estable, que se caracteriza porque sobreviene de forma repentina e inesperada, provocada por una situación estresante o un acontecimiento precipitante, afectando a una persona que hasta entonces tenía un nivel adecuado de funcionamiento, de manera que le provoca un desequilibrio (Caplan, 1985).

Se pueden clasificar las crisis, como se destacó, según los factores de estrés que las han originado, en crisis *previsibles,* de *maduración* o de *transición* y en *imprevisibles* o crisis de *situación* (Rapoport, 1970):

- *Crisis previsibles, maduración o de transición.* Las ligadas a acontecimientos previsibles se producen cuando un individuo franquea una etapa y se introduce en otra fase del desarrollo psicosocial. Entre ellas se encuentran las crisis identificadas por Erikson como son: la infancia, la adolescencia, adultez, etc. Son *crisis de maduración,* pues su base es biológica pero tienen también componentes psicológicos y sociales. Las *crisis de transición son las* relacionadas, esencialmente, al cambio de roles sociales: cambio de trabajo o de lugar de residencia, jubilación.
- *Crisis imprevisibles o crisis de situación.* Las ligadas a acontecimientos imprevisibles que son desencadenadas por factores que significan una amenaza para la integridad física y mental del individuo (enfermedad, accidente, invalidez, muerte), de la familia (ausencia, abandono, divorcio, introducción de un nuevo miembro). Las catástrofes tales como incendios, guerras constituyen factores de crisis imprevisibles.

Las investigaciones en este sentido avalan que el período real de la crisis dura de *una* a *seis semanas* y que, a continuación, una solución permite alcanzar un equilibrio igual, superior o inferior al que existía antes; una vez superado este tiempo se tendrá que orientar al cliente hacia un servicio especializado (Caplan, op. cit)

7.3.1. Proceso de Intervención en Situaciones de Crisis

El modelo de intervención en crisis es un enfoque orientado a resolver una situación del presente que necesita ayuda profesional para afrontar un problema determinado. Una característica importante es el rol que debe asumir el trabajador social, siendo más directivo en el proceso de ayuda. Dicho modelo se encuentra fundamentado en los tratamientos de tiempo limitado, que utiliza objetivos, tareas y técnicas que permitan comprender la situación, aceptarla y elaborar mecanismos para salir de ella, y, de esta forma, encontrarse más preparado para las sucesivas crisis que se puedan presentar.

Hay que tener en cuenta que las situaciones de crisis facilitan la intervención en Trabajo Social por una serie de razones (Escartín Caparrós et al, 1992.):

1. La persona es temporalmente más flexible, más abierta a la influencia de otros factores u otras personas significativas en su entorno.
2. El trabajador social no tiene que intervenir mucho, ya que el grado de actividad de la persona que ayuda, no tiene que ser tan grande como si se tratase de efectuar cambios duraderos.
3. Un poco de ayuda racionalmente dirigida y concentrada, con sentido de finalidad, en un momento adecuado, tiene efectos y consecuencias más profundas y duraderas que una ayuda más extensa en un período de menos accesibilidad.

7.3.1.1. Fase Inicial

El trabajador social deberá poner especial atención a la realización de los siguientes aspectos en esta fase de intervención (Ranquet, 1996):

1. *Crear una relación.* Crear una relación de ayuda será siempre un objetivo prioritario en cualquiera de las estrategias de intervención en Trabajo Social, pero en las situaciones de crisis reviste un carácter esencial, ya que no olvidemos que la persona se muestra incapaz de salir de la situación con sus propios medios. El trabajador social utilizará las mejores habilidades para que el cliente se sienta aceptado, comprendido y la relación profesional se convierta en un ámbito de referencia para afrontar la crisis.
2. *Centrarse en la situación.* El trabajador social debe hacer que el cliente se exprese y cuente lo que ha desencadenado la situación. Deben aflorar los sentimientos, pensamientos, comportamientos, etc., para que disminuya la tensión emocional.
3. *Percibir la realidad.* Una vez que el contenido emotivo de la situación ha aflorado, el trabajador social tendrá que ayudar al cliente para que acepte la realidad en la medida de sus posibilidades; aunque en ocasiones, se trate de pérdidas irreparables debe favorecer la percepción de la situación de una forma más constructiva.
4. *Organizar la acción.* Al final de esta fase trabajador social y el cliente llegan a una serie de acuerdos que se recogen a modo de contrato, que de manera muy general abordan aspectos relacionados con: las entrevistas que se emplearán, los problemas que se tratarán, las tareas que se llevarán a cabo etc.

7.3.1.2. Fase Media

En la Fase Media de intervención en situaciones de crisis el trabajador social debe tener en cuenta durante los siguientes aspectos (Ranquet, op. cit):

1. *Apoyarse en las capacidades del cliente y estimularlas.* El trabajador social tiene que tener en cuenta la estructura de la personalidad, sus defensas básicas, sus patrones habituales de conducta y mecanismos de adaptación, la naturaleza de los estímulos y el potencial de la persona para desarrollar respuestas adaptativas, así como los recursos internos con los que contaba antes de aparecer la crisis.
2. *Ayudar al cliente a tener una percepción realista de su situación.* En la intervención de las crisis hay momentos que el trabajador social tiene que desempeñar un rol activo y directivo, apoyando al cliente en los mecanismos de ajuste elegidos por él, orientándolo sobre otros más idóneos, que el cliente debe aprobar. Debe ayudar a enfrentarse con la percepción de la situación tal como él la ve, comunicando un sentimiento de esperanza realista acerca de la resolución de la crisis, así como la ayuda que le ofrecerá. Este tratamiento se relaciona deliberadamente con el presente, tratando de clarificar los factores que han desencadenado la crisis. Con frecuencia la persona no es consciente de dichos factores, tratando de protegerse con una falsa apariencia de no saber, o de no preocuparse por ello. La clarificación de estos factores, de los elementos y de las circunstancias ligadas a ellos, facilita el restablecimiento del equilibrio emocional.
3. *Utilizar el apoyo del entorno: familia, la red social, grupos de ayuda mutua.* El trabajador social actúa, a veces, de enlace entre el cliente y/o familia y la comunidad, orientándolo en los recursos sociales que pueda precisar. La familia continúa desempeñando un papel bastante importante, en la resolución de la crisis; además puede contribuir a reforzar el sentimiento de identidad y pertenencia que en estas circunstancias puede encontrarse confuso. También es importante ampliar sus relaciones. La red social y el apoyo social tienen, con frecuencia, un lugar importante en la resolución de la crisis. De esta forma, los grupos de apoyo, autoayuda o ayuda mutua, permiten la observación sobre cómo otra persona ha hecho frente al problema, identificándose con una ella proporcionan información necesaria, que puede servir no sólo como modelo de rol, sino también de recuperación de la confianza.

7.3.1.3. Fase Final

Es importante en la Fase Final de intervención tener en cuenta los siguientes aspectos:

1. *Revisar todo el trabajo realizado.* El trabajador social y el cliente deben analizar el proceso seguido en el proceso de intervención, los objetivos alcanzados y las tareas desarrolladas, así como los cambios acontecidos.

2. *Recuperación de la confianza.* El trabajador social revisa el proceso seguido resaltando los esfuerzos realizados por el cliente para afrontar y manejar la situación, lo que ayuda al cliente recuperar la seguridad y la confianza. Repasa con el cliente el análisis de las habilidades que ha desarrollado para resolver sus problemas, cómo ha empleado los recursos para enfrentarse a la situación de desequilibrio, y cómo estos mecanismos pueden ser utilizados en cuando aparezcan nuevas situaciones de crisis.
3. *Establecimiento de un plan de trabajo.* El trabajador social debe analizar con lo el cliente los objetivos y tareas que quedan por desarrollar, proponiendo para ello un plan de seguimiento.

7.4. INTERVENCIÓN DE APOYO A CLIENTES EN GENERAL, O DE ESPECIAL DIFICULTAD

También denominada *Soporte* o *Sostén.* Apoyar significa sostener o mantener firme a una persona, darle coraje, expresar y dar confianza. Cualquiera que sea la actividad profesional del trabajador social requiere grandes dosis de Apoyo, pues cuando se encuentra apoyado el cliente es capaz de expresar sentimientos y pensamientos que habitualmente son reprimidos. Los sentimientos y pensamientos cuando son expresados y compartidos con otras personas, con frecuencia, pierden su intensidad y pueden ser comprendidos más fácilmente

Debemos entender el apoyo profesional del trabajador social desde tres perspectivas:

1. *Utilización de apoyo durante el proceso de intervención.* Durante la intervención, y particularmente en la Fase Inicial, son bastante frecuentes en los clientes la presencia de sentimientos y estados de ansiedad, duda e incertidumbre. A medida que el proceso de intervención avanza y el cliente se hace más consciente de sus problemas, pueden aparecer nuevos aspectos de la situación que el cliente vive como amenazadores. El apoyo profesional tiende a mantener la ansiedad dentro de los límites de la tolerancia, pues ciertas dosis de ansiedad son necesarias como motivadoras del cambio (Northen, 1982).
2. *Utilización de apoyo como estrategia.* Algunos clientes necesitan ser apoyados, debido a situaciones difíciles y estresantes que le provocan una gran inseguridad, o bien necesitan el apoyo profesional para adaptarse a situaciones que no van a cambiar, como determinadas enfermedades crónicas, situaciones de discapacidad, etc. Los clientes pueden no contar con apoyos externos y pueden necesitar sentirse validados como personas.

3. *Acompañamiento social* Estrategia centrada más en el medio-largo plazo. Las personas con especiales dificultades de incorporación a la sociedad necesitan altas dosis de apoyo para construir un itinerario de incorporación social. Los itinerarios vitales que llevan a personas y familias a vivir situaciones de exclusión son complejos y los procesos continuados en el tiempo. El carácter multidimensional de los problemas hace necesario intervenciones integrales y la implicación de todos niveles de la Administración y de las organizaciones sociales. Se realiza la aplicación metodológica del modelo de gestor de caso y se utilizan técnicas, como: una acogida efectiva, una valoración compartida con la persona usuaria, la articulación de la intervención en base a compromisos mutuos, la vertebración de la intervención en torno al proceso de acompañamiento.

En la relación de acompañamiento profesional se asume un papel de tutela del proceso, debe:

- Ser un profesional de referencia.
- Crear una relación de confianza.
- Integrar y coordinar la atención.
- El acompañamiento incluye un componente de mediación social:
  - Ayudar en los conflictos familiares y vecinales.
  - Promover recursos informales de atención.
  - Acceder a las redes de actividades sociales que ayuden a mejorar a la persona atendida.

Hollis (1975) ha denominado este tipo de intervención como *Soporte* o *Sostén*, poniendo de relieve la importancia de los contenidos de la comunicación no verbal en la relación profesional. La mencionada autora ha planteado el desarrollo de una serie de técnicas utilizadas en el Modelo Psicosocial. Ha identificado técnicas de sostén o de apoyo a clientes tales como:

1. *Técnicas que se proponen apoyar al cliente y orientar su acción.*
   - El apoyo propiamente dicho incluye las siguientes técnicas: capacidad de acogida, aceptación de la persona, dar seguridad, dar ánimo.
   - Aireación de sentimientos. Consiste en animar al cliente a la libre expresión de sentimientos y emociones, creando un clima que haga posible esta expresión.
   - Exploración de problemas que tiene una fuerte carga afectiva.
2. *Técnicas que implican un proceso de reflexión para profundizar en la comprensión del cliente.*

- Comprender la situación. El trabajador social debe ayudar a tener una percepción más realista de la situación, más global y más completa.
- Comprensión de su comportamiento. Cuando una persona comprende su comportamiento es posible comprender mejor la realidad presente.
- Comprensión de los aspectos de la infancia. El trabajador social hace reflexionar al cliente sobre ciertas características de la personalidad que tienen raíces en su infancia.

La intervención de Apoyo requiere del aprendizaje de una serie de habilidades profesionales para que el cliente desarrolle una buena capacidad emocional, se atreva a experimentar sentimientos y a expresarlos y sepa, no obstante, reprimirlos cuando es necesario. Al hablar de sus problemas y de sí mismo el cliente que posee capacidad emocional, revela con sus respuestas corporales y faciales, no sólo que lo que dice está impregnado de sentimiento, sino además que el sentimiento es adecuado, en intensidad y cualidad al contenido de lo que está expresando (Perlman, 1980).

Se han detectado algunos problemas relacionados con la utilización de la intervención de Apoyo, relacionados con la dependencia de algunos clientes en la relación profesional con el trabajador social. El trabajador social debe prevenir, si es posible, para que la ayuda no se concentre solo a través de él mismo y que el medio ambiente proporcione elementos de soporte (Johnson, op. cit). El trabajo con grupos pequeños ha demostrado su eficacia en las intervenciones de Apoyo. En efecto, el trabajador social mantiene una relación múltiple con el grupo y con cada uno de los miembros que lo componen; además, las personas que conforman el grupo mantienen entre ellas relaciones horizontales. El trabajador social puede ayudar a que los miembros del grupo expresen sentimientos de solidaridad y ayuda mutua (Robertis, op. cit). La expresión de sentimientos, la comunicación en temas comunes, la observación de cómo otras personas se encuentran resolviendo sus problemas, proporciona elementos de Apoyo no exclusivamente del profesional, sino como fórmula de cooperación de cada uno de los miembros del grupo con los demás.

7.5. LA INTERVENCIÓN EN EL ASESORAMIENTO O CONSEJO

Otra de las estrategias de intervención en Trabajo Social se encuentra relacionada con *Aconsejar* o *Asesorar,* esto es, ayudar a las personas a ayudarse a sí mismas. Aconsejar o Asesorar se relaciona con el aprendizaje de las habilidades y capacidades, de tal forma que los clientes experimenten la satisfacción de haber definido y solucionado el problema por sí mismos. Si el cliente tiene falta de información sobre cuestiones esenciales, es incapaz de generar estrategias alternativas, o bien no puede tomar decisiones de forma programada, entonces el consejero tiene la función de educador desarrollando habilidades en el cliente.

Existe una palabra en inglés que condensa bien este aspecto: "empowerment", la potenciación. Sería el proceso de incremento personal e interpersonal de fortalecimiento de las capacidades de las personas, sus habilidades y sus fortalezas, de reforzar y potenciar su valía personal. Esta cuestión se encuentra referida al crecimiento personal de los clientes, a la motivación para el cambio de sus dificultades, de aprendizaje de las habilidades que se necesitan para poder hacerse cargo de su vida. El trabajador social debe desarrollar una serie de habilidades para promover la participación y la educación en los procesos de cambio en la situación vital del cliente.

Como hemos destacado el "*empowerment*" se caracteriza por dos dinámicas interdependientes e interactivas, como son "*empowerment personal*" y "*empowerment social*". El "*empowerment personal*", es similar a la autodeterminación, donde las personas toman la carga y control de sus vidas, aprenden nuevas formas de pensar sus problemas, adaptando nuevos comportamientos que les dan más satisfacción. El "*empowerment social*" reconoce que las definiciones y características de la persona atendida no pueden ser separadas de su contexto y que el "empowerment" está relacionado con la falta de oportunidades. La persona con "empowerment" social es aquella que tiene los recursos y oportunidades para jugar un rol importante en su ambiente y en su construcción.

En definitiva, podemos afirmar que la práctica profesional basada en promover el "empowerment" significa creer que el poder de las personas/ familias se logra cuando escogen alternativas que le dan mayor control sobre sus situaciones problema y, por ende, sobre su propia vida.

El rol de trabajador social es dar coraje, facilitar, estimular y desarrollar los poderes de las personas, señalar los recursos y poderes que se encuentran accesibles en los ambientes de las personas, así como promover la equidad y justicia en todos los niveles de la sociedad. Para ello, ayuda a los individuos o familias, a identificar qué es lo que quieren, explorar alternativas para obtener esos deseos y alcanzarlos.

Sin embargo, conviene recordar que el profesional sólo es un recurso humano con entrenamiento profesional en el uso de recursos, que está encargado del "empowerment" de las personas y familias, y deseoso de compartir sus conocimientos de manera que pueda ayudar a las personas a conocer su propio poder, tomar el control de sus vidas y resolver sus problemas.

Otra forma de asesorar es la denominada con el apelativo de "*counseling*" que significa crear un espacio, institucional o no, donde en un tiempo relativamente corto (3 a 6 meses), un profesional establece una relación de ayuda con otra persona que presenta dificultades en determinadas áreas de la vida, con el objetivo de facilitar que dicha persona llegue a adquirir las capacidades y actitudes necesarias para la resolución de sus dificultades (Nelson-Jonnes, 1994).

El asesoramiento puede funcionar como respuesta a una situación conflictiva o como un estímulo para ayudar al cliente a crecer y desarrollarse (Meyer, 1993).

Las situaciones en las que los clientes pueden necesitar asesoramiento y consejo pueden ser:

1. Ofrecer la opinión sobre cuál sería el mejor curso de una acción fundamentada en la valoración profesional.
2. Ofrecer información sobre diferentes opciones valorando las consecuencias para que el cliente sea capaz de elegir una.
3. Ayudar en el entrenamiento de determinadas habilidades: asertividad, comunicación, relación.

El objetivo final de Asesorar o Aconsejar es capacitar a los individuos a autovalidarse, esto es, aumentar la capacidad del individuo para desarrollarse personalmente, haciéndose más competentes, "sanos", vivir más positivamente y de mejorar la calidad de vida.

La autovaloración tiene cinco dimensiones (Hopson, op. cit.)

1. Conciencia. Sin el conocimiento de lo que somos realmente y la conciencia de nosotros mismos: posibilidades, limitaciones, mecanismos de defensa y control, etc. Estamos sujetos a las oscilaciones de nuestra educación, acontecimientos diarios, cambios sociales y crisis. Sin conciencia sólo podemos reaccionar como la bola de una máquina de billar que salta de un lado a otro sin tener la energía suficiente para hacerlo ella misma.

2. Objetivos. Teniendo conciencia, tenemos la potencialidad de estar a cargo de nosotros mismos y de nuestras vidas. Nos hacemos cargo explorando nuestros valores, desarrollando compromisos, y especificando los objetivos con sus resultados. Aprendemos a vivir con la pregunta: "¿Qué es lo que queremos ahora?". Reflexionamos y después actuamos.

3. Valores. Un valor es una creencia que se ha elegido libremente de entre varias alternativas después de sopesar las consecuencias de cada una; es algo apreciado y querido. Es la base sobre la que se actúa repetida y conscientemente. La persona autovalidada tiene valores que incluyen el reconocimiento de lo valioso del *self* y de los otros, es proactiva, trabaja para alcanzar sistemas saludables, en casa, en el trabajo, en la comunidad y en el ocio, ayuda a otras personas a saber desarrollar más su autoestima y su autoconcepto.

4. Habilidades. Los valores son buenos por sí mismos, pero sólo desarrollando habilidades podremos traducirlos en acción. Podemos creer que somos responsables de nuestro propio destino, pero necesitamos habilidades para alcanzar lo que deseamos. Existen diferentes tipos de habilidades dependiendo del contexto: vitales o personales, sociales o de relación.

5. *Información.* La información es la materia prima para tener conciencia del *self* y del mundo que nos rodea. Debemos darnos cuenta que la información es esencial, que necesitarnos saber cómo obtener información apropiada y de dónde, pues sin ella estamos indefensos.

La estrategia de asesoramiento en Trabajo Social tiene como finalidad el proceso de autovalidación del cliente para que adquiera una mayor comprensión de sus capacidades y potencialidades, se ejercite en el desarrollo de las habilidades que necesita en su existencia práctica en la vida diaria y sepa acudir a los diferentes ámbitos que proporcionan la información cuando lo requiera.

7.6. LA INTERVENCIÓN EN LA UTILIZACIÓN DE ACTIVIDADES O TAREAS

Esta estrategia de intervención se refiere a la realización de tareas y actividades con el fin de solucionar los problemas que son objeto de cambio, problemas *diana*, que han sido previamente acordados en un documento a modo de contrato. Se caracteriza por ser una estrategia de intervención donde el cliente participa activamente en todo el proceso metodológico: Fase Inicial, Media y Final. Las actividades son efectivas cuando el cliente interviene en la clarificación e identificación de los problemas, la priorización de los mismos, selección de las tareas y cuando éstas contienen una razón que contribuye a la solución de los problemas principales

Tiene como base teórica el *Modelo Participativo* o *Centrado en la Tarea*, desarrollado fundamentalmente a partir de las investigaciones de Reid y Epstein. Su fundamento conceptual se relaciona con los enfoques centrados en la resolución del problema como el desarrollado por Perlman (1980). Se caracteriza por el uso de los límites de tiempo en la intervención, ya que de esta forma se incrementa la motivación del cliente en todo el proceso.

Otro aspecto a considerar, es que cualquiera que sea la estrategia de intervención que se elija, siempre se plantea alguna tarea por parte del cliente. Permite trabajar con varios sistemas al mismo tiempo: familia, grupos y comunidad, al tiempo que se realizan tareas puede simultáneamente completarse con otras estrategias de intervención.

Esta estrategia de intervención tiene dos finalidades fundamentales:

– Ayudar a los clientes a resolver problemas que les afectan.

- Proporcionar una buena experiencia en la solución de problemas, de modo que los clientes mejoren su capacidad para hacer frente a las dificultades y estén más dispuestos a aceptar ayuda.

Se han destacado siete características en relación con el modelo centrado en la tarea que conviene resaltar (Doel et Marshs, 1992):

1. El trabajador social tiene que tener claro qué problemas y situaciones conflictivas serán objeto de intervención.
2. Es importante que el trabajador social sea concreto y ayude a otros a serlo.
3. La ejecución de tareas es elemento central.
4. Es preciso medir cuál es el progreso que se produce en los límites de tiempo marcados.
5. Se aprende de la experiencia práctica para hacer aplicaciones a otros problemas u otros clientes.
6. La habilidad para aplicar el modelo se basa en la comunicación, que se concreta en mostrar interés, empatía y construir una relación específica con el cliente.
7. Conviene tener una idea global del modelo que es, por otro lado, un método de trabajo muy específico.

7.6. INTERVENCIÓN EN SITUACIONES DE CONTROL Y SEGUIMIENTO

Las intervenciones en Trabajo Social que tienen como objetivo imponer al usuario coacciones y límites, así como ejercer sobre él una vigilancia se encontraría dentro de este apartado. En esta estrategia se encuentran las siguientes intervenciones (Robertis, 1988):

- *El trabajo de seguimiento.* Las intervenciones que necesitan ser seguidas regularmente por el trabajador social, porque su situación inestable o frágil hace temer dificultades periódicas o ciclos de crisis.
- *La imposición de exigencias y límites.* Las intervenciones dentro de esta tipología suponen a los trabajadores sociales tener exigencias con los usuarios e imponerles límites. Exigencias en el cumplimiento de los deberes parentales, en sus responsabilidades y obligaciones de toda índole: trabajo, salud e higiene, educación. Así mismo, exigencias en relación con los compromisos adquiridos: el contrato, los horarios, el esfuerzo para resolver los problemas.

- *Las intervenciones de control.* Se refieren aquellas fundamentadas bajo mandato legal, donde los trabajadores sociales representan ante el usuario la autoridad del juez.

Todas estas intervenciones implican el ejercicio de la autoridad por parte del trabajador social. Esta autoridad se fundamenta en las leyes y se lleva a cabo mediante mandato judicial, por las instituciones sociales particularmente en la que se representa, por el "status" y por el rol profesional que lo establece de esta forma.

Como destaca Donzelot (1997) determinadas profesionales como los trabajadores sociales, los gendarmes, los psicólogos y los psiquiatras pueden ejercer determinadas formas de control. Para este autor el informe social se haya, pues, en un punto de confluencia entre la asistencia y la represión.

Las relaciones profesionales como hemos destacado son relaciones complementarias, marcadas por la diferenciación de roles y papeles de los que participan en la relación: trabajador social-cliente. La relación profesional se da en un contexto de autoridad en muchas situaciones, como en la orientación sobre lo que se debe hacer, en el asesoramiento o consejo sobre la mejor opción a tomar, etc. Además, la intervención del trabajador social supone, de alguna manera, la protección a otras personas con las que no se trabaja, en otras situaciones tales como: la intervención con los padres que maltratan o abandonan a los hijos, el seguimiento de la libertad condicional; o bien, la intervención en los casos de menores infractores, etc. Para Davies, como hemos señalado, el trabajador social es un profesional agente de cambio, o del cambio en una parte, pero también del "mantenimiento" de los roles del cliente. Mantenerlo significa adaptarlo a la sociedad, con el fin de facilitar su desarrollo y evolución. Sin embargo, esta cuestión implica que sin la intervención del trabajador social el resultado puede ser peor para el cliente, lo cual supone un cambio en las circunstancias del mismo cliente (Davies, 1994).

Las intervenciones que tienen como objetivo ejercer la autoridad existen independientemente de la voluntad del trabajador social y a pesar de sus esfuerzos por suavizarla o negarla. Negar la autoridad del trabajador social equivale a negar la realidad de lo que los trabajadores sociales realizan. El criterio de voluntariedad, incluso siendo legítimo, no puede ser el único fundamento legítimo de la intervención, pues existen muchos casos en las que éste no se aplica, y, en efecto, sólo será un factor significativo en los casos en los que otros principios o prioridades, como los morales o los de bienestar, no sean prioritarios (Spicker, 1977:99).

Esta estrategia de intervención puede entrar en conflicto con el principio de autodeterminación del cliente "el respeto a la libertad del cliente a las decisiones que puede tomar". Los principios no son absolutos, sino que pueden estar limitados, como señalan Clarke y Asquith existen una serie de casos en los que el principio de autodeterminación del cliente no debe prevalecer, como son los siguientes (Clarke y Asquith, 1985):

1. Cuando la conducta del cliente daña en una medida inaceptable el bienestar de otras personas.
2. Cuando el cliente se niega constantemente a comportarse moralmente
3. Cuando el cliente infringe la ley.

Cuando la conducta del cliente le perjudica gravemente.

Spicker, señala cómo las contradicciones que se presentan en torno a los principios de autodeterminación se encuentran influenciadas por el contexto en el que surge el Trabajo Social y los principios de libertad que inspiran las orientaciones de la época. El ejercicio de la influencia y la autoridad por parte de los trabajadores sociales se percibe y se acepta no sólo dentro de la profesión sino cada vez más en la sociedad en general. En estas circunstancias el concepto de autodeterminación parece cada vez más irrelevante e incluso incompatible con la práctica del Trabajo Social (Spicker, op. cit: 105).

Por otra parte, el debate fundamental sobre la estrategia de intervención en situaciones de control debe centrarse no en discutir o negar la autoridad del trabajador social, sino en reflexionar y analizar: cómo ejerce su autoridad, de qué forma la utiliza y para qué la emplea; debiendo tener presente que la posición de autoridad y el control tienen que estar en fundamentadas en estrategias de ayuda que favorezcan el cambio o el mantenimiento en la sociedad.

El trabajador social debe establecer un marco de ayuda que permita nuevas formas de relación, que tiendan al cambio y al desarrollo de las potencialidades de las personas en situaciones de control y seguimiento, favoreciendo el aprendizaje una serie de habilidades en la intervención, tales como: aptitudes de colaboración con los clientes, de negociación para el establecimiento de normas, límites y el cumplimiento de tareas, de comprensión de los problemas y las dificultades, de confrontación y de firmeza en las situaciones que así lo requieran.

7.7. INTERVENCIÓN EN EL ENTORNO DEL CLIENTE

Las intervenciones en Trabajo Social con el entorno del cliente tienen como objetivo modificar las situaciones exteriores, ampliar su inserción social y cambiar la relación que tienen respecto a él las personas significativas que le rodean.

Para intervenir con el individuo y/o la familia y las relaciones del entorno se pueden dar tres tipos de situaciones que requieren de diferentes estrategias de intervención (Aylwin y Solar, 2002):

1. La utilización del entorno.

2. La modificación del entorno.

3. El trabajo con el individuo y/o familia y el entorno.

En la utilización del entorno el profesional se comunica con diversas personas, servicios e instituciones para hacer accesibles los recursos del entorno que la persona y/o familia y sus miembros necesitan. Para lograr lo anterior desempeña el rol de mediador. En estas intervenciones el trabajador social realiza muchas veces un papel de *mediador*, de portavoz de los intereses del cliente y por ello ofreciéndose a interceder en su favor respecto al entorno (Robertis, op. cit.) Se puede definir la *mediación* como un proceso mediante el cual los participantes, junto a la asistencia de una persona neutral, aíslan sistemáticamente todos los problemas con el objeto de encontrar opciones, considerar alternativas y llegar a un acuerdo mutuo que se ajuste a sus necesidades (Folbert y Taylor, 1992).

Las intervenciones del trabajador social ante el entorno como mediador pueden estar relacionadas con las siguientes situaciones:

- *Conflictos de vecindad.* En algunos barrios es frecuente encontrar familias que tienen problemas con el entorno, que tiene su causa en el rechazo de una persona o familia por ideas preconcebidas y estereotipadas, y que provoca, en algunas situaciones, agresividad colectiva.
- *Problemas escolares de los hijos.* En otras ocasiones, el trabajador social podrá mediar ente el cliente y otras personas pertenecientes a una institución social como maestros y profesores. El trabajador social interviene en aquellas situaciones sociales que dificultan la integración en el entorno escolar: absentismo, niños con necesidades educativas especiales, niños inmigrantes, etc.
- *Relaciones familiares.* Algunas personas tienen problemas con sus padres, con su familia extensa, sus hijos, la función del trabajador social en estos casos es ayudar a restablecer los vínculos familiares.
- *Clientes con especiales dificultades.* Con clientes con discapacidad la intervención del trabajador social en el entorno irá dirigida a facilitar el acceso a determinados derechos: educación, trabajo, vivienda.
- *Contextos difíciles.* El trabajador social podrá mediar en diferentes contextos donde el cliente encuentre dificultades, como pueden ser los relacionados con los ámbitos de: trabajo, bancos, justicia etc.

En este tipo de intervención, el trabajador social desarrolla la consideración social de que es objeto como profesional y, también la autoridad que le confiere la pertenencia a un servicio específico. Puede ejercerse mediante dos fórmulas: como trabajador social en el desempeño de sus funciones profesionales, o como perteneciente a un servicio específico de mediación.

En la modificación del entorno se pueden señalar tres estrategias diferenciadas: en la primera ayuda al individuo y/o familia a cambiar las percepciones y actitudes del entorno con respecto al individuo y/o familia. En la segunda puede proponer un cambio del individuo y/o familia o algún miembro de forma que pueda vivir con un entorno más de acuerdo con sus necesidades: ingreso en nuevos grupos, un cambio de escuela, trabajo o residencia. En la tercera estrategia se intenta la creación de nuevos servicios; o bien promueve un mejor funcionamiento de los existentes o eliminación de los elementos nocivos del entorno.

En el trabajo del individuo y/o familia con el entorno, el profesional le pone en contacto con su entorno, le informa de los recursos que necesita, le pone en contacto con aquellos que se encuentran a su alcance y le dice la manera de cómo puede obtenerlos. Al mismo tiempo ayuda a la familia a relacionarse con las personas de su entorno, a quién debe dirigirse, cómo debe hablar, qué puede solicitar, etc.

Dos son las razones que avalan la fundamentación de la intervención con el entorno: en primer lugar, el énfasis en las actuaciones que sitúan al sujeto en su medio ambiente, en las que se destacan la importancia de la interacción del individuo y su entorno inmediato; en segundo lugar, la utilidad ecológica de dicha intervención por lo que supone de aprovechamiento, conservación y reciclaje de los recursos con los que se cuenta. Existen varios instrumentos que permiten investigar las relaciones del individuo y la familia en el medio ambiente: el Ecomapa y el Mapa de Redes Sociales.

Las intervenciones en el medio ambiente del cliente nos llevan al análisis de la red social, la red de relaciones personales que se encuentra situadas en lo que Bronfenbrener (op. cit) ha llamado el mesosistema, donde las personas intercambian ayuda material, instrumental y afectiva. La red social se encuentra constituida por un grupo de personas, miembros de la familia, vecinos, amigos y otras personas, capaces de aportar una ayuda y un apoyo tan reales como duraderos a un individuo o a una familia (Elkaïm, 1995). Así mismo, el estudio de la red supone conocer que instituciones prestan soporte y ayuda a un individuo y/o familia, y como es este tipo de ayuda, lo que se ha denominado *exosistema*

En este sentido la red constituye un proceso de construcción permanente, pues al contar con un sistema abierto se potencia el intercambio dinámico y las posibilidades de utilización de los recursos. La red es el nicho interpersonal de la persona y contribuye sustancialmente a su propio reconocimiento como individuo y a su imagen propia. Constituye, pues, una de las claves centrales de identidad, competencia, bienestar, protagonismo y autoría, incluyendo los hábitos la salud y la capacidad de adaptación a una crisis o situación problemática (Sluzki, 1996).

Estas intervenciones se han venido denominando de varias formas "intervención en red" o "prácticas de red". Es necesario realizar la valoración de las características estructurales de la red, así como la calidad de las interacciones.

Las características estructurales que pueden ser observadas en la red social son las siguientes (Villalba Quesada, 1993):

- *Tamaño.* Es el número de personas que componen la red social de una persona.
- *Composición.* Se relaciona con los diferentes tipos de personas en la red: familiares, amigos, vecinos y compañeros.
- *Densidad.* Es el grado de interconexión que tienen los miembros de la red entre sí, independientemente de la persona de referencia.
- *Dispersión.* Hace referencia a los niveles en tiempo y espacio.

Otras características importantes para el análisis de las redes serían las que se relacionan con la calidad de las interacciones (Villalba Quesada, op. cit.):

- *Multiplicidad.* Hace referencia a las relaciones que sirven para más de una función o que incluyen más de una actividad.
- *Contenido transaccional.* Informan del tipo de intercambio de ayuda material, emocional o instrumental entre la persona y los miembros de la red.
- *Direccionalidad.* Grado en el que la ayuda afectiva, material o instrumental es dado y recibido por la persona.
- *Duración.* Indica la extensión en el tiempo de las relaciones de la persona con su red social.
- *Intensidad.* Se refiere a la fuerza con la que es percibido el vínculo.
- *Frecuencia:* Se refiere al número de veces que la persona mantiene contacto con los miembros de la red.

A partir del análisis de la red social es posible conocer tanto lo que se refiere a la estructura como el funcionamiento de las relaciones de una persona o una familia, pues el análisis de la red social nos permite conocer cuál es el apoyo natural que tiene la persona que solicita ayuda, y qué papel o función pueden desempeñar los profesionales que prestan apoyo formal (Villalba Quesada, op. cit.).

La intervención en redes con personas o familias en riesgo cumplen una función compensadora, preventiva, que puede ser utilizada como estrategia de intervención, o bien complementa otras intervenciones profesionales, que ha demostrado su efectividad en las situaciones de crisis. La intervención en redes nos permite plantear acciones que potencien los apoyos existentes, que los complementen mediante otras vías; o bien, que los sustituyan en caso necesario.

De esta forma, la intervención en la red social nos permite conectar e integrar las intervenciones que van desde lo individual/familiar hasta lo comunitario, ya que el análisis y la comprensión de la red social nos ayuda a integrar la valoración de los ambientes inmediatos, los microsistemas y sus características. También las relaciones con los referentes comunitarios de dichos sistemas.

Las habilidades profesionales que se requieren en este tipo de intervención con el entorno suponen el desarrollo de aptitudes para la articulación, fortalecimiento de las relaciones personales y de los lazos sociales, haciendo efectivos los roles de mediador eficaz; también es necesario buscar fórmulas de trabajo de colaboración y de conexión con los referentes comunitarios. En último término, destacar la posibilidad de potenciar el desarrollo de la autonomía de los clientes al poder transferir y compartir los profesionales la responsabilidad del cambio a las relaciones con otras personas y organizaciones.

7.8. CRITERIOS PARA ELEGIR ESTRATEGIAS DE INTERVENCIÓN

De alguna forma, la finalidad de la intervención lleva implícito la estrategia que se va utilizar. Nelson-Jones (1994) establece algunos criterios a la hora de elegir estrategias de intervención.

- *Importancia de mantener una relación sostenida de apoyo.* Cualquiera que sea la estrategia de intervención debe partir siempre de un contexto de apoyo, en el que debe basarse la relación profesional. El énfasis en la utilización de apoyo es útil en los casos de clientes con un nivel de autoestima escaso, pues es necesario que adquieran un mayor nivel de confianza, como paso previo e imprescindible para la consecución y mantenimiento de objetivos. En general, para todos los clientes las intervenciones de apoyo contribuyen a elevar la calidad de la relación profesional trabajador social-cliente y facilitar la motivación de éste último en todo el proceso.
- *Prioridad de intervenciones para solucionar problemas y situaciones problemáticas.* Trabajador social y cliente pueden optar por resolver problemas inmediatos más que en cambiar aptitudes que influyen directamente sobre dichos problemas. La estrategia de intervención está mediatizada por esta decisión. Existen una serie de situaciones en las que la estrategia de intervención del trabajador social pone el énfasis en la resolución de problemas inmediatos:
- *Cuando el cliente está en una situación de crisis.* En estos casos los objetivos de intervención irán encaminados a tratar con el cliente la resolución del problema concreto, que está provocando la crisis. De esta forma, la estra-

tegia de debe recoger actividades que supongan que el cliente perciba que vuelve a tener el control de su vida.

- *Cuando el cliente se está enfrentando a un problema inmediato.* En estos casos, es necesario establecer una programación de intervención para analizar el problema inmediato, más que centrarse en aptitudes de autoayuda. Por ejemplo: tener que enfrentarse a una entrevista de trabajo.
- *Cuando los clientes tienen metas limitadas.* Los clientes pueden desear simplemente superar un problema inmediato.
- *Cuando el propio trabajador social lo establezca.* La actividad profesional del trabajador social puede ser tan intensa que sólo pueda ofrecer una primera ayuda en la resolución del problema.
- *Importancia de las intervenciones para alcanzar objetivos.* Una vez que se han jerarquizado los problemas y se ha establecido un contrato se sientan las bases de la programación de los objetivos de intervención. Las intervenciones pueden estar centradas tanto en el trabajador social cuando éste hace algo para el cliente, como en el cliente cuando es éste el que realiza actividades encaminadas a modificar sus situaciones problemáticas y efectuar cambios en relación con dichas dificultades.
- *Competencia del trabajador social para realizar intervenciones* Es necesario adquirir un repertorio de intervenciones para trabajar con efectividad, sobre todo centradas en los clientes con los que se trabaja. Con el paso del tiempo, los trabajadores sociales adquieren un conocimiento práctico suficiente en relación con las estrategias de intervención y la utilización de modelos. Es necesario una formación continua, una práctica, un entrenamiento y una reflexión. Es más adecuado limitar el número de intervenciones, que atender demasiados casos, esto no quiere decir que se desestimen casos, sino que es mejor no iniciar uno antes que no pueda ser llevado a cabo de forma satisfactoria.
- *Teoría y búsqueda de apoyo para intervenciones.* Los trabajadores sociales deben fundamentar sus intervenciones sobre los modelos teóricos, que mejor se adecúan a cada situación. Los modelos comportan unas orientaciones teóricas y unos aspectos metodológicos. Las intervenciones deben estar fundamentadas sobre estos modelos, que contienen principios de aprendizaje, mantenimiento y cambios de comportamientos, aptitudes, pensamientos, etc. Algunas veces son muy útiles intervenciones usadas en combinación tanto de modelos, como de diferentes sistemas, que intervenciones realizadas de forma aislada. Por ejemplo, en las relaciones de pareja son útiles tanto centrarse en el incremento e intercambio de puntos de vista sobre el comportamiento de la pareja, como el entrenamiento en las habilidades de comunicación de sus miembros.

- *Consideraciones sobre el cliente.* Numerosas consideraciones sobre el cliente influyen tanto en la elección como en la realización de intervenciones.
- *Nivel de ansiedad y sentido de valoración.* Los trabajadores sociales necesitan considerar, tanto si los clientes tienen un alto nivel de ansiedad, como si tienen una autovaloración muy baja. En estos últimos casos, las intervenciones que requieran decisiones pueden ser prematuras. Las intervenciones que impliquen acciones deben esperar en clientes afectados por un alto grado de ansiedad hasta que adquieran un sentido de auto-trabajo.
- *Motivaciones y resistencias.* Un aspecto fundamental es incrementar la motivación del cliente para realizar las intervenciones, así mismo explorar las dificultades potenciales y resistencias.
- *Expectativas y prioridades.* El trabajador social necesita tener en cuenta las prioridades del cliente. Por ejemplo, los clientes que interpretan la relación trabajador social-cliente como un modo de resolver y dirigir problemas inmediatos, pueden no desear intervenciones centralizadas hacia la construcción de aptitudes de larga duración. Por el contrario, clientes que contemplan las cuestiones personales como el foco central de la intervención pueden resistir mejor la realización de intervenciones de larga duración.
- *Edad y madurez.* Los trabajadores sociales necesitan ajustar las intervenciones a la edad de los clientes, teniendo en cuenta las habilidades de relación de unos y otros, es decir, el lenguaje y las aptitudes y comportamientos relativos a la edad.
- *Nivel de inteligencia para comprender la intervención.* Los trabajadores sociales necesitan razonar con el cliente de manera que comprenda la intervención.
- *Cultura.* Los trabajadores sociales deben tener en cuenta las diferencias culturales de los clientes, pues determinadas reglas, normas de comportamiento pueden afectar la relación profesional trabajador social-cliente.
- *Sexo y género.* Dependiendo del sexo biológico, los clientes pueden haber interiorizado diferentes roles, los trabajadores sociales deben ser cuidadosos y respetar los estereotipos tanto masculinos y femeninos, que pueden afectar a la intervención en Trabajo Social.
- *Factores de apoyo.* La familia, grupos de iguales, compañeros de trabajo pueden apoyar las intervenciones. También pueden realizarse las intervenciones para que el cliente ofrezca su apoyo hacia los demás. En otras ocasiones, las intervenciones pueden desarrollarse para mejorar las relaciones del sistema individual/familiar y su medio ambiente. Explorar la red social del cliente que puede prestar apoyo siempre será una estrategia a conside-

rar para determinar con que apoyo natural y formal se puede contar en la intervención en Trabajo Social.

7.9. ACTIVIDAD PRÁCTICA Nº 7

"LA INTERVENCIÓN EN TRABAJO SOCIAL CON EL SISTEMA INDIVIDUAL: FASE MEDIA. ESTRATEGIAS DE INTERVENCIÓN"

Objetivos de la práctica:

1. Comprender y reflexionar sobre los contenidos teóricos impartidos en el capítulo
2. Analizar las diferentes estrategias de intervención y su aplicación a la fase media.

Actividades:

1. Concrete los contenidos- habilidades que el trabajador social debe tener en la estrategia de intervención con clientes en la capacitación y utilización de los recursos en cuatro áreas principales.
2. Describa los principales tipos de crisis.
3. Explique las diferentes perspectivas de la Intervención de Apoyo a clientes en general o de especial dificultad.
4. Explique las diferentes intervenciones que podemos aplicar en la Estrategia de Control y Seguimiento. Ponga ejemplos de cada una de ellas.
5. Analice las diferentes intervenciones en la estrategia en el entorno del cliente.

7.10. MATERIALES RECOMENDADOS

- Beaver, M. L. y Miller, D. (1998). *La práctica clínica del trabajo social con personas mayores.* Paidós.
- De Robertis, C. (1992). *Metodología de la Intervención en Trabajo Social.* Ateneo.
- Ituarte Tellaeche, A. (1992). *Procedimiento y proceso en Trabajo Social Clínico.* Siglo XXI.
- Johnson, L. C (1992). *Social Work Practice. A generalist Approach.* Allyn and Bacon.
- Payne, M. (1995). *Teorías contemporáneas de Trabajo Social* Paidós.
- Reid, W. et Epstein, L, (comp.) (1972). *Task- Centered Practice.* Columbia University Press.
- Reid, W. (1992). *Task Strategies. An empirical approach to Clinical Social Work.* Columbia University Press.
- Tolson, E., Reid, W. et Garvin, Ch. (1994) Generalist *Practice. A Task- Centered Approach.* Columbia University Press.

Capítulo 8

LA INTERVENCIÓN CON EL SISTEMA INDIVIDUAL EN TRABAJO SOCIAL: FASE FINAL

8.1. LA FASE FINAL DE INTERVENCIÓN EN TRABAJO SOCIAL

> *"La perspectiva del trabajador social será metódica y ordenada y, al mismo tiempo, sensible a lo que el cliente percibe y siente"* Red y Epstein.

La finalidad de la Fase Final de Intervención con individuos en Trabajo Social consiste en analizar el proceso seguido tanto desde el punto de vista profesional como personal, tanto para cliente como para trabajador social; contempla, pues, varios aspectos interrelacionados entre sí: tales como: realizar la evaluación profesional sobre la eficacia del "proceso metodológico de intervención" y la valoración de la implementación mediante una escala de consecución de objetivos; la revisión final de los problemas realizada por trabajador social y cliente, y planificar el seguimiento.

En esta fase se analiza el proceso que se seguido desde el punto de vista personal del cliente cómo se ha sentido, qué habilidades se han puesto en práctica, qué cambios ha introducido en su vida, etc.; también se analizar el proceso desde el punto de vista del profesional, si el trabajador social ha experimentado sentimientos de ansiedad, culpabilidad, miedos, ira.

La Fase Final de Intervención generalmente tiene lugar en la *última* entrevista, en algunas ocasiones puede durar hasta *dos* entrevistas. Los clientes deben conocer en las intervenciones de tiempo limitado la extensión de cada una de las fases, pues, como se recordará, en la Fase Inicial se estableció en el contrato el tiempo que durará cada fase; así mismo en la Fase Media conviene ir recordando, paulatinamente, al cliente el número de entrevistas acordadas en relación con las que se han llevado a cabo.

8.2. OBJETIVOS DE LA FASE FINAL

En la Fase Final de Intervención en Trabajo Social con individuos es necesario considerar una serie de objetivos, tales como:

1. Realizar la evaluación, revisar los acuerdos y los resultados logrados durante la Fase Media en relación con los problemas principales seleccionados, problemas diana.
2. Planificar el seguimiento en relación con los cambios realizados por el cliente, así como si son necesarias entrevistas de seguimiento
3. Revisar las habilidades que fueron utilizadas en el proceso de intervención, elogiar al cliente por los cambios experimentados en su vida desde la perspectiva de la experiencia personal y tratar los sentimientos sobre la terminación.
4. Reflexionar sobre los sentimientos negativos del trabajador social: ansiedad, culpabilidad, ira, etc.; así como estos han afectado éstos al proceso al proceso de intervención profesional.
5. Analizar los aspectos relacionados con los conocimientos y habilidades empleadas, el tiempo dedicado, los recursos disponibles, las consultas realizadas a otros profesionales.

8.3. COMPONENTES DE LA FASE FINAL

La Fase Final de Intervención en Trabajo Social se caracteriza por la realización de los siguientes aspectos:

- Programación de la Evaluación.
- Revisión Final de los Problemas con el cliente
- Reforzar de los Resultados.
- Planificación para el Futuro.
- Revisión de Habilidades para Resolver Problemas.
- Realizar la Reflexión.

8.3.1. Programación de la Evaluación

La Evaluación propiamente dicha comprende dos aspectos interrelacionados entre sí: por una parte, la *Programación de la Evaluación* recoge la valoración que realiza el profesional en relación con la valoración cualitativa del proceso que se ha seguido y la valoración de la eficacia; por otra, en la *Revisión de los Problemas* donde se analizan los aspectos relacionados con la valoración de las tareas y su impacto en los problemas; dicho análisis es realizado por el trabajador social conjuntamente con el cliente.

Una vez concluido el proceso de intervención se procede a realizar la valoración del proceso seguido y la evaluación de la eficacia. Para la evaluación del proceso puede utilizarse una escala de valoración del proceso, construida sobre una metodología cualitativa, donde se analiza los diferentes aspectos que se han desarrollado en dicho proceso, lo que permite una reflexión sistemática del trabajo realizado. (García-Longoria, 2000). Si el profesional desea obtener una puntuación puede utilizar una escala tipo Likert, con puntuaciones que oscilan entre 5- Mucho mejor de lo esperado a 1- mucho peor de lo esperado. Un promedio superior a 3 significaría un desarrollo favorable, independientemente al resultado final. Igualmente, este tipo de evaluación permite valorar aquellos aspectos del proceso que requieren de una estructuración. Si el resultado es positivo significa que los objetivos propuestos se han alcanzado en su totalidad, o en gran parte. Si, por el contrario, el resultado es negativo significa que los objetivos no se han conseguido, o sólo en una parte muy limitada. En todos los casos conviene analizar el proceso desarrollado y reflexionar por qué causas no se han conseguido los objetivos propuestos.

La primera explicación posible es que los objetivos propuestos en la investigación no se adecuaban a la situación del cliente, incluidos en ella tanto la persona y su problemática como sus capacidades y los recursos personales o del entorno (pertinencia). Igualmente, puede ser que no se usaran los procedimientos adecuados para conseguir los objetivos propuestos (idoneidad). Otra explicación consecuencia de un error de la Fase Inicial es que no se tuvieron en cuenta todos los datos relevantes del estudio, tanto del problema en sí mismo, como sobre la persona y/o su contexto, es decir, puede ser el resultado de un diagnóstico incorrecto, porque el trabajador social no realizó un correcto análisis de la situación (coherencia interna), o porque no hizo partícipe al cliente en el mismo (corresponsabilidad).

Asimismo, puede haberse cometido errores en la Fase Media tanto en la Programación de la Intervención como en la Implementación o Ejecución. Así pues, es importante considerar si la finalidad de la Programación era pertinente, si se establecieron tareas idóneas para cada objetivo y si la utilización de los métodos fue la adecuada. Otras cuestiones de valoración son las relacionadas con la idoneidad de las tareas propuestas y la realización de las mismas, y la utilización de los tiempos propuestos al comienzo de cada fase.

Un registro para la valoración de la eficacia puede ser el siguiente (García-Longoria, op. cit)

VALORACIÓN CUALITATIVA DEL PROFESIONAL SOBRE EL PROCESO		
Objetivo Evaluación	**Valoración Cualitativa**	**V. Cuant**
Investigación/ Diagnostico.	Pertinencia. Si estuvo bien enfocado el objetivo de la investigación, en relación a la necesidad planteada Idoneidad. Si se usaron los procedimientos adecuados para conseguir los objetivos propuestos. Validez. Si se llegó a un diagnóstico por los elementos aportados en el estudio. Participación. Si se hizo partícipe al cliente en el diagnóstico	
Programación.	Si la finalidad de la intervención era pertinente con el diagnóstico del problema Si se establecieron actividades idóneas para cada objetivo. Si se establecieron los métodos adecuados	
Intervención	Si se realizaron todas las actividades programadas Si se intervino con las unidades de atención/Métodos indicados en la programación. Si la intervención fue realizada en los tiempos propuestos	

Para la evaluación de la eficacia se construye una escala de evaluación de consecución de objetivos (Kiresuk y Lund, 1977; Marlow, 1993). Los objetivos de intervención se descomponen en una Escala que contiene lo que se espera obtener como resultado, de la situación más desfavorable a la consecución más óptima esperada Es necesario especificar muy claramente, en la fase de la programación, los objetivos que se pretenden alcanzar, en una Escala de 1 a 5 para cada objetivo, que nos determine si respecto al objetivo que se ha trabajado: 1. Mucho peor de los esperado; 2. Peor de lo esperado; 3. Lo esperado; 4. Algo mejor de lo esperado; 5. Mucho mejor.

El cómputo valorativo final se realiza con la media aritmética de los resultados obtenidos en cada uno de los objetivos. La evaluación mostrará dos resultados:

- El perfil de resultados obtenidos por objetivos. Una vez realizada la valoración de cada objetivo se puede obtener un perfil de aquellas áreas/objetivos que han sido conseguidos y de aquellos otros que son todavía deficientes. Este resultado puede llevamos a replantear una nueva investigación del caso o una reprogramación de objetivos de intervención, o de las tareas, o adoptar un nuevo enfoque que permita una mejor intervención.
- El nivel de consecución de resultado final, respecto a lo que se deseaba obtener. Una puntuación promedio próxima al valor 3 indicará una eficacia aceptable, se habrá conseguido el objetivo. Si el resultado tiende hacia el 5, el resultado será óptimo y, si por el contrario tiende hacia el valor 1 el resultado global será de nula eficacia de la intervención.

<table>
<tr><th colspan="3">REGISTRO DE EVALUACIÓN DE LA EFICACIA POR OBJETIVOS</th></tr>
<tr><th>Objetivo/Finalidad</th><th>Indicadores de Resultado Esperado</th><th>Puntuación Escala</th></tr>
<tr><td rowspan="2"></td><td>1. El Objetivo se descompone en distintos indicadores que permitan medir su grado de cumplimiento</td><td>1. Mucho peor esperado.
2. Algo peor.
3. Esperado.
4. Algo mejor.
5. Mucho mejor.</td></tr>
<tr><td>Puntuación diferencial</td><td></td></tr>
</table>

8.3.2. Revisión Final de los Problemas

Como se resaltó en la Fase Media es necesario Revisar *los Problemas*, pues si no se analizan de forma pertinente son difíciles de subsanar y sólo son descubiertos al final del proceso, cuando constatamos que se han obtenido resultados muy escasos en relación con lo que se esperaba. En cada entrevista de la Fase Media de Intervención se revisan las tareas realizadas por el cliente y como éstas modificaron los problemas principales, lo que debe señalarse en el Plan de Ejecución.

En la Fase Final, la *Revisión Final de los Problemas* se diferencia de otras realizadas en la Fase Media en que es más profunda, pues cada problema y todas sus manifestaciones deben ser analizados. La *Revisión Final de los Problemas* consiste en determinar el cambio experimentado en cada una de las manifestaciones de un problema desde la Fase Inicial hasta la Fase Final. Si durante la Fase Media se han ido haciendo revisiones periódicas de forma sistemática, la *Revisión Final de los Problemas* no causará sorpresas ni al trabajador social, ni al cliente (Tolson et. al, 1994).

Se puede pedir al cliente que utilice de una Escala como la empleada en la Evaluación de la eficacia por objetivos, que mida

1. Problemas que no han cambiado en absoluto.
2. Problemas mínimamente cambiados.
3. Problemas que han cambiado algo.
4. Problemas sustancialmente cambiados.
5. Problemas eliminados completamente.

En los casos en los que existan divergencias entre la evaluación profesional y la *Revisión Final de los Problemas* hecha por el cliente, ésta debe ser confrontada. La comparación entre la situación de antes y después de la intervención es relativamente fácil, trabajador social y cliente pueden confrontar su apreciación del cambio sin correr el riesgo de que sean divergentes (Robertis, 1998)

Si hemos solicitado la colaboración de colaboradores, personas que ejercen influencia sobre los clientes, sería conveniente en la entrevista de la Fase Final de Intervención solicitar su opinión sobre el cambio experimentado por el cliente. Así mismo, es interesante realizar este procedimiento durante la Fase Media, pues previene situaciones que pueden producirse en relación con los colaboradores, sobre todo las relativas a las tareas realizadas por los clientes y los cambios experimentados.

Es importante que el trabajador social analice y reflexione, para ello es útil que se plantee y pueda responder sobre las siguientes cuestiones:

1. ¿Se han revisado todos los problemas jerarquizados en el contrato y todas las manifestaciones de cada problema?
2. ¿Qué consideración tiene el cliente sobre la escala de resolución de cada problema?
3. ¿Existen coincidencias o divergencias ente la Evaluación profesional realizada y la Revisión Final de los Problemas? ¿Ha sido confrontada?
4. ¿Se ha consultado a los colaboradores sus opiniones acerca del cambio experimentado en cada problema?

8.3.3. Reforzar los Resultados

Este aspecto se encuentra directamente relacionado con la Revisión Final de los Problemas. *Reforzar los resultados* consiste simplemente en elogiar al cliente por los logros obtenidos (Tolson et al, 1994).

- Trabajador Social. Creo, sinceramente, que has mejorado tu nivel de estudios. Enhorabuena.
- Trabajador Social. Sé que te hubiera gustado cambiar más esta situación, pero pienso que hiciste todo lo que estaba en tu mano.

Además del elogio, el trabajador social puede apoyar y reforzar a los clientes, recordando las tareas llevó a cabo y logros obtenidos por el cliente durante la Fase Media. De igual forma, el trabajador social puede indicarle las consecuencias positivas de los cambios experimentados en relación con su vida.

El trabajador social debe ser generoso con las alabanzas, incluso en aquellos casos en los que los clientes se hayan esforzado en la realización de tareas, al margen de los resultados obtenidos, evitando castigos y represalias. Esta habilidad del trabajador social depende en gran medida de la satisfacción profesional por los resultados obtenidos.

Es importante que el trabajador social sea consciente que los aspectos relacionados con Reforzar *los Resultados,* ya que suponen *incrementar* las habilidades personales del cliente, sobre todo las que se refieren al aumento del nivel de autoestima y de autoconcepto, siendo la adquisición y mejora de dichas habilidades fundamentales para la mayoría de las personas que son cliente. Este aspecto aumentará su autoestima si es animado por el trabajador social y sentirá orgullo y satisfacción por los esfuerzos realizados.

Es necesario que el trabajador social analice y reflexione sobre una serie de cuestiones que le permitan tener información sobre los elementos que se relacionan directamente con el *Refuerzo de Resultados*:

1. ¿Cuántas veces se ha elogiado al cliente?
2. ¿Se ha elogiado aspectos sobre los que desea y necesita ser reforzado? ¿Cómo se ha sentido el cliente por este refuerzo?
3. ¿Qué más aspectos debían ser reforzados?
4. ¿Fue el elogio sincero?
5. ¿Cuál fue la reacción del cliente?
6. ¿Se castigó o regañó al cliente? ¿Qué se dijo o hizo que el cliente podía haber experimentado como un castigo?
7. ¿Se elogió a los colaboradores implicados?

8.3.4. Planificación para el Futuro

Este aspecto está relacionado con los descritos anteriormente, cuando el problema principal ha sido cambiado del todo o en parte y la situación inicial se ha modificado sustancialmente. La *Planificación para el Futuro* consiste en continuar con los cambios que se han experimentado en todo el proceso de intervención en Trabajo Social. A menudo, este elemento trata simplemente en continuar las actividades que se habían iniciado en la Fase Media. De cualquier manera, el trabajador social debe plantear al cliente los obstáculos posibles que pueden surgir y que deben ser tenidos en cuenta según cada situación (Tolson et al, op. cit).

En otras ocasiones, la *Planificación para el Futuro* supone para el cliente una mejor comprensión de los problemas, de sí mismos o de su entorno, cuando una situación problemática no puede ser resuelta. En estos casos, cuando no cabe otra alternativa que la aceptación realista de que el problema principal no puede ser cambiado, los trabajadores sociales deben elogiar el trabajo realizado, reforzando los resultados extraídos. En estas situaciones la *Planificación para el Futuro* puede estar fundamentada en ampliar las relaciones del cliente, sobre todo a través del trabajo en redes sociales, grupos de autoayuda o de ayuda mutua, que favorezcan una visión de los problemas desde un punto de vista más constructivo, en vez de destructivo.

Cuando se ha trabajado con colaboradores, éstos deben estar implicados en la *Planificación para el Futuro,* al tiempo que deben saber que el trabajador social se encontrará disponible en el caso de que pueda ser necesario.

Así pues, la Fase Final de Intervención no significa el término de la relación trabajador social-cliente, ya que en muchas situaciones es conveniente sugerir entrevistas para el seguimiento sobre todo en aquellos casos en los que el trabajador social considere que el cliente debe seguir siendo apoyado. Además, en las situaciones que tenga una responsabilidad de dirección y supervisión se continuará viendo periódicamente al cliente, incluso cuando los esfuerzos para resolver problemas hayan concluido.

Por último, es conveniente recordar al cliente que en el caso que necesite ayuda siempre puede contar con el trabajador social.

Al final de este aspecto el trabajador social debe analizar una serie de cuestiones reflexionando sobre las siguientes:

1. ¿Se sabe cómo el cliente va a continuar con los cambios en el futuro?
2. ¿Conoce el cliente que puede volver cuando necesite ayuda adicional, siempre que sea necesario?
3. ¿Ha sido la planificación del futuro examinada y discutida con los colaboradores?
4. ¿Necesitaba el cliente seguir siendo apoyado con un plan de seguimiento? ¿Se ha establecido entrevistas para dicho plan?

8.3.5. Revisión de las Habilidades para Resolver Problemas

Los problemas y situaciones conflictivas de los clientes que necesitan ayuda están relacionados con una gran variedad de carencias, disfunciones de los comportamientos, falta de aptitudes, e incluso un desconocimiento de sus propios recursos y potencialidades. Cuando una persona ha sido capaz de cambiar y manejar esas dificultades, ha desarrollado una serie de habilidades para hacer frente con mayor competencia a los problemas que en el futuro se le puedan presentar. En todos estos casos se requiere analizar que habilidades se han puesto en práctica en el proceso de intervención en Trabajo Social que se ha seguido, de manera general son las siguientes (Tolson et al, op. cit):

1. Reconocer que un problema existe.
2. Generar soluciones alternativas para solucionar el problema.
3. Valorar las consecuencias de cada alternativa.
4. Ver un problema desde la perspectiva de otra persona.
5. Elaborar un plan de trabajo para alcanzar la solución escogida.

Una vez que se han identificado estas habilidades es conveniente señalar a los clientes como fueron utilizadas en el proceso metodológico de intervención de Trabajo Social, que se ha seguido con el cliente. Debe introducirse esta actividad poniendo de manifiesto que todas las personas en la vida tenemos problemas, pero lo que diferencia a unas personas de otras es la distinta manera en la que cada una es capaz de enfrentarse a las situaciones conflictivas.

Es importante, resaltar como fueron utilizadas las habilidades del cliente en cada uno de los pasos anteriores, de manera que sea capaz de resolver problemas cuando éstos aparezcan.

1. En primer lugar, señalar como el *reconocimiento del problema* es esencial, pues muchas personas mienten o fingen que no tienen problemas, en cuyo caso no pueden resolverlos.
2. La segunda etapa que se realizó fue la *revisión de soluciones alternativas* para solucionar el problema principal lo que conllevaba Generar *un Listado de Actividades.*
3. Un tercer aspecto supone valorar las consecuencias de cada alternativa La elección de un listado de tareas supone realizar una valoración de la forma más conveniente en la que puede ser solucionado el problema principal.
4. El cuarto paso es considerar la perspectiva de otra persona. Es importante destacar que en muchas ocasiones pedimos opiniones a amigos, familiares u otras personas sobre la forma de abordar un problema, es decir, contamos con *la perspectiva de otra persona.* En este caso se ha utilizado la perspectiva profesional del trabajador social para ofrecer la información y orientación en el proceso de resolución de problemas.
5. Por último, siempre, de forma más o menos planificada, se elabora un *plan de trabajo* para alcanzar la solución escogida.

Cuando los clientes tienen la capacidad suficiente deben ser invitados a participar en la identificación de las aptitudes y el modo en el que fueron utilizadas. Los clientes más receptivos en el aprendizaje de las habilidades para la resolución de problemas son aquellos que han demostrado unas buenas aptitudes en otras áreas de sus vidas, pero en la actualidad se encuentran en situaciones de crisis; así mismo personas jóvenes que se encuentran en proceso de aprendizaje de ciertas habilidades.

Cuando un cliente se hace consciente de las habilidades que deben desarrollarse para la resolución de problemas, se puede invitar a intentar aplicar estas aptitudes a otro problema existente o hipotético. Sin embargo, esto no garantiza que serán utilizadas en un futuro, de cualquier forma, el cliente se hace más consciente de las habilidades que se necesitan en los procesos de resolución de problemas.

Así pues, el trabajador social necesita analizar y preguntarse si ha trabajado suficientemente este aspecto con el cliente, para ello puede interrogarse sobre las siguientes cuestiones:

1. ¿Se señaló y revisó cada una las cinco de habilidades con ejemplos utilizados para la resolución de los problemas principales?
2. ¿Estuvo el cliente implicado en la revisión?

8.3.6. Realizar la reflexión

Realizar la reflexión consiste en explorar las reacciones de los clientes a la intervención, y muy especialmente a la terminación. También deben ser analizarlas las reacciones negativas o positivas del trabajador social ante la terminación de la intervención.

Además, debe investigarse la satisfacción subjetiva del cliente por el cambio experimentado, cómo ha vivido la experiencia durante todo el proceso, no sólo lo que ha supuesto para él en términos de beneficio personal, sino también con relación a la experiencia en sí misma, independientemente de los resultados obtenidos (Northen, 1982).

Se comienza investigando directamente sobre los sentimientos del cliente sobre el fin de la intervención. Las posibles alternativas son:

- Algunos se sienten un poco tristes.
- Algunos se muestran ansiosos acerca de cómo podrán desenvolverse sin la ayuda del trabajador social.
- Otros tienen un sentimiento de éxito y orgullo.
- Otros tratarán de encubrir la negativa a dejar nuestro servicio a través de excusas, inventos, peticiones de nuevos plazos, presentación de nuevos conflictos.

Reid et Epstein (1972) en las investigaciones realizadas sobre el *Modelo Participativo o Centrado en la Tarea señalan* que no tienen por qué existir fuertes sentimientos negativos en la terminación de la intervención, ya que desde el principio los clientes saben que tendrá tiempo limitado; de esta manera, los clientes son capaces de aportar mayores esfuerzos en la relación profesional trabajador social-cliente, optimizando sus capacidades para la resolución de problemas principales.

En cualquier caso, muchas reacciones fuertes sobre la terminación de la intervención son positivas, pues en los casos que los clientes hayan hecho esfuerzos considerables de cara a la solución de problemas principales tendrán sentimientos de orgullo, alivio y satisfacción.

En algunas situaciones, el comportamiento del cliente puede ser interpretado como una manera encubierta de controlar la terminación de la intervención, sobre todo en las situaciones en las que se niega a dar por finalizado el proceso de intervención. Se trata de aquellas situaciones en las que se realizan peticiones para ampliar los límites de tiempo, especialmente con extensiones breves. Esto sucede con bastante frecuencia, pudiendo ser interpretado como un deseo o necesidad de controlar la terminación de la intervención. Si una extensión no está justificada por el estado o la situación de los problemas, deberemos plantear al cliente nuestra negativa a esta posibilidad ya que el problema no requiere de la intervención profesional. En estos casos se analizará si se ha establecido una relación de dependencia; o si, por el contrario, el cliente necesita seguir siendo apoyado.

En aquellos casos de incumplimiento del contrato, debe analizarse por qué los objetivos no han sido alcanzados. En estas situaciones el trabajador social debe ser realista y no hiriente. Si el trabajador social ha sido capaz de mantener una relación cercana con el cliente de participación y colaboración en todo el proceso, los sentimientos de ambos sobre el final de la intervención serán aproximadamente similares. Compartirlos con el cliente en las entrevistas finales será un elemento muy importante en el proceso de ayuda.

De igual forma, conviene analizar algunas reacciones negativas de los trabajadores sociales, sobre todo en aquellos casos de trabajadores sociales principiantes. Si optamos por un modelo, como el que proponemos, de participación activa del cliente en todo el proceso metodológico, donde el énfasis se pone en extraer datos que nos permitan saber si la intervención profesional tiene éxito, el análisis de los resultados produce, muchas veces, *ansiedad* en los trabajadores sociales principiantes, quienes se muestran inseguros e incapaces sobre el proceso que se ha desarrollado para ayudar a los clientes en la resolución de problemas principales.

Algunas veces, si la intervención no progresa todo lo satisfactoriamente que se desea, aparecen en el trabajador social sentimientos como la *culpabilidad* y la *ira.* La culpabilidad surge cuando el trabajador social piensa que no ha sido capaz de ayudar al cliente en la solución de sus problemas principales. La ira aparece cuando el trabajador social cree que el cliente no ha cooperado lo suficiente. La ansiedad puede manifestarse, incluso cuando el trabajo ha sido exitoso, porque los trabajadores sociales se preocupan por si el cliente será o no capaz de mantener los cambios que ha conseguido (Tolson et al, op. cit.).

Todas estas manifestaciones interfieren en la Fase Final y dificultan el proceso de evaluación de los resultados obtenidos. El primer paso es reconocer los sentimientos negativos que se sienten sobre el proceso seguido por el cliente y por el esfuerzo desempeñado por uno mismo. En estos casos conviene compartir estos sentimientos con el supervisor, o persona que ejerza este papel, o bien con un compañero del equipo de profesionales. En ningún caso estos sentimientos que tiene el profesional deben manifestarse fuera de la privacidad del ámbito profesional.

Algunos trabajadores sociales principiantes pueden necesitar *apoyo*, ya que supone una gran responsabilidad profesional el dirigir procesos de cambio sobre problemas principales o situaciones conflictivas en espacios de tiempo relativamente breves. En estos casos, conviene recordar a los trabajadores sociales principiantes, que sienten ansiedad, ira o culpabilidad, que profesionalmente ellos solos no pueden llevar a cabo todo el proceso de intervención en Trabajo Social. Por el contrario, sólo están obligados a utilizar la capacidad, los recursos y el deseo de cambio del cliente para ayudarlo en la resolución de sus problemas, y asimismo sólo son responsables de intentar poner en juego las mejores habilidades profesionales.

Cuando los trabajadores sociales se muestran enfadados con los clientes porque no cooperan y colaboran en la medida de sus posibilidades, debemos recordar que, por nuestra parte, sólo somos responsables de "*ayudar a las personas a ayudarse a sí mismas*", para lo que debemos utilizar nuestras habilidades y conocimientos en dicho proceso. Dichas habilidades, personales y profesionales fueron mencionados en la Relación de Ayuda, a la que nos hemos referido con anterioridad. Se adquieren con el análisis y reflexión de situaciones que se producen a través de la experiencia, así como con una formación adecuada y supervisada.

Así pues, si estamos enfatizando el estrés y la ansiedad que el trabajador social puede sentir a lo largo de todo el proceso, pero muy especialmente en la Fase Final o de terminación, se debe al hecho de que proponemos modelos de práctica profesional que, teniendo presente las vivencias emocionales de los profesionales como elementos interactivos en la intervención, enfocan el cambio del problema desde una relación específica y empática con el cliente.

Un aspecto relacionado con los sentimientos del profesional, lo constituye lo que se ha denominado el *"burnout"*. El síndrome o repuesta emocional de estrés que produce un estado sentirse agotado, cansado, aburrido. El *"burnout"*, como fuente de vivencias negativas, es común a muchas profesiones como: profesor, psicólogo, trabajador social, etc. (Gillespie, 1987)

Entre los factores que producen "burnout" se han señalado los siguientes (Gillespie, op. cit.):

1. La complejidad de las situaciones a las que se enfrentan los trabajadores sociales en su actividad profesional: historias duras, intensas, desgarradoras; etc. Dichas situaciones provocan emociones muy fuertes.
2. Carencia de gratificaciones por parte de los ambientes de trabajo: conflictos no resueltos en las organizaciones, incomprensión por parte de los superiores, mal ambiente con los colegas.

3. El profesional puede tener dificultades para controlar las emociones.

Un actor que, en ocasiones, reacciona mal es el colaborador. Las reacciones negativas de los colaboradores sobre la terminación de la intervención son, algunas veces, una manifestación la efectividad del trabajo. Encontramos las siguientes situaciones:

- Algunas veces los colaboradores se sorprenden de que el proceso de intervención haya finalizado, sintiéndose ansiosos sobre la duración de los objetivos conseguidos, o el alcance que llegarán a tener los cambios.
- Otros colaboradores reaccionan negativamente porque la intervención no ha producido una persona perfecta, por ello piensan que debe trabajarse con el cliente hasta que el problema no exista.

En ambos casos el trabajador social debe tratar las reacciones negativas de los colaboradores ante la terminación mediante una aclaración para que tenga en cuenta los siguientes elementos:

- El proceso de intervención es de tiempo limitado.
- La importancia de haber concretado los problemas y establecido un contrato.

Asimismo, debe quedar manifiesto que nosotros o cualquier otra persona del servicio está disponible ante cualquier situación.

El trabajador social debe analizar y cuestionarse sobre los siguientes aspectos en relación con *Realizar la Reflexión*:

1. ¿Se analizaron los sentimientos del cliente ante la terminación de su caso?
2. ¿Estaba el cliente de acuerdo con la finalización de la intervención?
3. ¿Se ha utilizado las mejores habilidades profesionales? ¿Se le ha dedicado el tiempo adecuado? ¿Se ha establecido una relación empática con el cliente?
4. ¿Se ha compartido los sentimientos y las reacciones negativas con alguien?
5. ¿Se ha consultado con otros profesionales cuando han surgido dificultades?
6. ¿Se han tratado con éxito de las reacciones de los colaboradores?

8.4. EL PAPEL DEL TRABAJADOR SOCIAL EN EL MODELO PARTICIPATIVO

El papel más importante que desempeña el trabajador social en esta estrategia de intervención es el de *auxiliar*, que va a ayudar al cliente a conseguir lo que desea en el marco de su motivación, de sus capacidades, de los recursos del medio, del mandato del servicio y de la legislación vigente. Al mismo tiempo se concede una gran importancia a la autonomía del cliente y su derecho a hacer valer sus propias decisiones.

Para Reid et Epstein (op. cit) este modelo teórico requiere de dos cualidades para que pueda estructurase una relación profesional eficaz durante todo el proceso de intervención en Trabajo Social, como son: ser *metódico y ser sensible.*

En el Modelo Participativo o Centrado en la Tarea el trabajador social se muestra bastante *metódico* a lo largo de todo el proceso. El ser metódico implica que el profesional debe tener en cuenta los elementos descritos anteriormente, siguiendo con claridad y firmeza las secuencias lógicas del proceso de intervención. Sin embargo, esta actitud no debe de confundirse con rigidez.

Simultáneamente el trabajador social es *sensible* a lo que el cliente percibe y siente. La sensibilidad y la empatía se traducen en animar al cliente a expresarse, a que se sienta aceptado y comprendido. Esto le lleva a mostrarse más sincero y a tener mayor confianza en el trabajador social como en sí mismo, lo que incrementa su autoestima y su valoración personal.

8.5. APLICACIÓN PRÁCTICA DEL PROCESO METODOLÓGICO DE TRABAJO SOCIAL: FASE FINAL

A continuación, presentamos un modelo de evaluación por objetivos del caso práctico que hemos venido utilizando durante todo el Proceso Metodológico.

REGISTRO DE EVALUACIÓN DE LA EFICACIA POR OBJETIVOS

1 – Mucho peor de lo esperado. 2 – Peor de lo esperado. 3 – Resultado esperado. 4 – Mejor de lo esperado. 5 – Mucho mejor de lo esperado.

Objetivo	Indicadores de resultado esperado	Puntuación escala
Incrementar el nivel de conocimiento del español y la educación básica	**1.** Se niega a tener ningún contacto con todo lo relacionado con el idioma español. **2.** Acepta iniciar las clases de español, pero no quiere obtener el título de educación secundaria para adultos. **3.** Adquiere competencias lingüísticas básicas que le permiten relacionarse, pero no le permiten iniciar estudios de adultos todavía.	**3**

Objetivo	Indicadores de resultado esperado	Puntuación escala
	4. Tiene competencias lingüísticas adecuadas y comienza con las clases de educación secundaria **5.** Obtiene el título de Educación Secundaria de Adultos	
Mejorar las habilidades sociolaborales para la búsqueda activa de empleo	**1.** Reconoce su situación, pero cree que no es grave y que no necesita ayuda específica de formación **2.** Reconoce su situación y acepta informarse de los itinerarios de inserción sociolaboral **3.** Reconoce su situación y se inscribe en un itinerario de inserción **4.** Reconoce su situación y completa el itinerario de inserción sociolaboral del Área Laboral de la Asociación. **5.** Muestra una motivación total en la búsqueda activa de empleo tras superar el itinerario de inserción sociolaboral.	**2**
Conseguir una situación de regularidad administrativa para la usuaria	**1.** Se niega a iniciar los trámites y a obtener la documentación necesaria **2.** Participa de forma incorrecta en la reunión con el asesor legal pero acepta iniciar los trámites necesarios **3.** Participa activamente en la reunión y acepta iniciar los trámites. **4.** Participa de forma activa en las tareas de inicio de trámites, aunque no obtiene la documentación. **5.** Participa activa y personalmente en todo el proceso de obtención de la documentación para regular su situación legal en España.	**4**
	Puntuación diferencial	**3**

8.6. ACTIVIDAD PRÁCTICA Nº 8

"LA INTERVENCIÓN EN TRABAJO SOCIAL CON EL SISTEMA INDIVIDUAL: FASE FINAL. CASOS PRÁCTICOS"

Objetivos de la práctica:

1. Aplicar el proceso metodológico de Trabajo Social a la intervención con individuos y familias: Fase Final.
2. Utilizar los principales instrumentos y técnicas de esta fase.

Actividades:

1. Siga utilizando el caso escogido en la práctica anterior para la realización de esta práctica.
2. Elabore la Evaluación de la eficacia por objetivos de la Programación de Intervención que ha planteado en la Fase Media.
3. Plantee la Evaluación del proceso metodológico del caso que se ha desarrollado.
4. Realice un Informe Social del caso.

8.7. MATERIALES RECOMENDADOS

- Beaver, M. L. y Miller, D. (1998). *La práctica clínica del trabajo social con personas mayores.* Paidós
- Ituarte Tellaeche, A. (1992). *Procedimiento y proceso en Trabajo Social Clínico.* Siglo XXI
- Gillespie, D. F. (1987). *Burnout Amg Social Worker.* The Haworth. Press.
- Johnson, L. C (1992). *Social Work Practice. A Generalist Approach.* Allyn and Bacon.
- Payne, M. (1995). *Teorías contemporáneas de Trabajo Social.* Paidós.
- Ranquet, M. (1996) *Los Modelos en Trabajo Social. Intervención con personas y familias.* Siglo XXI.
- Reid, W. y Epstein, L. (comp.) (1972). *Task- Centered Practice.* Columbia University Press
- Reid, W. (1992). *Task Strategies. An empirical approach to Clinical Social Work.* Columbia University Press.
- Reid, W. Tolson, E. Garvin, (1994) *Generalist Practice. A Task- Centered Approach.* Columbia University Press.
- Coletti, M. (1996). "Las emociones del profesional", *En* Coletti, M. y Linares, J. L. (comp.). *La intervención sistémica en los servicios sociales ante la familia mutiproblemática.* Ed. Paidós.
- García- Longoria Serrano, Mª P. (2000) *El procedimiento metodológico en Trabajo Social,* capítulo nº 13, La evaluación microsocial, pp. 237-252. Murcia: José Mº Carbonell Arias

Bibliografía

Acevedo Ibáñez, A., Florencia, A y López, M. (1986) *El proceso de la entrevista. Conceptos y modelos.* Limusa.

Alemán Bracho, C. (1991). *La configuración del sistema público de servicios sociales en España.* Universidad de Granada.

Allport, G. (1980) *La personalidad su configuración y desarrollo.* Herder.

Ander Egg, E. (1981) *Diccionario de Trabajo Social.* Publicaciones de la Caja de Ahorros de Alicante y Murcia.

Arango, J. (2003). "Inmigración y diversidad humana. La nueva era de las migraciones internacionales". *Revista de Occidente* nº 268, 5-21.

Arija Gisbert, B. (1999). "Apuntes para una reflexión teórico-práctica de la relación de ayuda". *Cuadernos de Trabajo Social,* 12, 141-158.

Aylwin N. y Solar, Mª. O. (2002) *Trabajo Social Familiar.* Universidad Católica de Chile.

Aquín, N. (1996) La relación sujeto-objeto en trabajo social: una resignificación posible en La especificidad del trabajo social y la formación profesional. Espacio Editorial. (pp. 67-82)

Bachmann, C. y Simonin, J. (1982). *Changer le quotidien. Une introduction an Travail Social.* Etudes.

Baer, B. L.; Federico, R. (1978). *Educating in the Baccalaureates Social Workers. Report of the Undergraduate Social Work Curriculum Development Project.* Balinger Publinshing.

Bailón Corres, M. J. (2009) "Derechos humanos, generaciones de derechos, derechos de minorías y derechos de los pueblos indígenas; algunas consideraciones generales". Derechos Humanos *Revista del Centro Nacional de Derechos Humanos.* Número 12. (pp. 103-128)

Ballestero Izquierdo (2009). "Dilemas éticos en trabajo Social: el modelo de la Ley Social", *Portularia* Vol. IX nº 2: 123- 131, http://rabida.uhu.es/dspace/bitstream/handle/10272/4203/b15645459.pdf?sequence=2, consultado el 6 de Diciembre de 2012.

Banck, S. (1997) *Ética y valores en el Trabajo Social.* Paidós.

Barranco Exposito, Mª C. (2004). La intervención en Trabajo Social desde la calidad integrada. *Alternativas. Cuadernos de Trabajo Social* nº 21: 79-102

Barranco, C. (2009). "Trabajo Social, Calidad de Vida y estrategias resilientes". *Portularia* Vol. IX nº 2, 133-145.

Barudy Labrin, J. (1998) *El dolor invisible en la infancia. Una lectura ecosistémica del maltrato infantil.* Paidós Terapia familiar.

Bateson, G. (1991) *Pasos hacia una ecología de la mente. Una aproximación revolucionaria a la autocomprensión del hombre.* Planeta.– Carlos Lohé.

Beaver, M. L.; Miller, D. A. (1996). *La práctica clínica del Trabajo Social con personas mayores.* Paidós.

Beck, U. y Beck-Gernsheim, E. (2001). *El normal casos del amor. Las nuevas formas de la relación amorosa.* Paidós

Berger, P. y Luckmann, T. (1972) *La construcción social de la realidad.* Amorrutu.

Betarlanffy, L. (1977) *Teoría General de Sistemas.* Fondo de Cultura Económica.

Biesteck, F. P. (1966) *Las relaciones del Casework.* Aguilar.

Bowlby, J. (1995) *Una base segura: aplicaciones clínicas de una teoría del apego.* Paidós.

Bowen, M. (1991) *De la familia al individuo. La diferenciación de sí mismo en el sistema familiar.* Paidós.

Bronfenbrenner, U. (1987). *Ecología del Desarrollo Humano.* Paidós.

Bustamante (2001): "Hacia la cuarta generación de los derechos humanos: repensando la condición humana en la sociedad tecnológica". *Revista Iberoamericana de Ciencia, Tecnología, Sociedad e innovación. Nº 1*

Cáceres, C., Civicos, A. y Puyol, B. (2009). "La ética del Trabajo Social", en Fernández, T. (coord.) *Fundamentos de Trabajo Social.* Alianza Editorial.

Caplan, G. (1985). *Principios de psiquiatría preventiva.* Paidós.

Caravaca Llamas, C. (2016) "Los nuevos ámbitos de intervención desde el ejercicio libre de Trabajo social". *La Razón Histórica, nº 33(181-202)*

Cardona Cardona, J. y Campos Vidal, J. F. (2009)."Cómo determinar un contexto de intervención: inventario para el análisis de la relación de ayuda entre el trabajador/a social y el cliente durante la fase de estudio y evaluación de la situación problema". *Portularia* Vol. IX. nº 2, 17-35, http://rabida.uhu.es/dspace/bitstream/handle/10272/4202/b15645150.pdf?sequence=2, consultado el 11 de Diciembre de 2012.

Castel, R. (1997) "La Exclusión Social". En *Exclusión e Intervención Social.* IV Encuentro Internacional sobre Servicios Sociales. Bancaja

Castels, S. (2004) "Globalización e Inmigración", en Aubarell, G. y Zapata, R- (eds.) *Inmigración y procesos de cambio. Europa y el Mediterráneo en el contexto global.* Icaria.

Cian, L. (1995) *La relación de Ayuda.* Ed. CCS.

Clarke C. L; Asquith, S. (1985) *Social Work and Social Philosophy. A guide for practice.* London: Routtlege and K. Paul.

Coletti, M. (1996) "Las emociones del profesional" en Coletti, M. y Linares, J. L. (comp.) *La intervención sistémica en los servicios sociales ante la Familia Multiproblemática.*: Paidós.

Colomer, M. (1987). "La metología y las técnicas en el trabajo social". *Documentación social. Nº 69,* 121-134

Colomer, M. (1993). "El Trabajo Social como respuesta a un conflicto de necesidades". *Servicios Sociales y Política Social,* 31/32, 75-78

Consejo General de Trabajo Social. Código deontológico de Trabajo Social, http://cgtrabajosocial.com/files/500eb869a38d1/codigo_deontologico.pdfconsultado 12 de Febrero de 2014.

Davies, M. (1994). *The Esencial Social Workes.* University of East Anglia, United Kindon: Ashgate.

Doel, M. et Marsh, R. (1992). *Task-Centerd Social Work.* Asghate.

Donas, J. B. (2001). "Hacia la cuarta generación de Derechos Humanos: repensando la condición humana en la sociedad tecnológica. CTS+ I": *Revista Iberoamericana De Ciencia, Tecnología, Sociedad e Innovación,* Nº. 1.

Donzelot, J. (1997). *La policía de las familias.* Pre-textos.

Durkheim, E. (1991) *El Suicidio.* Akal Universitaria.

Durkheim, E. (1975) *Educación y Sociología.* Península.

EAPN (2013). "Nuevas propuestas para nuevos tiempos", https://www.eapn.es/publicaciones/129/nuevas-propuestas-para-nuevos-tiempos consultado el 1 de junio de 2024

EAPN, (2021) "Evaluación del impacto de la COVID-19 en las familias con menores de la Región de Murcia" https://eapnmurcia.org/wp-content/uploads/2021/06/Impacto_familias_menores.pdf, consultado el 10 de Mayo de 2022

EAPN (2021) II Informe el mapa de la pobreza severa en España. El paisaje del abandono. https://www.eapn.es/publicaciones/443/ii-informe-el-mapa-de-la-pobreza-severa-en-espana-el-paisaje-del-abandono, consultado el 10 de Mayo de 2022

École Supérieure d´Action Sociale. (1993). *Sistematización y Evaluación: Una guía para trabajadores sociales.* ESAS.

Eito Mateo, A. (2012) "LA participación del usuario en Trabajo Social: una mirada desde el presente hacia el humanismo de Concepción Arenal" *Acciones e investigaciones sociales,* nº 32, 245-255

Enciclopedia Internacional de las Ciencias Sociales (1974) Aguilar.

Erikson, E. H. (1980). *Infancia y sociedad.* Horme.

Escartín Caparrós, Mª J.; Palomar Villena, M. y Suárez Soto, E. (1992) *Manual de Trabajo Social.* Ed. Aguaclara.

Escartín, Mª J.; Palomar, M. y Suárez, E. (1997). *Introducción al Trabajo Social II. Trabajo Social con individuos y Familias.* Ed. Aguaclara.

Escuela Universitaria de Trabajo Social (1990). *Manual de Técnicas Utilizadas en Trabajo Social.* Escuela Universitaria de Trabajo Social Donosita.

Etkin, J. y Schwarstein, L. (1989) *Identidad de las organizaciones.* Paidós.

Eysenck, H. J. (1986). *Personalidad y diferencias individuales.* Pirámide

Federación Internacional de Trabajadores Sociales «Definición Global del Trabajo Social », http://ifsw.org/get-involved/global-definition-of-social-work/, consultado el 24 de Noviembre de 2014.

Fernández García, T. y Ponce de León Romero L. (2012). *Trabajo Social individualizado. Metodología de Intervención.* UNED, Ediciones Académicas.

Ferrer Valls, R. (1992) "Comunicación y Teoría de la Información". *Treball Social,* 126,

Fischter, J. H. (1993) *Sociología.* Ed. Herder.

Folbert, J. Taylor, A. (1992). *Mediación. Resolución de conflictos sin litigio.* Limusa.

Fundación FOESSA. "Exclusión y desarrollo social. Análisis y perspectivas 2012, https://www.caritas.es/producto/exclusion-desarrollo-social-analisis-perspectivas-2012/ consultado el 1 de Junio de 2024

Fundación FOESSA.(2012) "Informe sobre exclusión y desarrollo social en España 2014". http://www.foessa2014.es/informe/uploaded/descargas/VII_INFORME.pdf consultado el 1 de Junio de 2024

Fundación FOESSA (2021) Sociedad expulsada. Derecho a ingresos. Análisis y perspectivas. https://www.caritas.es/main-files/uploads/2021/10/analisis-y-persectivas-2021.pdf consultado el 1 de Junio de 2024

Fraser, M. W; Randolph, A. et Bennet, D. (2000). « Prevention: A Risk and Resilence Perspective », en P. Allen- Meares et Ch. Garvin (ed.) *The Handbook of Social Work direct Practice.* Sage Publications.

Freud, S. (1978). *Obras Completas.* Amorrotu

Gaitán, L. (1998). "El enfoque Generalista en Trabajo Social". *Treball Social,* 150, 6-22.

García-Longoria Serrano, Mª P. y Sánchez Urios, A. (1999). "Evaluation Issues in Social Work Education", en Conference European Assotiation of Schols Social Work. University of Helsinki. Roneo.

García-Longoria y Serrano, Mª P y Estebán Palomares, R. (2016) *Análisis Y Diagnóstico en Trabajo Social.* Tirant Lo Blanc. Humanidades, Estudios de Economía y Sociología.

García- Longoria Serrano, Mª P.; Sánchez Urios, A. y Pastor Seller, E. (2002). *Introducción al Trabajo Social Aplicado.* José Mª Carbonell.

García-Longoria y Serrano, Mª P. y Sánchez Urios, A. (2004). *La mediación familiar como forma de resolución de conflictos familiares. Portularia.* Vol.4. Huelva V Congreso de Escuelas de Trabajo Social.

García Roca, J. (2007) "La revancha del sujeto ". *Documentación social* 147: 37-52.

García-San Pedro, Mª J. (2009). "El concepto de competencia y su adaptación en el contexto universitario". *Alternativas* nº 16, pp. 11-28

García Sevilla, J. (1992). *Manual de Psicología General.* Diego Marín y Promociones y Publicaciones Universitarias.

Germain, C. y Gitterman, A. (1996). *The Life Model of Social Work Practice.* Columbia University Press.

Giddens, A. (1991). *Sociología.* Alianza.

Gillespie, D. F. (1987). *Burnout Amg Social Worker.* The Haworth.

Goldstein, H. (1973). *Social Work Practice: a Unitary Approach.* Columbia University Press and South Carolina Press.

Goldstein, H. (1981). *Social Learning and Change: A Cognitive Approach to Human Services.* University of South Carolina Press.

Goleman, D. (1997). *La inteligencia emocional.* Kairós.

Gómez Gómez, F. (2003). "La intervención profesional: espacios y prácticas profesionales", en T. Fernández García y C. Alemán Bracho *Introdución al Trabajo Social.* Alianza. Ciencias Sociales.

Gómez Trenado, R. (2010). "Una metodología de Intervención Social: Aplicación práctica de la relación de ayuda desde el método de Trabajo Social". *Documentos de Trabajo Social, Revista de Trabajo Social y Acción Social* nº 47, https://www.trabajosocialmalaga.org/wp-content/uploads/2019/05/47_11.pdf, consultado el 1 de Junio de 2024

Gorvein, N. S. (1999). *Divorcio y Mediación. Construyendo nuevos modelos de intervención en mediación familiar.* Maldonado Editores.

Grassi, E. (1994). "La implicación de la investigación Social en la práctica profesional del Trabajo Social". *Treball Social,* 135, 43-54.

Hamilton, G. (1992) *Teoría y Práctica del Trabajo Social de Casos.* Prensa Mexicana.

Heras, P. de las (2000). "El Trabajo Social en el Desarrollo Humano", en *Actas del IX Congreso Estatal de Diplomados en Trabajo Social y Asistentes Sociales.* Santiago de Compostela: Consejo General y Colexio Oficial de Traballo Social de Galicia.

Hernández Sampieri, R., Fernández- Collado, Carlos, Baptista Lucio, Pilar (2007). Metología de la investigación. McGraw- Hill

Hill, R. (1982). *Metodología Básica en Servicio Social.* Humanitas.

Hollis, F. (1975). *Casework: A Psicosocial Therapy.* Random House.

Hopson, B. (1992). *"Consejo y ayuda"*, en Herbert, M. (comp.) *Psicología en el Trabajo Social.* Pirámide.

Horton, P. F y Hunt, Ch. (1989). *Sociología.* Mcgraw-Hill.

Howe, D. (1997). *La teoría del vínculo afectivo para la práctica del Trabajo Social.* Paidós.

Howe, D. (1999) *Dando sentido a la práctica. Una introducción a la teoría del Trabajo Social.* Maristán

Huici, C. (1996) "Prejuicios y estereotipos", en Morales, J. F. y Olza, M. (comp.) Psicología y Trabajo Social. Pirámide.

IASSW, ICSW y IFSW. (2018). Global Agenda for Social Work and Social Development: Third Report. Promoting Community and Environmental Sustainability. (Ed. David N Jones). Recuperado el 10 de abril de 2021 de https://www.iassw-aiets.org/wpcontent/uploads/2018/07/Global-Agenda-3rd-ReportPDF.pdf

Ituarte Tellaeche, A. (1992) *Procedimiento y proceso en Trabajo Social Clínico.* Siglo XXI.

Ituarte Tellaleche, A. (1994) "La participación en el modelo clínico de intervención social individualizado y familiar". *Treball Social,* 133, 17-33.

Johnson, L. (1992). *Social Work Practice: A Generalist Approach.* Massachusetts: Allyn and Bacon.

Johnson, I. (1999) "Indirect Work: Social Work´s Uncelebrated Strength". *Social Work.* Vol. 44, nº 4.

Kadushin, A. (1983). *The Social Work Enterview.* Columbia University Press.

Kisnerman, N. (1989). *Teoría y Práctica del Trabajo Social. Atención Individualizada y Familiar.* Humanitas.

Kisnerman, N. (1990). *Teoría y Práctica del Trabajo Social- Introducción al Trabajo Social* Humanitas.

Kisnerman, N. (1998). *Pensar el Trabajo Social. Una Construcción desde el constructivismo.* Lumen, Humanitas.

Knapp, M. L. (1995). *Comunicación no verbal. El cuerpo y el entorno.* Paidós.

Ley Orgánica 2/2010, de salud sexual y reproductiva y de la interrupción voluntaria del embarazo, BOE de 4 de Marzo de 2010. http://www.boe.es/boe/dias/2010/03/04/pdfs/BOE-A-2010-3514.pdf, consultado el 26 de marzo de 2012.

Lelord, F. y André, Ch. (1998). *Cómo tratar con personalidades difíciles.* Acento.

Lima Fernández, A. (2012). "Trabajo Social, nuevos contextos y nuevos compromisos". *Azarbe, Trabajo Social y Bienestar* Social, 1, 73-86.

Linsay, P. H. et Norman, D. A. (1975). *Procesamiento de la Información Humana:* Técnos.

López Cabanas, M. y Chacón, F. (1997). *Intervención psicosocial y Servicios Sociales. Un enfoque participativo.* Síntesis.

López Carlassare, A. L y Palma García, M. (2021). "Trabajo Social y Agenda 2030" *Servicios Sociales y Politica Social.* Junio 2021 XXXVIII (125) 23-34

López Peláez, A. (2012) "Profesión, ciencia y ciudadanía: retos para el Trabajo Social y los Servicios Sociales en el siglo XXI". *Azarbe, Trabajo Social y Bienestar Social,* 1:61-71.

López Pérez, P. (2017). "Integrar eficazmente las nuevas tecnologías para evitar los riesgos que entraña el abuso de las redes sociales virtuales". *Almenara. Revista Extremeña de Ciencias Sociales.* nº 9

Maalouf, A.(1999) *Identidades Asesinas.* Alianza.

Marroquin, M (1991). *La Relación de Ayuda en R. Carkhuff.* Mensajero.

Marshall, T. H. (1992). *Ciudadanía y clase social.* Alianza.

Martín, M., Salvadó, I., Nadal, S., Miji, L. C., Rico, J. M., Lanz y Taussing, M. I. (1996). "Adaptación para nuestro medio de la Escala de Sobrecarga del Cuidador" (Caregiver Burden Interview) de Zarit. Revista de Gerontología, 6: 338-346

Martínez Román, Mª A. (1998). "Política Social, Pobreza y Exclusión Social". C. Alemán Bracho y J. Garcés Ferrer (coord.) *Política Social.* Ed. Mc Graw Hill.

Martínez Román, Mª A. (2003). "Aspectos generales relaciones del Trabajo Social con el Bienestar Social. Estado del Bienestar. Política Social. Servicios Sociales. Diferenciación de Conceptos", en Fernández García, T. y Alemán Bracho C. *Introducción al Trabajo Social.* Alianza

Maslow. A. H. (1982). *La amplitud potencial de la naturaleza humana.* Trillas.

Mattaini, M. A. (1997). *Clinical Practice With Individuals.* Washingthon: NASW PRESS National Association of Social Workers.

Meyer, C. (1976). *A Social Work Practice.* Free Press

Meyer, C. H. (1993) *Assement in Social Work Practice.* Columbia University Press.

Moix, M. (1991). *Introducción al Trabajo Social.* Trivium.

Molina, J. (2004). *La Política Social en la Historia.* Ediciones Isabor.

National Institute for Social Work (1992) *Trabajadores sociales, su papel y sus cometidos.* Narcea.

Nelson-Jones, R. (1994). *Practical Counselling and Helping Skills.* Cassell.

Neuburger, R. (1994) *L'autre demande.* Les Editions E S F.

Northen, E. (1982). *Clinical Social Work.* Columbia University Press.

Olza, M. (1996). "La Entrevista", en Morales, J. F. y Olza, M. (comp.) *Psicología Social y Trabajo Social.* Macgraw-Hil.

Ortuño, P. (2013). La medicación en el ámbito familiar. *Revista Jurídica de Castilla y León* nº 29, 1-23

Payne, M. (1995) *Teorías contemporáneas de Trabajo Social.* Paidós.

Pérez J. A. y Dasi, F. (1996) "Nuevas formas de racismo", en Morales, J. F. y Olza, M. (comp.) *Psicología Social y Trabajo Social.* Macgraw-Hil.

Pérez Eransus, B. (2007). "El acompañamiento social como herramienta contra la exclusión". *Documentación Social* nº 145: 89-107.

Pérez Luño, E. (1991). «Tercera Generación de Derechos Humanos », en *Derechos humanos. Estado de Derecho y Constitución.* Técnos.

Perlman, H. (1980). *Trabajo Social Individualizado.* Rialp

Pincus, A y Minahan, A (1977). *Integrating Social Work Methods.* G. Allen and Unwin.

Pra Ponticelli, Mª D. (1994). "Problemas de definición y referencias teóricas", en E. Bianchi (comp.) *El Servicio Social como proceso de ayuda.* Padiós.

Rapoport, L. (1970). "Crisis Interventions as a mode of brief treatment". en R. W. Roberts and R. H. Nee. (comp.) *Theories of Social Casework.* Univeristy Chicago Press.

Ranquet, M. (1996) *Los modelos de Trabajo Social. Intervención con personas y familias.* Siglo XXI.

Red Vega, N. (1993). *Aproximaciones al Trabajo Social.* Madrid: Siglo XXI y Consejo General de de Colegios Oficiales de Diplomados en Trabajo Social y Asistentes Sociales.

Rex, J. (1997): "The concept of a multicultural society", en M. Guibernau and J. Rex *The Ethnicity.* Cambridge, Polity Press.

Redero Bellido, H. y San Miguel, B. (2002) "Comprender la violencia, Prevenir la violencia: Retos para el Trabajo Social", *Alternativas* nº 10. IV Congreso de Escuelas de Trabajo Social.

Reid, W. y Eptsein, L, (comp.) (1972). *Task-Centered Practice.* Columbia University Press.

Reid, W. (1992). *Task Strategies. An empirical approach to Clinical Social* Columbia University Press.

Richmond, M. E. (1995) *El Caso Social Individual.* Talasa.

Robertis, C. de (1988). *Metodología de Trabajo Social.* Ateneo.

Robertis, C. de y Pascal, H. (1994). *La Intervención colectiva en Trabajo Social. La acción con grupos y comunidades.* Ateneo.

Rocher, G. (1980). *Introducción a la Sociología General.* Herder.

Rodríguez, A. y Zamanillo, T. (1992). "Apuntes para una valoración diagnóstica". *Treball Social* nº 127.

Rogers, K. (1989) *El proceso de convertirse en persona.* Paidós.

Rogers, C. y Kinget, M. (1967). *Picoterapia y relaciones humanas. Teoría y práctica de la terapia no directiva.* Alfaguara.

Rojas Marcos, L. (1996). *Las Semillas de la Violencia.* Espasa.

Rojas, E. (1987-a) *Una Teoría de la Felicidad.* Dossat.

Rojas, E. (1987-b) *El Laberinto de la Afectividad.* Espasa Calpe.

Rossell, T. (1990) *La Entrevista en Trabajo Social.* Hogar del Libro.

Rueda Estrada, J. D. (1998) "La Ética Profesional y el Código Deontológico". *Servicios Sociales y Política Social,* 40, 17-42.

Salcedo Megales, D. (1993) "El papel de la autonomía personal en el Trabajo Social". *Treball Social,* 130, 31-48.

Salcedo Megales, D. (2006). "La naturaleza de la relación profesional y la ética del Trabajo Social". *Acciones e Investigaciones Sociales* nº Extra 1.

Salzenberg- Wittenberg, I. (1992). *La relación asistencial. Aportes del psicoanálisis kleniano.* Amorrotu.

Sánchez Urios, A. y García-Longoria Serrano, Mª P. (1997). "La formación de trabajadores sociales en la Escuela Universitaria de Trabajo Social Universidad de Murcia", en *La construcción y transmisión de saberes en Trabajo Social.* Universidad de Valencia.

Sánchez Urios, A. (1994) *"Interculturalidad y Educación de Personas Adultas". Documentación Social,* 97, 209-214.

Sánchez Urios, A. (2001-a). "Aportaciones desde el Trabajo Social a la intervención en las Familias Monoparentales". *Cuadernos de Realidades Sociales,* 57-58, 329-346.

Sánchez Urios, A. (2006). *Trabajo Social Microsocial: Intervención con individuos y familias.* Diego Marín.

Sánchez Urios, A. (2015). *El Trabajo Social con los sistemas individual y familiar.* Diego Marín.

Santás García, J. I. (2010) Intervención social: El reto de las tic en el trabajador social. Recuperado el 01 de Junio de 2024 de https://eventos.ucol.mx/content/micrositios/241/file/memoria/pdf/m3.pdf

Sassen, S. (1993). *La movilidad del trabajo y el capital. Un estudio internacional sobre la corriente de la inversión del trabajo.* Ministerio de Trabajo y Seguridad Social.

Segado Sánchez-Cabezudo, S. (2011)" *Nuevas Tendencias en Trabajo Social con familias. Una propuesta práctica desde el empowerment* Editorial Trota.

Schulman, L. (1993). *Técnicas fundamentales para la práctica directa con clientes.* B. M. Rodríguez Vila (trad.). Universidad Nacional Autónoma.

Setién, Mª L.(1993). *Indicadores sociales de calidad de vida.* C.I.S.

Sluzki, C. (1996). *La red social: frontera de la práctica sistémica.* Gedisa

Spicker, P. (1977). "Libertad Individual, Autonomía y Autodeterminación", en D. Salcedo Megales (comp.) *Los valores en la práctica del Trabajo Social* Narcea.

Swenson, H. S. (1984) "Clinical Social Work's Contribution to Social Justice Perspective". *Social Work* Vol.43 nº 6.

Sullivan, H. S. (1984). *La entrevista psiquiátrica.* Psique.

Swenson, C. R. (1998). "Clinical Social Work´s Contribution to Social Justice Perspective". *Social Work* Vol. 43. Nº 6

Teunisse S, Dreix MM, Crevel H. (1991) "Assessing the severity of dementia. Patient and caregiver". Arch Neurol 1991; 48:274-77

Tolson, E. Reid, W. Garvin, Ch. (1994) *Generalist Practice. A Task-Centered Approach.* Columbia University Press.

Trevithick, P. (2002). *Habilidades de Comunicación en la intervención social.* Narcea.

Vázquez Fernández, C. (1995) "El papel de la relación en la intervención Psico-Social". *Treball Social,* 138, 35-46.

Vega, S. (1977). "Instrumentos de Trabajo", en Coletti, M y Linares, J. L (comp). *La intervención sistémica en los servicios sociales ante la familia mutiproblemática.* Paidós.

Villalba Quesada, C. (1993). "Redes sociales: Un concepto con importantes implicaciones en la intervención comunitaria". *Intervención*

Watzalawich, P; Beavin, J. H. et Janson, D. (1989). *Teoría de la Comunicación Humana: Interacciones, patologías y paradojas.* Herder.

Weick, A.; Saleeby, D. (1995)."Suppporting family strenghs: orienting policy and practice toward the 21 century" *Families in Society,* Vol. 76, nº 3

Yubero Jiménez, S; Larrañaga Rubio, E; Del Río Toledo, T. (2011) "Los valores sociales en el perfil profesional del Trabajador social. Un análisis con estudiantes universitarios. *Alternativas. Cuadernos de Trabajo Social,* nº 18: 91-104

Zamanillo, Mª T.; Gaitán, L. (1991). *Para comprender el Trabajo Social.* Verbo Divino.

Zamanillo, T. (2000). "El despertar de nuevas inquietudes", en *Pasado, Presente y futuro del Trabajo social.* Serie: Foros de Trabajo Social II, 14-16 Abril 1999. Universidad Pontificia Comillas.